Berlin auf dem Weg zur Moderne

jovis

Helmut Engel

Berlin auf dem Weg zur Moderne

jovis

Werte und Konzepte II

Gestaltung
Angelika Stüwe

Umschlaggestaltung
Lisa Neuhalfen
Umschlag unter Verwendung der Abbildungen 4, 121 und einer Abbildung des Warenhauses A. Wertheim, Leipziger Straße 132–133

Lithographie
Angelika Stüwe

Druck und Bindung
DBC Druckhaus Berlin-Centrum, Berlin

jovis Verlags- und Projektbüro
Kurfürstenstr. 15/16
D-10785 Berlin

ISBN 3-931321-84-3

Werte & Konzepte II

Die strukturellen Veränderungen unserer Lebenswelt sind bereits vielfach beschrieben worden – beispielsweise der teilweise Rückzug der öffentlichen Hand aus der allgemeinen Förderung des kulturellen Lebens. Sponsoring sollte die Lücken schließen helfen, die die unerläßliche Sparpolitik der öffentlichen Hand gegenwärtig und wahrscheinlich auch bis weit in die Zukunft zur Folge hat. Die Wirtschaft – in erster Linie angesprochen – kann sich kaum als selbstloser Ersatzfinanzier verstehen, nicht zuletzt auch, weil sie ihr eigenes Profil – ihre corporate identity – nicht verleugnen kann. Sponsoring ist in aller Regel – und sei es auch nur unterschwellig – mit Werbung für den Geber verbunden.

Die Geschichte hat gegenüber diesem Modell des fast abstrakten Sponsorings ein anderes Bild entstehen lassen, das bürgerlich ausgerichtet und von der Mitverantwortung des Bürgers für seine Stadt geprägt worden ist.

Die WERT-KONZEPT fühlt sich dieser bürgerlichen Vorstellung verpflichtet. Unser Geschäftszweck ist die Entwicklung und Realisierung von Bauvorhaben. Nicht erst gegenwärtig, sondern bereits seit der Gründung des Unternehmens haben wir uns mit dem Erhalten und Bewahren von Altbauten und Stadtquartieren auseinandergesetzt. Über 100 Altbauprojekte, teilweise unter Denkmalschutz stehend, wurden in den letzten 15 Jahren durchgreifend saniert. Nicht um sie als lästiges Übel beiseite zu schieben, sondern um sie pflegend instandzusetzen und im Sinne des Baudenkmals zu restaurieren.

Die WERT-KONZEPT hat daraus eine Marktstrategie entwickelt, denn der Mieter wohnt gerne in sachgerecht instandgesetzter Bausubstanz, mit der er sich auch emotional verbunden fühlt. Von daher schließt sich die Förderung der Aufklärung über die Baugeschichte der Stadt nahtlos an.

Ihr bürgerliches Bewußtsein hat die WERT-KONZEPT in den letzten Jahren mit der Restaurierung des Firmensitzes in der Schöneberger Kurfürstenstraße belegt. Das Ergebnis wurde in Buchform als »Café Einstein gegenüber – Das Haus Fromberg« der Öffentlichkeit vorgestellt – gewissermaßen als das Bekenntnis, daß Investitionen in der Stadt zwar auch einen wirtschaftlichen Zweck, aber auch Verpflichtung gegenüber dem Gemeinwesen haben.

Damit auch deutlich wird, daß die Publikation nicht als einmaliges Ereignis verstanden wird, hat die WERT-KONZEPT beschlossen, in Verbindung mit der Denkmalpflege eine Buchreihe WERTE & KONZEPTE herauszubringen.

Die WERT-KONZEPT würde es begrüßen, wenn sich andere Eigentümer in gleicher Form engagieren. Aus einem sich dabei langsam zusammenfügenden Bild der historisch bedeutsamen Bausubstanz Berlins würden sich mutmaßlich zwei Folgerungen ableiten lassen: die erste, daß historische Bausubstanz vielfältig nutzbar ist, sie aber nicht überstrapaziert werden darf, und die zweite, daß es Aufgabe der Denkmalpflegebehörde ist, historische Bausubstanz zu schützen, ohne jedoch wirtschaftliche Aspekte völlig aus dem Auge zu verlieren.

Hans-Peter Gippert
Helmut Kulisch
Reinhard Müller

Einleitung

Moderne Architektur hat in Berlin gegenwärtig einen schweren Stand. Ein gewichtiger Teil der öffentlichen Meinung verlangt nach einer Bauweise, die zwar nicht rekonstruiert, sich aber doch in irgendeiner Weise an die Architektur der Vergangenheit anlehnt, auf keinen Fall aber – eben – modern ist.

Zwar soll dieses »altneue« Bauen nicht durchweg und überall zur Anwendung kommen, aber zumindest dort in Erscheinung treten, wo »Berlins gute Stuben« betroffen sind, also vornehmlich Unter den Linden, am Pariser Platz und auf der Schloßinsel. Dabei können oder müssen – so die öffentliche Meinung – sogar in Ausnahmefällen Rekonstruktionen erlaubt sein. Zwei Bauwerke genießen diesen Ausnahmestatus: die Schinkelsche Bauakademie uneingeschränkt, weil durch die intellektuelle Meinung gewissermaßen heilig gesprochen, und das Stadtschloß, mehr oder weniger heftig umstritten. Nicht mehr das ›Ob‹ ist demnach entscheidend, sondern das ›Wie‹. Der intellektuelle Sündenfall einer Rekonstruktion der Bauakademie soll durch die scheinbare Legitimation aufgehoben werden, daß Schinkels Bauwerk wegen der maschinell exakten Ausfertigung seiner Einzelteile tatsächlich als Abbild des Urbildes genau wiederherstellbar sei, zumindest was die Außenfassaden anbelangt. Mit dieser Haltung ist aber schon nicht mehr den Anfängen untergegangener und nun wahlweise reproduzierbarer oder historisierender Architektur gewehrt und somit der Beliebigkeit für Rekonstruktionen praktisch Tür und Tor geöffnet. Stehen wir also am Beginn einer neuen Epoche konservativer Architektur?

Die bauende Zunft der Architekten gibt sich entschieden bis moderat als Verfechter neuen Bauens. Vordergründig historisierende Architektur wird immer noch abgelehnt – siehe das Hotel Adlon am Pariser Platz –, eine Auseinandersetzung mit geschichtlichen Strukturen indessen, die dann abstrahiert in die neue Architektur Eingang finden dürfe, wird allgemein als notwendig erachtet. Eine solche Architektur sei deshalb in ihrem Erscheinungsbild immer noch »modern«. Daß dieser Damm gegen historisierendes Bauen jedoch noch lange halten wird, mag bezweifelt werden. In den Augen einer breiten Öffentlichkeit hat das historisierende Bauen auch deshalb an Boden gewonnen, weil moderne Architektur in ihrer ästhetischen Qualität nicht mehr überzeugt.

Der Disput wird gegenwärtig in erster Linie als parteiischer und ungemein vordergründiger Streit geführt. Bemühungen um historische Aufklärung, wie es denn überhaupt und warum zur Moderne gekommen sei, werden erst gar nicht gemacht. Aber auch Legitimationen konservativer

Architektur aus geschichtlicher Betrachtung lassen auf sich warten, obgleich der Wunsch nach einer heimeligen Bauweise nicht erst eine Erfindung unserer Tage ist.
Es erschließt sich ein weites Feld für Forschungen, damit sich Phänomene erklären und die Auseinandersetzung vielleicht gelassener geführt werden kann. Seit über hundert Jahren hat es mehr oder weniger ausgeprägt immer ein zeitliches Nebeneinander von konservativer und moderner Bauweise gegeben – fatalerweise beide oft genug aber gegeneinander mit dem Anspruch öffentlicher Moral auftretend und damit beweisend, daß sich hinter dem scheinbaren Formenproblem unterschiedliche gesellschaftspolitische Vorstellungen verbargen. Konservatives wie progressives Bauen gehen jeweils von eigenen Wertvorstellungen aus – müßig also, allein die Form zu beschwören. Auf jeden Fall verbergen sich im Hintergrund solcher architektonischer Dispute – selbst wenn nicht ausgesprochen – unterschiedliche Haltungen bezüglich der Formen menschlichen Zusammenlebens.
Wenn es denn je einen Kristallisationspunkt modernen Bauens in Berlin gegeben hat, dann könnte man ihn im Wagnerschen Wettbewerb zum Alexanderplatz sehen: Die alte Bürgerstadt mit ihren aus Zufällen gewachsenen Stadtstrukturen und damit nicht planmäßig rationalen Erscheinungsformen wird verächtlich für überwunden erklärt, der Individualismus in der Parzellenbebauung durch einen übergreifend kollektiven, das heißt einheitlichen Gestaltungswillen mit eben moderner Ausbildung, ergo rationaler Formengebung ersetzt. Deutlich wird dabei, wie eng die Fragen nach dem Grundmodell »Stadt« und ihrer Philosophie mit der ästhetischen Erscheinungsform von Häusern zusammenhängen: der gewachsenen Stadt, die sich immer als Summe individueller Gestaltungsvorgänge erweist, einerseits und andererseits der einheitlich geplanten Stadt, sofern man sich dem Glauben hingibt, Stadt sei überhaupt planbar.
Von einer solchen Moderne, wie sie am Alexanderplatz in der Endphase der Weimarer Republik einen Augenblick lang gewollt war, sind wir in der Tat heute allesamt weit entfernt. Und so mutet denn der sogenannte Berliner Architekturstreit mit seiner Frage nach dem Erscheinungsbild von Hausfassaden eher wie eine Art Rückzugsgefecht an, bei dem die »Karawane« längst in Richtung konservativer Stadt unterwegs ist. In der Innenstadt steht als Hemmnis gegenüber einer an der Geschichte orientierten wiederaufgebauten Stadt gegenwärtig lediglich der immer noch ungebremste Drang der Investoren nach maximaler Ausnutzung im Wege, denn konservative Stadt heißt auch das Einhalten eines bestimmten Maßstabgefüges; in den Außenbezirken hat hingegen die Abstimmung schon längst mit der Maurerkelle stattgefunden oder geschieht über die Wahl des Fertighauses.

Auf dem Volumen überaus genutzter Neubauten geraten die applizierten historisierenden Details zu einer nur noch dekorativen Zutat, denn auch aus der Vergangenheit abgeleitete Einzelformen können nur in der Bindung an ein bestimmtes Maßstabsgefüge leben, wenn sie denn in einem sinnfälligen und künstlerischen Zusammenhang mit dem Ganzen des Hauses stehen sollen. Aber was macht's! Pilaster werden heutzutage ohnehin am besten in Verbindung mit der Wärmedämmung in Styropor aufgepappt und mit Armierungsgewebe festgehalten.

Die geschichtliche Betrachtung des Ganges zur Moderne macht deutlich, daß hier keineswegs ein Dekorationsproblem zur Debatte stand, vielmehr war die Suche nach einer neuen Wahrheit, nach einer neuen gesellschaftlichen Realität der Ausgangspunkt. Der Weg war lang, er vollzog sich in einer über Jahrzehnte andauernden Entwicklung. Er war auch mit kämpferischer Kritik an der Ästhetik der Stadt verbunden, der man überdrüssig geworden war.

Der Umgang mit der Stadt nahm neue Formen an: Nicht mehr der Staat hatte – wie noch zu Zeiten Schinkels – Vorsorge für deren ästhetisches Erscheinungsbild zu tragen, sondern Schönheit wurde Sache des privaten Geschmacks; der Staat sah sich nur noch in der Rolle einer Ordnungsbehörde, die die bauliche Entwicklung über aufgezeichnete Baupolizeiordnungen – die Bebauungspläne – zu regeln und lediglich die Verunstaltung abzuwehren hatte. Wobei Verunstaltungen zudem nachgewiesenermaßen positiv häßlich auszufallen hätten und nicht bereits jede Veränderung zum Negativen einschlössen.

Die Mitte Berlins mußte bereits vor der Reichsgründung aus funktionalen Gründen umstrukturiert werden; sie geriet in einen als revolutionär empfundenen Veränderungsprozeß mit dem Ziel, die Stadt selbst zu modernisieren sowie preiswertere und gesündere Wohnungen für die arbeitende Bevölkerung in den Randgebieten der Innenstadt zu schaffen und mit neuen Verkehrsmitteln die Erreichbarkeit der Stadtmitte zu garantieren, die anfing, sich als City zu einer Geschäftsstadt zu entwickeln, wie sich auch andere Stadtquartiere herausbildeten: neben dem Schloßbezirk das Regierungsviertel an der Wilhelmstraße, zu diesem benachbart das Zeitungsviertel und das Bankenviertel, das Universitätsviertel, das Konfektionsviertel.

Das städtische Wohnhaus blieb die Mietskaserne, die man als nicht abschaffbar, sondern nur in geringem Umfang funktional und ästhetisch als verbesserbar betrachtete, zumal die Versuche, die Villa auch als Lebensmittelpunkt für mittlere Einkommensschichten außerhalb der dicht bebauten städtischen Wohnquartiere zu entwickeln, noch am Ende der siebziger Jahre als gescheitert betrachtet wurden. Der vornehme Mietwohnpalast als Typus des innerstädtischen Wohnhauses befand sich gegenüber der Mietskaserne mit ihrem vorherrschenden Regelgrundriß von Stube, Kammer und Küche in der absoluten Minderzahl. Diesem Typus der Mietskaserne wurde noch in der Zeitmeinung der späten sechziger Jahre die gesellschaftliche, weil sittlich veredelnde Rolle einer Mischung der sozialen Stände zugewiesen.

Für wenige schwerreiche Familien, die mit ihren Stadtpalästen in der Regel die Nähe des Regierungssitzes in der Wilhelmstraße suchten und nicht in Mietwohnpalästen leben brauchten oder wollten, brach mit der Reichsgründung eine Zeit der hemmungslosen Selbstdarstellung an. Die reichen Familien lebten in ihren von den führenden Architekten entworfenen Stadtpalais ihren persönlichen Geschmack aus, der in aller Regel von der italienischen Renaissance unterschiedlicher Zeitstellung und Herkunft ausging.

Mit den wenigen Villenbauten der Zeit kam es indessen zu Ansätzen unterschiedlicher und höchst bezeichnender Haltungen. In der Bautätigkeit einer bestimmten bürgerlichen Schicht äußerten sich augenscheinlich die Zeitströmungen am deutlichsten. Es entstanden Häuser, deren Fassaden anfingen, einen skelettartigen Duktus anzunehmen, der sich auch in gewerblichen Bauten wiederfand sowie in Entwürfen für nichtstaatliche öffentliche Bauten auftreten konnte, womit sich ein erster Beginn einer Moderne anzeigte.

Es entstanden daneben Villen, die nicht nur im Hinblick auf ihre Preiswürdigkeit, sondern mutmaßlich auch wegen eines neuen ästhetischen Ansatzes im äußeren Erscheinungsbild außerordentlich schlicht, fast sachlich ausfielen. Und es gab wenige Ziegelbauten, die mit ihrem Material an mittelalterliche märkische Gotik anknüpfen wollten, weil alle anderen Stile, die nicht von der Gotik abgeleitet werden konnten, nicht original seien. Grundsätzlich trennendes Merkmal wurde das Dach, das, wenn es mit einem hohen und sichtbaren Volumen ausgebildet war, das Gefühl von Bodenständigkeit und Heimat vermitteln wollte. Daneben wurden Villen errichtet, die sich mit ihrer Fassadengliederung und einem flach geneigten und deshalb kaum in Erscheinung tretenden Dach im konventionellen Bereich der älteren Berliner Architektur bewegten.

Mit der Bautätigkeit des Deutschen Reiches wurde der Konflikt zwischen den Forderungen des liberalen Zeitverständnisses und einem konservativen Beharrungsvermögen deutlich. Der Reichstagswettbewerb von 1872 oder die Idee eines Reichsforums von 1876 wurden nicht umgesetzt, sondern der Reichstag verschwand für Jahrzehnte im Hinterhof an der Leipziger Straße (so wie früher bereits die Häuser des preußischen Landtages an derselben Straße), während nach liberalem Verständnis das Parlament einen sichtbaren Ausdruck im Stadtbild zu beanspruchen hatte. Eine solche monumentale Darstellung hätte indessen notwendigerweise zu einer Konkurrenz mit dem hierarchisch geordneten Stadtgefüge mit dem Stadtschloß des Kaisers als hoheitlichem Mittelpunkt geführt. Zu einer solchen Veränderung oder sogar Umstrukturierung des Stadtgefüges waren die Konservativen unter Führung Bismarcks ganz offensichtlich nicht bereit.

Die Reichsarchitektur folgte indessen eigenen gestalterischen Vorstellungen, die sich wiederum von den Vorstellungen der preußischen Baubürokratie unterschieden, die traditionellen, sogar auch nur konventionellen Vorstellungen folgte.

Die Datierung der Abbildungen bezieht sich auf das Jahr der Entwurfsentscheidung.

Mit dieser Veröffentlichung soll zwar der allgemeine Hinweis gegeben werden, daß unsere gegenwärtigen eigenen Vorstellungswelten, in deren Abhängigkeiten wir stehen, seit über hundert Jahren gewachsen sind, gleichzeitig kann und soll mit ihr indessen nicht der Anspruch auf auch nur ansatzweise erschöpfende Wiedergabe des künstlerischen Geflechts der Jahrzehnte im letzten Viertel des 19. Jahrhunderts bis zum Ersten Weltkrieg erhoben werden.

Daß die Veröffentlichung überhaupt erscheinen konnte, verdankt sie der Förderung und Beförderung durch Dipl.-Ing. Reinhard Müller. Ihre Form verdankt sie einerseits meiner Tochter, Dr. phil. Eva-Maria Engel, die dankenswerterweise Korrektur gelesen hat, und meinem Sohn, Dipl.-Ing. Christoph Engel, der im Rahmen des durch den Verlag entwickelten Layouts das Manuskript so austariert hat, daß es im Druck mit der vorliegenden Form erscheinen konnte.

Die Reichsgründung, die Neue Ära

Erste allgemeine Anzeichen einer wirtschaftlichen Erholung nach dem Gründerkrach von 1873, der sich besonders auf das spekulative Baugeschehen ausgewirkt hatte, stellten sich als Folge der protektionistischen Schutzmaßnahmen von 1879 ein.[1] In der ersten Hälfte der achtziger Jahre führten sie zu einer spürbaren Belebung der privaten Unternehmungen.[2] Die staatliche sowie kommunale Bautätigkeit hatte sich dagegen während der siebziger Jahre kontinuierlich entwickeln können. Endgültig überwunden wurde die lange Phase der Depression erst 1896[3], nachdem 1895 aufgrund der bereits seit 1890 ausgebeuteten südafrikanischen Goldfunde[4] auf dem Weltmarkt eine Konjunkturwende mit einem wirtschaftlichen Aufschwung eintrat, der nahezu ungebrochen bis zum Ersten Weltkrieg anhalten sollte.[5]
Trotz des wirtschaftlichen Einbruchs ab 1873 wuchs die Bevölkerung der Reichshauptstadt unaufhörlich: von 966 858 Personen im Jahre 1875 über 1 315 287 im Jahr 1885 auf 1 677 304 im Jahr 1895, bis 1913 schließlich eine Einwohnerzahl von 2 082 111 erreicht sein wird.[6] Dieser Anstieg zwang nicht nur zur Beschaffung von Wohnraum, sondern löste auch die Frage nach den Verkehrsmitteln aus, mit denen die Menschen zum Arbeitsplatz befördert werden konnten, denn als Folge des Anstiegs der Bodenpreise in der Innenstadt (und damit auch der Mieten) wurden sie zunehmend an die Peripherie der Stadt verdrängt. Die Verlegung der Artillerie-Werkstätten von Berlin nach Spandau im Jahre 1867 machte es zum ersten Mal notwendig, eine qualifizierte Arbeiterschaft von ihrem Wohnort in Berlin über die Schiene an den neuen Arbeitsort zu befördern.[7] 1870 wurden auf bestimmten Strecken bereits verbilligte Vororttarife für Arbeiter eingeführt.[8] In den öffentlichen Debatten über die Wohnungsnot in Berlin ist dann auch 1871 immer wieder auf die Zwangslage der Arbeiterschaft verwiesen worden, nahe am Arbeitsplatz und damit in zentraler Lage wohnen zu müssen und dabei unausweichlich den durch Bodenwertsteigerungen immer teurer werdenden Mieten ausgesetzt zu sein.
Obwohl die dritte Randwanderung der Berliner Industrie erst 1896 nach Beginn der Hochkonjunktur einsetzte, hatte der Zuwachs in den Berlin umgebenden Städten und Gemeinden bereits 1893 die Bevölkerungsentwicklung der Reichshauptstadt selbst überschritten. Am Ende des Jahrhunderts hatte die Reichshauptstadt ihre 1861 festgelegten Weichbildgrenzen mit den Wohngebieten ihrer Bevölkerung, einem Teil ihrer Infrastruktureinrichtungen sowie mit den Standorten für Gewerbe und Industrie längst überschritten.[9] Im Norden wurde Tegel, im Südosten

Oberschöneweide, im Westen das Gebiet hinter Charlottenburg und im Süden Marienfelde erreicht. Eine räumliche und verwaltungstechnische Neuordnung wurde unausweichlich.
Die Jahre der Reichsgründung um 1871 waren eine Zeit des Umbruchs: Wenige Tage nach der Kaiserproklamation von Versailles schrieb Kriegsminister Albrecht von Roon am 6. Februar 1871 an seinen Neffen Moritz von Blankenburg: »... ; ein alter Kerl wie ich kann sich nur schwer in dem neu- aber noch nicht ausgebauten kaiserlichen Schauspielhause zurechtfinden, in welchem Dekorationen, Bühne, Stichworte, Licht, Luft usw. dem bisher Gewohnten und erträglich Befundenen widersprechen. Denn die National- und sonstigen Liberalen haben ganz recht, daß mit dem nun zu Ende gehenden Kampfe und dem errungenen Siege eine »neue Aera« – wie sie es nennen – »freiheitliche Entwicklung« anheben muß, in welcher die alten Fahnen und Schlagworte nichts mehr bedeuten als eine historische Reminiszenz.«[10] Die Resignation des konservativen Kriegsministers, daß »die alten Fahnen und Schlagworte nichts mehr bedeuten«, kennzeichnete die herrschende politische Meinung der Liberalen. Die Morgenausgabe der National-Zeitung von Sonntag, dem 18. Juni 1871, kommentierte zwei Tage nach dem Einzug der siegreichen deutschen Truppen in Berlin die Erwartungen mit: »... und es ist immer nothwendig, dem Fortschritt zu huldigen und sich um die Vervollkommnung der staatlichen Zustände zu bemühen, und niemals erlaubt ist Stillstand.« Zur gleichen Zeit schrieb Friedrich Nietzsche »Vom Nutzen und Nachtheil der Historie für das Leben« – mit einer deutlichen Warnung vor dem unreflektierten Gebrauch von Geschichte: »Nur soweit die Historie dem Leben dient, wollen wir ihr dienen: aber es giebt einen Grad, Historie zu treiben und eine Schätzung derselben, bei der das Leben verkümmert und entartet: ein Phänomen, welches an merkwürdigen Symptomen unserer Zeit sich zur Erfahrung zu bringen jetzt eben so nothwendig ist als es schmerzlich sein mag.«[11]
Die Kehrseite dieser neuen Ära war, daß das Leben in der Reichshauptstadt eine andere Gangart einnahm. »Die große Stadt macht quick, flink, gewandt, aber sie verflacht und nimmt jedem, der nicht in Zurückgezogenheit in ihr lebt, jede höhere Produktionsfähigkeit«, schrieb 1883 Theodor Fontane über Berlin an seinen Freund Georg Friedländer.[12] Die Stadt und ihre Menschen wurden von bis dahin ungeahnter Hektik erfüllt.[13] In seinen Lebenserinnerungen wog Stadtbaurat Ludwig Hoffmann die gemütliche Gastlichkeit seines Elternhauses gegen die »reichen Berliner Diners mit ihren sechs Gängen ab, [bei denen] Gäste ängstlich der Uhr folgten, ob auch schnell genug serviert werde; sie wollten noch einer oder gar noch zwei Einladungen an diesem Abend folgen.«[14]
Die 1880 erschienene Ausgabe des Baedeker notierte als Hinweis für die Besucher der Stadt: »Zur Zeit ist Berlin in einem weitgehenden Umbildungsprocess begriffen, dessen Folgen sich noch nicht übersehen lassen«[15] – Ursache seien der Ausbau des Netzes der Pferdeeisenbahn und die »im Bau begriffene, die Stadt von O.[sten] nach W.[esten] durchschneidende Stadteisenbahn.«[16] Diese 1871 von August Orth konzipierte und seit 1875 im Bau begriffene Stadtbahn[17] sollte aber nicht nur für die bisher entstandenen Kopfbahnhöfe gewissermaßen eine »große Central-Station mit

zahlreichen Stellen« werden, um »den Verkehr aufzunehmen, so daß nirgends eine Überlastung der Straßen« eintrat, sondern: »Die Verknüpfung der neuen Hauptverkehrsadern mit dem lokalen Verkehr wird eine der neuen Hauptaufgaben der modernen Städtebildung sein.« – so Orth 1875.[18] Auf der Stadtbahn sollten auch die Vorortzüge verkehren, mit denen die Beschäftigten ihre Arbeitsplätze erreichten.[19]
Die Stadtbahn wurde somit auch zum Signal für den Umbau der alten historischen Stadtmitte, die sich in Verbindung mit dem Bau bestimmter Infrastruktureinrichtungen und unter nahezu völliger Zerstörung ihrer historischen Bauten zur Geschäftsstadt und damit zur City umzuwandeln begonnen hatte. Leitbildhafte Gebäudegattungen für die City wurden das Geschäfts- und Wohnhaus sowie das Kauf- und Warenhaus. Ebenfalls seit 1871 und mutmaßlich in einem inneren Zusammenhang mit der Anlage der Stadtbahn hatte August Orth das Projekt eines Straßendurchbruchs durch die Berliner Altstadt, das Projekt der Kaiser-Wilhelm-Straße, entwickelt (Abb. 1, Abb. 2). Zu deren Bebauung wurde nach Überwindung des Gründerkrachs 1884 ein Wettbewerb durchgeführt. An ihr entlang entstanden als Rückrat der neuen City solche Geschäfts- und Wohnhäuser.
Die historische Stadtmitte innerhalb des schon lange nicht mehr existierenden Festungsgürtels aus der Zeit des Großen Kurfürsten, in der nur der Schloßbezirk mit seinen verschiedenen Standorten gleichsam als Festpunkt verbleiben wird, begann sich überdies zusammen mit der Friedrichsowie der Dorotheenstadt und dem Friedrichswerder in »Viertel« aufzugliedern: entlang der Wilhelmstraße und der Leipziger Straße das Regierungsviertel, im Umfeld der Zimmerstraße das wiederum auf das Regierungsviertel ausgerichtete Zeitungsviertel, über Französische Straße und Behrenstraße das Bankenviertel, welches mit dem Standort der Deutschen Bank ebenfalls die Wilhelmstraße erreicht hatte, von der Friedrich-Wilhelm-Universität Unter den Linden in Richtung Dorotheenstadt und Spandauer Vorstadt das Universitätsviertel und am Hausvogteiplatz das Konfektionsviertel. Und nicht zuletzt brach das Geschäftsviertel in die Altstadt des historischen Berlin ein. Die Reichsgründungszeit machte schließlich mit »Gründerprojekten« wie der Kaisergalerie auch vor der Staatsstraße Unter den Linden zwischen Pariser Platz und Schloßbezirk – der via triumphalis Preußens – nicht halt.
Zum Ideologen und Planer dieser Umstrukturierung der historisch gewachsenen Stadt wurde August Orth, der die Entwicklung selber als Revolution begriff. August Friedrich Wilhelm Orth, 1828 in Windhausen bei Braunschweig geboren, Anfang der siebziger Jahre im fünften Lebensjahrzehnt stehend, hatte Mitte der sechziger Jahre seinen Durchbruch als Architekt erlebt: 1866 war ihm durch Entscheidung des Ministers für Handel der Bau der Zionskirche im Berliner Norden zugefallen[20], für Strousberg hatte Orth 1866 den Görlitzer Bahnhof entworfen, und 1868 hatte er in einem Wettbewerb zum Bau eines Viehmarktes im Wedding den Zuschlag erhalten.[21] Orth war bereits kein Architekt mehr, der ausschließlich die Schinkelsche Tradition durchlaufen hatte: Außer in Berlin hatte er auch in Braunschweig und München studiert.[22] Die in der Reichsgründungszeit beginnende neue Entwicklung wurde somit keineswegs durch

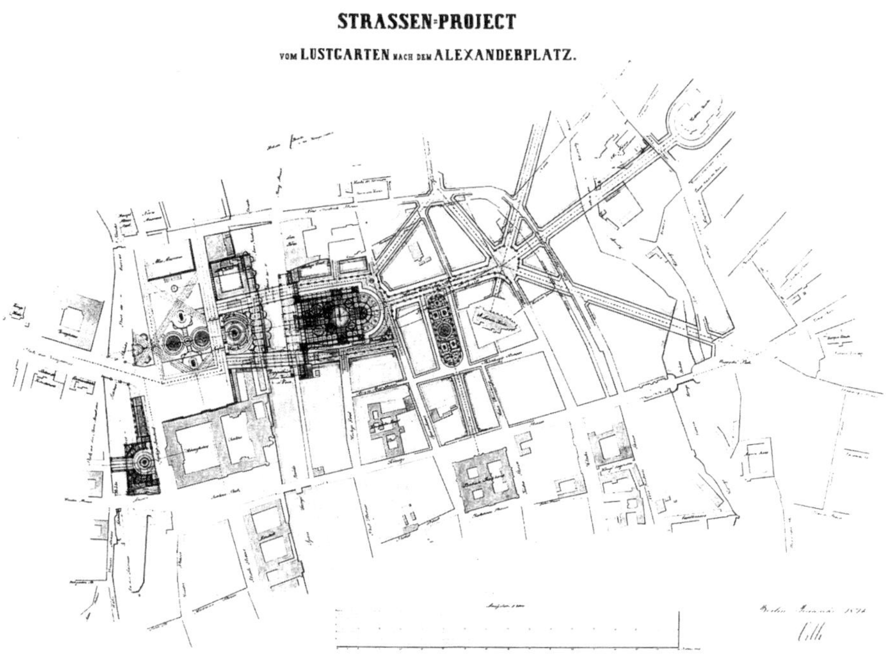

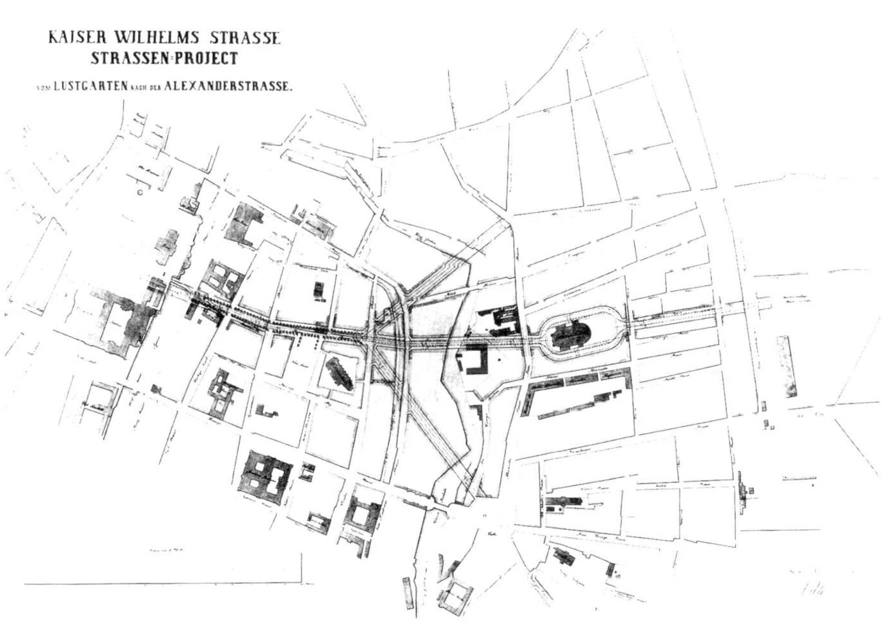

1 »Strassen-Project vom Lustgarten nach dem Alexanderplatz«; August Orth, 1871.
2 »Kaiser Wilhelms Strasse / Strassenproject / vom Lustgarten nach der Alexanderstrasse«; August Orth, 1871.

Trotz der vordergründigen städtebaulichen Figur der großen symmetrischen Straßengabelung in Höhe der Marienkirche bestand die Funktion des Durchbruchs durch die Altstadt neben deren Umbau in eine moderne City und deren Erreichbarkeit von außen auch in einer Verbesserung der Straßenverbindungen zwischen den östlichen Vorstädten Berlins und den westlichen Gebieten der Reichshauptstadt.
Eine monumentalisierende Hebung des städtebaulichen Erscheinungsbildes hätte lediglich durch die Anordnung großer öffentlicher Gebäude wie beispielsweise eines Domes und sonstige Maßnahmen zur Verschönerung eintreten können, die Orth alternativ auch vorschlug.
Ausgeführt wurde seit 1884 dann nur ein Straßendurchbruch in der Haupttrasse, als deren städtebaulicher Endpunkt kurz vor dem Ersten Weltkrieg die Freie Volksbühne entstand. Während Orth die Planungen 1871 noch ohne Rücksicht auf die Führung der Stadtbahn entwickelte, mußte sich später der schließlich in reduzierter Form vorgenommene Straßendurchbruch mit den Festlegungen durch die Viadukte und Bahnhöfe auseinandersetzen.

junge Architekten eingeleitet, sondern sie besaßen wie Orth auch Erfahrung im Bau der neuen technischen Infrastruktureinrichtungen.
Die Schinkel-Rede, die Orth 1875 hielt, trug die bezeichnende Überschrift Berlin und seine Zukunft: »Die neu bei uns in der Durchführung begriffenen Verkehrsmittel werden ... eine vollständige und tief einschneidende segensreiche, aber auch notwendige Revolution in unserem wirtschaftlichen und Verkehrsleben der Stadt hervorrufen und zugleich deren Umbildung gerade in ihrem inneren Kern erzwingen. Diese Revolution ist eine solche, welche große und tiefgreifende Schäden heilt und viel weiter einwirkt, als alle anderen in Vorbereitung befindlichen öffentlichen Anlagen.

... Der aus diesen Unternehmungen entspringende Gesammterfolg für die Stadt wird hauptsächlich Zeitersparniß für die Arbeitskraft der Bewohner, gesundere und besonders auch billigere Wohnungen sein ... .«[23] Die künstlerische Gestaltung der Stadt interessierte Orth eigentlich nur am Rande, er sah sie jedenfalls nicht als Aufgabe des Staates: »Unsere Nation ... wird sicher auch auf dem Gebiet der Kunst und zwar auf einem so wesentlichen Gebiete derselben, künstlerischer Stadtgestaltung, nicht zurückbleiben.«

Diese Zurückhaltung in Fragen stadtbaukünstlerischer und architektonischer Gestaltung wurde für die siebziger Jahren nachgerade zeitcharakteristisch: Der Konflikt zwischen den Stadtplanern und den Architekten begann sich aufzutun. Karl Emil Otto Fritsch, seit 1866 Mitbegründer und Leiter der Deutschen Bauzeitung, berichtete über eine längere Erörterung zum Hobrechtschen Bebauungsplan von 1862, die im Architekten-Verein zu Berlin in den Jahren 1870 und 1871 stattfand: »Der Redner [gemeint war James Hobrecht] bemerkt zunächst, dass man die Bedeutung des Bebauungsplanes überschätzt hat, wenn man in ihm eine absolut bindende Norm oder ein vom künstlerischen Standpunkte aus behandeltes Werk sehen will. Seine Bedeutung ist eine lediglich negative; er ist eine aufgezeichnete Polizeiordnung, die zunächst feststellt, welche Stellen nicht zu bebauen, vielmehr für den Verkehr offen zu halten sind, ...«[24] Und so mußte James Hobrecht die Architekten noch weiter belehren: »Im Sinne einer Polizeivorschrift als Theil der Bauordnung muss ein Bebauungsplan auf die Forderungen der Schönheit und künstlerischen Disposition verzichten. Diese beiden sind durchaus nicht Sache der Polizei und auf amtlichem Wege überhaupt schwerlich zu erreichen. Sie sind das Produkt der individuellen Empfindung und der persönlichen und privaten Initiative.«[25]

Die liberale Auffassung hatte sich völlig von dem überkommenen und auch durch Schinkel vertretenen Willen des Staates zur Gestaltung des öffentlichen Raumes gelöst und die Verantwortung für die Schönheit der Stadt gewissermaßen der privaten Initiative überlassen. Am 2. Juli 1875 trat als Rechtsgrundlage für das Aufstellen von Bebauungsplänen das Preußische Gesetz ... betreffend die Anlegung und Veränderung von Straßen und Plätzen in Städten und ländlichen Ortschaften in Kraft.[26] Mit dem Kreuzberg-Urteil[27] wird in den achtziger Jahren schließlich endgültig deutlich, daß das Baupolizeirecht der Gefahrenabwehr zu dienen habe, aber keine baukünstlerisch ausgewiesenen Entwürfe abfordern könne; lediglich die Verunstaltung dürfe abgewehrt werden, doch müsse Verunstaltung positiv häßlich ausfallen. »Eine solche Verunstaltung liegt nun nicht schon dann vor, wenn nur eine vorhandene Formschönheit vermindert wird oder auch ganz verloren geht. Die künstlerische Anlage einer Straße oder eines Platzes kann auf das Niveau des Gewöhnlichen herabgedrückt werden. Das ist noch keine Verunstaltung, geschweige denn eine »grobe«. Auch nicht schon jede Störung der architektonischen Harmonie fällt unter jenen Begriff. ... Unerläßlich ist vielmehr zum Begriffe der Verunstaltung im Sinne der hier in Frage stehenden gesetzlichen Bestimmungen die Herbeiführung eines positiv häßlichen, jedes offene Auge verletzenden Zustandes.«[28]

August Orth verwendete bereits den Begriff, der sich im Laufe der Zeit zu einem Schlüsselbegriff entwickeln sollte: Er sprach von der Notwendigkeit einer modernen Städtebildung. Das Durchsetzen dieser modernen Städtebildung war für ihn eine Revolution. Mit dem Begriff modern bezeichnete 1877 Berlin und seine Bauten diejenigen Bauwerke, die sich mit der Übernahme von Formen der französischen Renaissance von der althergebrachten Schinkel-Schule abgewendet hatten. Die Villa Monplaisir, gebaut 1865–1866 nach dem Entwurf von Kyllmann & Heyden, wurde als in den Formen moderner französischer Renaissance gestaltet dargestellt.[29] Modern bezeichnete dabei zunächst einfach nur das eingetretene Neue im Gegensatz zum Veralteten und somit nicht mehr Modischen.
Meyers Konversationslexikon von 1897 definierte modern als »im gewöhnlichen Sprachgebrauch alles, was der eben herrschenden Mode gemäß ist; im höheren Sinne, vornehmlich auf dem Gebiete der Kunst und Wissenschaft, gebraucht man das Wort von dem, was im Gegensatz zum antiken, zum mittelalterlichen und zum Renaissancestil den eigentümlichen Charakter der Kunstschöpfungen der neueren Zeit (vornehmlich des 19. Jahrh.) ausmacht, zu dem sich die neueste Zeit, namentlich auf dem Gebiete der bildenden Künste und Litteratur, wiederum in Gegensatz stellt, indem ihre Vertreter die Bezeichnung m.[odern] für sich in Anspruch nehmen und ihre unmittelbaren Vorgänger als unmodern erklären. Daher das neuerdings (als Gegensatz zur »Antike«) von den »Naturalisten«, zuerst von H. Bahr (»Zur Kritik der Moderne«, 1890) gebildete Wort: Die Moderne.«
Um 1890 wurde im Zeichen des Naturalismus aus der Bezeichnung für Neuartigkeit von Formen schließlich »die« Moderne, die sich grundsatzlich gegen den Akademismus wendete und mit einer radikalen Forderung nach Wahrheit in der Kunst und damit auch in der Architektur antrat. Die bis dahin nur ästhetische Qualität des Begriffes wurde zusätzlich mit moralischen Bedeutungen der gewollten Überwindung veralteter Zustände aufgeladen.
Die seit den sechziger Jahren des 19. Jahrhunderts zunehmende Stärkung der Wirtschaftskraft in der Stadt führte zu einer ungeahnten Bautätigkeit privater Bauherren, und mit ihr wurde die Frage der Materialgerechtigkeit – und damit von Echtheit – Thema. Nicht mehr die als ärmlich betrachteten Putzbauten der Schinkelzeit galt es fortzusetzen, sondern auf der Grundlage des neuen Reichtums konnten nun endlich »echte« Materialien in der ihnen eigenen Farbigkeit Verwendung finden. »Nach dem wirthschaftlichen Aufschwung wollte sich die Prachtliebe und die Rivalität der reichen Bauherren unter einander nicht mehr mit den armseligen Surrogaten begnügen. ... Der Putzbau wurde für Bauten, bei denen künstlerische Gesichtspunkte maassgebend waren, gänzlich in den Bann getan. An seine Stelle trat entweder der reine Backsteinbau oder der Backsteinbau in Verbindung mit Sandstein. ... Mit der Einführung echter Materialien und der Farbe hat die Berliner Architektur erst wieder eine charaktervolle Physiognomie angenommen. ... Zu beiden Zwecken knüpfte man an die Ueberlieferung der Renaissance an, indem man die Sgraffitotechnik und die Majoliken – farbig glasirte Terracotten – wieder aufnahm.«[30]

In die Gründungszeit des Norddeutschen Bundes fiel die Entwicklung einer liberalen Wohnungs- und Städtebautheorie durch Julius Faucher. Sie stellte den Versuch einer Überwindung der Mietskasernenstadt und die Abwehr staatlich reglementierender Planung dar, wie sie mit dem 1862 in Kraft gesetzten Hobrechtplan festgeschrieben worden waren. Gefordert wurde die Lösung der Wohnungsfrage über privates Unternehmertum auf der Grundlage von Villenkolonien.[31] James Hobrecht verteidigte 1868 dagegen noch die Mietskaserne im Sinne einer Sozialromantik: »Nicht Abschließung, sondern Durchdringung scheint mir aus sittlichen und darum aus staatlichen Rücksichten das Gebotene zu sein. In der Mietskaserne gehen die Kinder aus den Kellerwohnungen in die Freischule über denselben Hausflur wie diejenigen des Rats oder Kaufmanns auf dem Weg nach dem Gymnasium. Schusters Wilhelm aus der Mansarde und die alte bettlägerige Frau Schulz im Hinterhaus, deren Tochter durch Nähen oder Putzarbeiten den notdürftigen Lebensunterhalt besorgt, werden in dem I. Stockwerk bekannte Persönlichkeiten. Hier ist ein Teller Suppe zur Stärkung bei Krankheit, da ein Kleidungsstück, dort wirksame Hilfe zur Erlangung des freien Unterrichts oder dergleichen, und alles das, was sich als das Resultat der gemütlichen Beziehungen zwischen den gleichgearteten und wenn auch noch so verschieden situierten Bewohnern herausstellt, eine Hilfe, welche ihren veredelnden Einfluß auf den Geber ausübt.«[32] Die soziale Entmischung der Stadt begann trotzdem, die auch in den Stadterweiterungsgebieten des 18. Jahrhunderts bis zur Mitte des 19. Jahrhunderts noch vorhandene Durchdringung der unterschiedlichen Stände abzulösen: Mietshaus und Villa wurden endgültig zum Ausdruck unterschiedlicher sozialer Lebenswelten. Der genossenschaftliche Wohnungsbau, bei dem die Genossen unter sich bleiben wollten, verstärkte Ende des Jahrhunderts den Prozeß der Entmischung ebenfalls für die unteren Einkommensschichten. Die Mietskaserne blieb zunächst in den siebziger und achtziger Jahren die Gebäudegattung zur Unterbringung nahezu aller Bewohner der Reichshauptstadt.
Die Große Volksversammlung am 23. Juli 1871 im Louisenstädtischen Theater, veranstaltet wegen der in Berlin herrschenden Wohnungsnot, lehnte kennzeichnenderweise folgende Resolution ab: »Die Volksversammlung wolle beschließen, daß die Arbeiter zusammentreten und selbst Häuser bauen; aber ohne Dachwohnungen, sondern lieber recht hohe bequeme Zimmer, damit man den Arbeitern gute, gesunde Luft geben kann.«[33] Angenommen wurde dagegen die Entschließung: »Die Versammlung erklärt, daß die Wohnungsnot und die hohen Miethen Folgen der Ausbeutung der Arbeiter durch die Bodenrente sind, welche in die Tasche weniger Grundbesitzer fließt, und daß dieser Ungerechtigkeit nur in der socialistischen Gesellschaft abgeholfen wird, dadurch, daß Grund und Boden Gemeineigenthum des Volkes werden.« Der Mietshausbau erreichte zwischen 1871 und 1875 einen nachfragebedingten und durch die Konjunktur ausgelösten Höhepunkt.[34] Die zur Bebauung herangezogenen Flächen schlossen sich im Norden, Osten, Süden und Südwesten auf der Grundlage des Hobrechtschen Bebauungsplanes und als Folge der noch fehlenden Massenverkehrsmittel noch eng an die bereits bebauten Gebiete an.

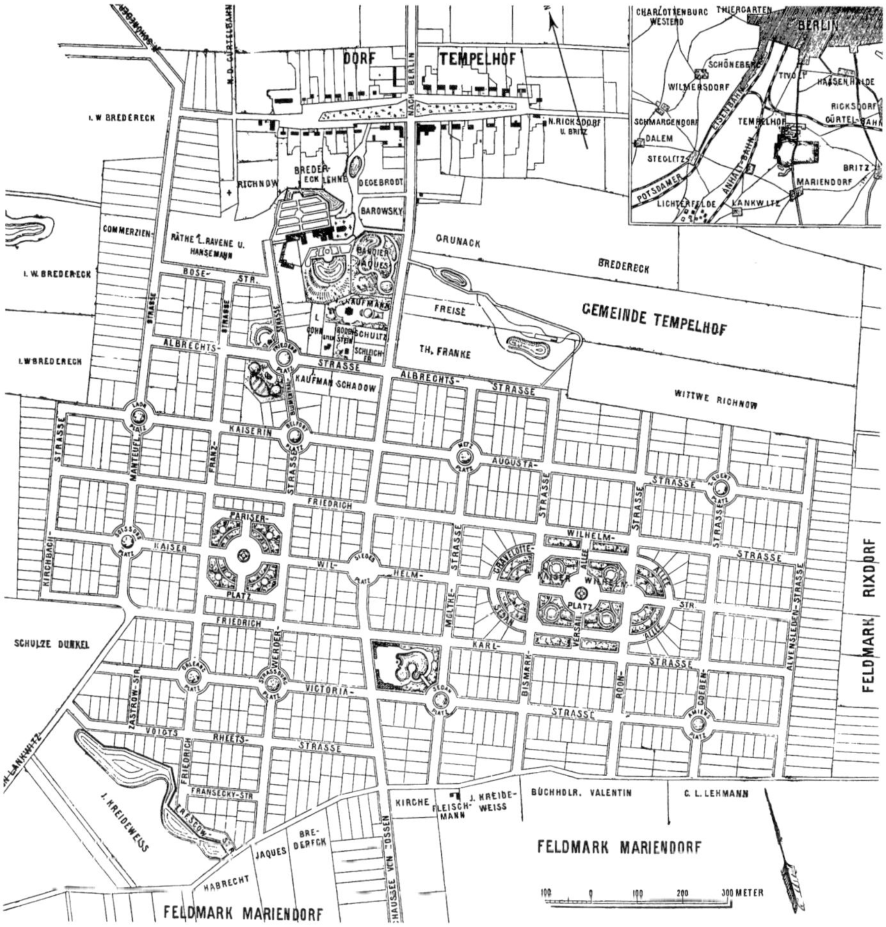

3 Bebauungsplan für die Feldmark Tempelhof; 1872.

Die südlich des Dorfes gelegenen Flächen des Rittergutes Tempelhof wurden 1863 zu einem Zeitpunkt veräußert, als eine Verkehrsanbindung mit Eisenbahn oder Pferdebahn an die Residenzstadt noch keineswegs erkennbar war. Eine kleine Villenkolonie, mit Grundriß und Musterhäusern von Friedrich Hitzig 1864 mit dem Friedensplatz als Mittelpunkt eines einfachen Straßenkreuzes entworfen, war deshalb auch kein Erfolg – das Gut wurde an eine englische Gesellschaft weiterverkauft. Der neue Eigentümer legte 1872 einen Bebauungsplan vor, der nun die gesamten Gutsflächen abdeckte.
Insgesamt zeigt der Grundriß einen überaus streng aufgebauten Straßenraster, in dem die beiden großen Plätze auf beiden Seiten der Chaussee als jeweiliges Zentrum auch die Mittelpunkte der Flächen belegen sollten. Selbst die kleinen Rundplätze überzogen die Siedlung regelmäßig. Sogar der Zuschnitt der Grundstücke folgte dem Grundsatz der Gleichförmigkeit. Errichtet werden sollten Villen und Vorstadthäuser als Doppelhäuser.

Andererseits griffen in Abhängigkeit von den überörtlichen Eisenbahnlinien Villenkolonien über das Weichbild der Stadt weit in das Umland: Seit 1865 war Carstenn von Lichterfelde im Südwesten der Stadt mit seinen Gründungen Lichterfelde Ost und Lichterfelde West tätig, 1866 hatten die Unternehmer Quistorp und Werkmeister die Kolonie Westend im Westen von Charlottenburg gegründet, 1870 entstand der Parzellierungsplan für Alsen am Großen Wannsee, 1872 wurde im Südwesten an der Bahnlinie nach Potsdam der Steglitzer Fichteberg aufgeteilt[35], im selben Jahr erwarb ein Hamburger Spekulant im Norden Berlins das alte Rittergut Weißensee, 1872 wurde die Gemarkung südlich des Dorfes Tempelhof mit einem Bebauungsplan erschlossen[36] – allesamt für eine Bebauung mit Villen oder Vorstadthäusern (Abb. 3). Im Geltungsbereich des Hobrechtschen Bebauungsplanes entstand als bereits innerstädtische Niederlassung am Nollendorfplatz ein Quartier mit einer außerordentlich dichten Villenbebauung, die deutlich verriet, wie teuer der zentrumsnahe Grund und Boden bereits geworden war.
Die Entwicklung der Bodenpreise trieb bereits kleine Gewerbetreibende weit vor die Stadt. 1872 erwarb der Bauverein der Tischler und Berufsgenossen in der Gemarkung des Dorfes Rixdorf eine Ackerflur, erschloß sie durch eine geradlinige Straße (die heutige Silbersteinstraße), parzellierte die Flächen auf beiden Seiten der Straße und ermöglichte die Niederlas-

4 Anhalter Bahnhof; Franz Schwechten, 1873.

Die neuen Infrastruktureinrichtungen der Stadt wie Bahnhof, Gasanstalt oder Krankenhaus ließen mit Gliederung und Anordnung ihrer Baukörper eine funktionsorientierte Entwurfshaltung erkennen. In der Fassadengestaltung setzte sich trotz aller Rangunterschiede in der Entwurfsaufgabe etwa zwischen einem Empfangsgebäude für einen Bahnhof und einem Gasometer eine sachliche Ziegelarchitektur durch. Die Tendenz zur Reihung gleicher oder untereinander ähnlicher Architekturmotive trat selbst in der Schauseite des Bahnhofs auf, bei dem nur noch der Portikus traditionell den Eingang kennzeichnete und die Reihung der Fensterarkaden unterbrach.

Der Kopfbahnhof begann mit seiner großen Baumasse das Stadtbild zu beherrschen: Die mächtige Bahnsteighalle verbarg sich zum öffentlichen Stadtraum hin nicht mehr hinter einer Schaufassade, sondern mit dem Querschnitt ihrer Stirnfront gab sich auch die Grundform von Hallenquerschnitt und damit andeutungsweise der Hallenkonstruktion zu erkennen.

sung von Vertretern seiner Zunft.[37] Selbst einzelne Ackerfluren stadtnaher Dörfer wurden bebaut: in Rixdorf an den Rollbergen für den Massenwohnungsbau oder in Steglitz für »Rentiers«.

Zum frühen Ausdruck von Modernität wurde der Kopfbahnhof der Berlin-Anhaltischen Eisenbahn, der seit 1871 bis zur Genehmigung im Jahre 1875 durch Franz Schwechten als Chefarchitekten der Betreibergesellschaft entworfen wurde[38] (Abb. 4). Nicht mehr hinter einer allgemeinen Hausfassade versteckt wie noch das Empfangsgebäude des Gründungsbahnhofs, trat die Anlage jetzt als eine Einheit von architektonisch künstlerischem Entwurf und meisterhafter ingenieurstechnischer Konstruktion mit der Halle als beherrschendem Motiv unübersehbar in Erscheinung. Die Entwicklung des Entwurfes für die Hauptschauseite in den Jahren 1872–1873 machte den Durchbruch in eine neue Verständniswelt deutlich. Der Hallenquerschnitt mit seiner Stahlkonstruktion wurde schließlich weder als eigene aufgesetzte Zutat verstanden, noch durch ein wesensfremdes Architekturelement überfremdet, sondern die Halle als bekrönender Bauteil wurde in einer architektonischen Fassung zur Erscheinung gebracht, die die Eigenart des Daches widerspiegelte. Die von Heinrich Seidel in Form von Fachwerkbogenbindern konstruierte Überdachung der Bahnsteighal-

le stellte darüber hinaus einen ingenieurstechnischen Fortschritt gegenüber der Hallenkonstruktion des Bahnhofs der Niederschlesisch-Märkischen Eisenbahn dar, die Johann Wilhelm Schwedler Ende der sechziger Jahre entworfen hatte.[39]
Filigrane stählerne Tragwerkskonstruktionen ermöglichten nun – fußend auf Entwicklungen der sechziger Jahre – das Überbrücken immer größerer Weiten. Nach dem Prinzip der von Schwedler konstruierten Flachkuppeln wurden in den siebziger Jahren die gemauerten Gasbehälter mit Durchmessern von über fünfzig Metern überdeckt, so in der Städtischen Gasanstalt Greifswalder Straße 1872–1873 oder in der Gasbehälteranstalt Fichtestraße (Abb. 5).[40] Im Brückenbau begannen Ingenieurskonstruktionen zu dominieren: Die Überquerung des Landwehrkanals der Berlin-Potsdamer Eisenbahn 1871–1873 erfolgte mit Blechträgern über den Uferstraßen und mit einer Fachwerkkonstruktion über dem Kanal.[41] Die 1872 begonnene Überführung über die Gleisanlagen von Ostbahn und Niederschlesisch-Märkischer Eisenbahn im Zuge der Warschauer Straße wurde zu einem Bauwerk von insgesamt 250 Metern Länge. Es entstand in einer Kombination von gemauerten Gewölbejochen sowie gemauerten Pfeilern und eisernen Säulen, die die in Längsrichtung angeordneten Blechträger

5 Gasometer, Fichtestraße, 1876

Der Gasometer erhielt einen aus der Konstruktion seiner eisernen Flachkuppel abgeleiteten zylindrischen Grundkörper, wobei dessen Erscheinungsbild sparsam gegliedert, aber nicht dekoriert wurde. Die Ingenieurskonstruktionen mit ihren Möglichkeiten zum Überbrücken großer Spannweiten entzogen sich von selber herkömmlichen Dekorations- und Verkleidungsmöglichkeiten.

6 Ehem. II. Garnison-Lazarett;
Gropius & Schmieden, 1875–1878.

Das im Pavillonsystem organisierte Krankenhaus, das ohnehin kein Thema des öffentlichen Prachtbaus war, ordnete die isoliert stehenden Krankenpavillons sowie die Versorgungs- und Verwaltungsbauten in Abhängigkeit von deren Funktionen und nach den medizinischen Anforderungen an die Hygiene zueinander.

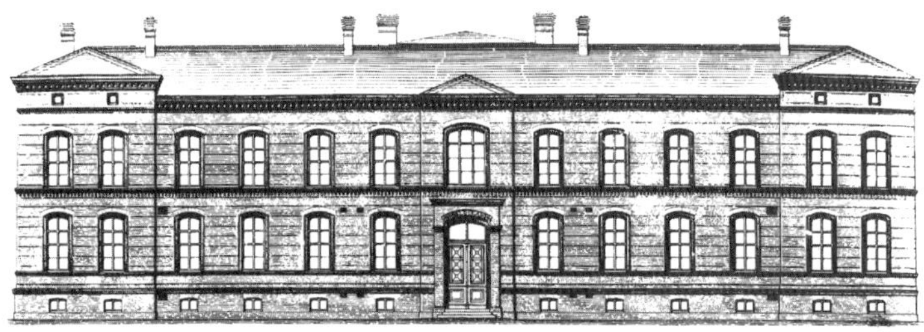

Haupt-Ansicht

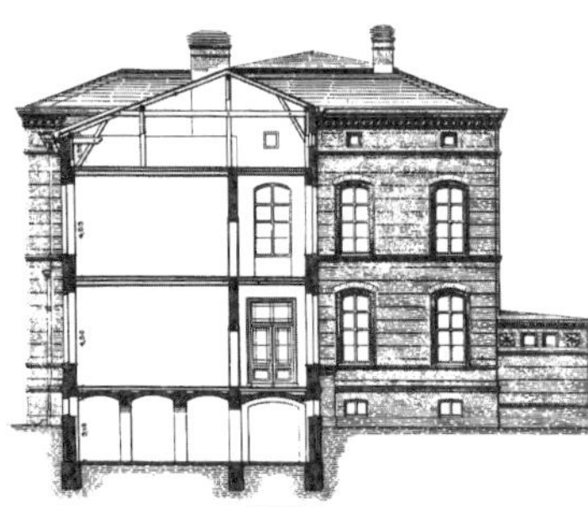

Schnitt c d

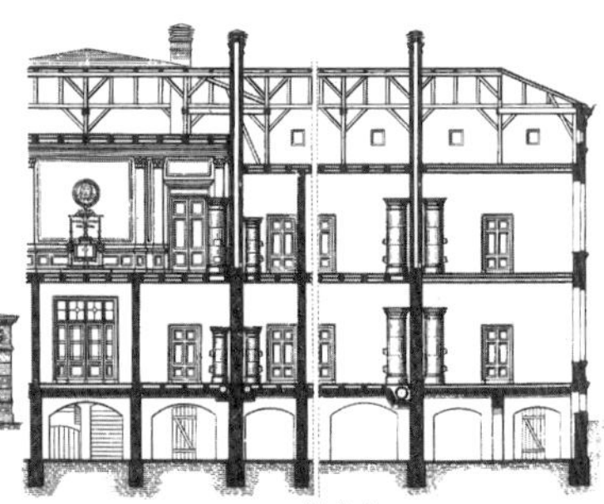

Schnitt a b

7 Kunstgewerbemuseum, Prinz-Albrecht-Straße; Gropius & Schmieden, 1876.

Das Gebäude wurde als kubisch klarer Block ohne sichtbares Dach mit strenger Fassadenaufgliederung entworfen, wobei der unterschiedliche gestalterische Aufwand zwischen der zur Prinz Albrecht Straße gelegenen Hauptschauseite mit dem Haupteingang und den drei anderen, abgewendeten Fassaden sehr gering ausfiel. Die einzelnen Fassaden wurden untereinander gleichwertig ausgebildet und nahmen nur mit ihrem dekorativen Aufwand zur Rückseite hin ab. Die regelhafte, wie in einem Raster durchgeführte Anordnung der Fenster einerseits, das kompositorische Verklammern zwischen den Vertikalen der Fensterachsen und den Horizontalen von Sockelgeschoß, Brüstungsbändern und Mezzaningeschoß, andererseits zeugte von der überlegten Klarheit der architektonischen Komposition, die fast sachlich rationale Züge aufweist.

trugen, die ihrerseits durch diagonal verstrebte Querträger verbunden waren.[42] Die 1870 vollendete Oberspreebrücke der Ringbahn verwendete schmiedeeiserne Schwedlersche Parabelträger.[43]
Mit den siebziger Jahren hielt die Ingenieurskonstruktion Einzug in das Erscheinungsbild der Stadt.
Bauaufgaben für den zunehmenden Bedarf an Infrastruktureinrichtungen führten bereits zur Spezialisierung von Architekturbüros: Gropius & Schmieden waren seit den späten sechziger Jahren, seit ihrem Bau des Krankenhauses am Friedrichshain von 1866–1868, zu »den« Krankenhausarchitekten nicht nur Berlins geworden. Solche Versorgungsbauten erforderten nicht nur eine in der Anordnung der Bauten ablesbare funktionale Ordnung, sie erhielten als Ziegelrohbauten auch eine eigene Architektursprache, die jenseits des privaten und öffentlichen Prachtbaus weitgehend auf Dekorationsfülle und Stilentlehnungen verzichtete. Das von Gropius & Schmieden 1875–1878 errichtete II. Garnison-Lazarett in Tempelhof wurde auf diese Weise zu einem Musterbeispiel funktionsgerechter Anordnung der Baukörper und bewußter Einfachheit des architektonischen Erscheinungsbildes (Abb. 6).[44] Die gewollte Simplizität der Erscheinungsform entsprach jedoch nicht einer grundsätzlichen Entwurfshaltung des Architekturbüros, sondern war eher Ausdruck einer Bedeutungshierarchie der öffentlichen Bauaufgaben, denn als Gropius & Schmieden 1876 den Auftrag zum Bau des Kunstgewerbemuseums in der Prinz-Albrecht-Straße südlich der Leipziger Straße erhielten, paßten sie bei gleichem Grundmaterial das Erscheinungsbild ihres Entwurfes dem Rang der Aufgabe an (Abb. 7).

1 Eberhard Schmieder: Wirtschaftsgeschichte Berlins im 19./20. Jahrhundert, in: Heimatchronik Berlin, Köln 1962, S. 708 f.
2 vgl. dazu die in Berlin und seine Bauten 1896 angegebenen Bauzeiten für die unterschiedlichen Gebäudegattungen.
3 Herbert Krafft: Immer ging es um Geld. Einhundertfünfzig Jahre Sparkasse in Berlin, Berlin o. J. (1968), S. 75.
4 Rolf E. Lüke (Bearb.): Die Berliner Handelsgesellschaft a.a.O., S. 107.
5 Rolf E. Lüke (Bearb.): Die Berliner Handels-Gesellschaft in einem Jahrhundert deutscher Wirtschaft, 1856–1956, Berlin o. J. (1956), S. 107.
6 Michael Erbe: Berlin im Kaiserreich (1871–1918), in: Wolfgang Ribbe (Hrsg.): Geschichte Berlins. Zweiter Band: Von der Märzrevolution bis zur Gegenwart, München 1988, S. 697.
7 Lauenz Demps: Der Schlesische Bahnhof in Berlin. Ein Kapitel preußischer Eisenbahngeschichte, Berlin 1991, S. 145.
8 Laurenz Demps: Der Schlesische Bahnhof a.a.o., S. 144.
9 100 Jahre Karlshorst. Geschichte einer Villen- und Landhaussiedlung, hrsg. v. Bezirksamt Lichtenberg von Berlin, Berlin 1995, S. 24.
10 Zit. nach Reinhard Hübner: Albrecht von Roon. Preußens Heer im Kampf um das Reich, Hamburg 1933, S. 5.
11 Friedrich Nietzsche: Vom Nutzen und Nachtheil der Historie für das Leben, München 1996, S. 3 f.
12 Zit. nach Ingeborg Weber-Kellermann: Vom Handwerkersohn zum Millionär. Eine Berliner Karriere des 19. Jahrhunderts, München 1990, S. 37.
13 Gottfried Korff: Vibration der Mitte. Großstadtleben und Mentalitätsprägung, in: Helmut Engel und Wolfgang Ribbe (Hrsg.): Hauptstadt Berlin – Wohin mit der Mitte? Historische, städtebauliche und architektonische Wurzeln des Stadtzentrums, Berlin 1993, S. 67 ff.
14 Ludwig Hoffmann: Lebenserinnerungen eines Architekten, bearb. u. a. d. Nachlaß hrsg. v. Wolfgang Schäche, Berlin 1983, S. 48 (Die Bauwerke und Kunstdenkmäler von Berlin, hrsg. v. Senator für Stadtentwicklung und Umweltschutz – Landeskonservator, Beih. 10)
15 Berlin nebst Potsdam und Umgebungen. Separat-Abdruck aus der 19. Auflage von Baedeker's Nord-Deutschland, Leipzig 1880, S. 14.
16 Berlin nebst Potsdam a.a.O., S. 14.
17 Hartwig Schmidt und Eva-Maria Eilhardt: Die Bauwerke der Berliner S-Bahn. Die Stadtbahn, Berlin 1984, S. 22 ff. (Arbeitshefte der Berliner Denkmalpflege 1, hrsg. im Auftrag des Senators für Stadtentwicklung und Umweltschutz von Helmut Engel).
18 Zit. nach Elke Herden: Kirchen für die moderne Großstadt. Der Beitrag August Orths zum protestantischen Kirchenbau im Berlin des 19. Jahrhunderts, Berlin 1988 (Arbeitshefte des Instituts für Stadt- und Regionalplanung der Technischen Universität).
19 Vgl. Horst Henning Siewert: Die Bedeutung der Stadtbahn für die Berliner Stadtentwicklung. Diss. TU Berlin 1978 (Ms).
20 Ulrich Mayer: Die Anfänge der Zionsgemeinde in Berlin. Ein Beispiel für die Entstehung von Kirchengemeinden in Großstädten des 19. Jahrhunderts, Bielefeld 1988, S. 72.
21 Dieter Radicke: Planung und Grundeigentum, in: Exerzierfeld der Moderne. Industriekultur in Berlin im 19. Jahrhundert, München 1984, S. 188.
22 Uwe Kieling: Berliner Privatarchitekten und Eisenbahnbaumeister im 19. Jahrhundert. Biographisches Lexikon, Berlin 1988, S. 52 (Miniaturen zur Geschichte, Kultur und Denkmalpflege Berlins, Nr. 26, hrsg. v. d. Berliner Bezirksvorständen der Gesellschaft für Heimatgeschichte und für Denkmalpflege im Kulturbund der DDR).
23 Architekten- und Ingenieur-Verein zu Berlin (AIV) (Hrsg.): Festreden Schinkel zu Ehren 1846–1980, ausgewählt und eingeleitet von Julius Posener, Berlin o. J. (1981), S. 167 ff.
24 Wolfgang Beyrodt u. a. (Hrsg.): Kunsttheorie und Kunstgeschichte des 19. Jahrhunderts in Deutschland. Texte und Dokumente, Bd. 2: Architektur, hrsg. v. Harold Hammer-Schenk, Stuttgart 1985, S. 159.
25 Wolfgang Beyrodt u. a. (Hrsg.): Kunsttheorie a.a.O., S. 159 f.
26 J.(osef) Stübben: Der Städtebau, Leipzig 1924, S. 676 (Handbuch der Architektur, Vierter Teil: Entwerfen, Anlage und Einrichtung der Gebäude. 9. Halbbd.).
27 Das sogenannte Kreuzberg-Urteil ist ein Grundsatzurteil des Oberverwaltungsgerichtes zur Frage der Abwehr unangemessener Bebauungen, vgl. Entscheid. d. königl. Oberverwaltungsgerichts IX, S. 353 ff.
28 Urteilsbegründung wie zu Anm. 27.
29 Architekten-Verein zu Berlin (Hrsg.): Berlin und seine Bauten, Berlin 1877, T. 1, S. 430 (nachfolgend zitiert als BusB 1877).
30 Hugo Licht: Die Architectur Berlins, Berlin o. J. (1877), S. VI f.
31 Ludovica Scarpa: Berlin und seine ersten Bauherren, in: Senatsverwaltung für Bau- und Wohnungswesen, Hans Stimmann (Hrsg.): Stadt Haus Wohnung – Wohnungsbau der 90er Jahre in Berlin, Berlin 1995, S. 63 f.
32 Zit. nach Gerhard Kutzsch: Hinter den Fassaden. Das Volk Berlins im 19. Jahrhundert, Berlin 1970, hrsg. v. Senator für Bau- und Wohnungswesen, S. 14.
33 Neuer Social-Demokrat, 28. 7. 1871; zit. nach Johann Friedrich Geist und Klaus Kürvers: Das Berliner Mietshaus 1862–1945. Eine dokumentarische Geschichte von »Meyer's-Hof« in der Ackerstraße 132–133, der Entstehung der Berliner Mietshausquartiere und der Reichshauptstadt zwischen Grundung und Untergang, Munchen 1984, S. 104.
34 Johann Friedrich Geist und Klaus Kürvers: Das Berliner Mietshaus 1862–1945 a.a.O., S. 332 ff.
35 Erster Verwaltungsbericht der Landgemeinde Steglitz. 1. Januar 1875 bis 31. Dezember 1909, Steglitz 1911, T. 14.
36 Bezirksamt Tempelhof (Hrsg.): Tempelhof. Bauten, Straßen, Plätze als Zeugen der Geschichte. Ausstellungskatalog, o. O. (Berlin) o. J., S. 6.
37 Wilhelm Schmidt und Helmut Winz: Von Rixdorf zu Neukölln. Die Entwicklung der Stadtlandschaft eines Berliner Ortsteils, in: Jahrbuch für die Geschichte Mittel- und Ostdeutschlands. Publikationsorgan der Historischen Kommission zu Berlin, hrsg. v. Wilhelm Berges und Hans Herzfeld, Bd. 15, Berlin 1966, S. 183 f.
38 Helmut Maier: Berlin Anhalter Bahnhof, Berlin o. J. (1984).
39 Laurenz Demps: Der Schlesische Bahnhof a.a.O., S. 128.
40 BusB 1877 T. 2, S. 208 f.
41 BusB 1877 T. 2, S. 58.
42 BusB 1877 T. 2, S. 53 ff.
43 BusB 1877 T. 2, S. 61.
44 Helmut Engel: Zur Geschichte der Berliner Krankenhäuser im 19. Jahrhundert, in: Krankenhäuser in Berlin. Bauten und Projekte der 80er Jahre, hrsg. v. Senator für Gesundheit und Soziales Berlin, Berlin 1989, S. 15 ff.

Die reichen Bauherren

Die wenigen schwerreichen privaten Bauherren, die finanziell in der Lage waren, in der Stadt ein Stadtpalais zu errichten, bauten mit den führenden Berliner Architekten ihrer Zeit. Seit der Gründung des Norddeutschen Bundes, vor allem aber nach der Reichsgründung ließen sie sich hauptsächlich in der Wilhelmstraße nieder, demonstrierten eine unübersehbare Selbstdarstellung und gaben damit Zeichen einer neuen Zeit, in der die alten Berliner Traditionen biedermeierlicher Einfachheit nichts mehr galten. Eine auf ihren sozialen Stand bezogene gemeinsame Formensprache gab es bei ihnen nicht.

Vorreiter wurde Bethel Henry Strousberg, seit 1863 im Eisenbahngeschäft engagiert[1] und möglicherweise bereits schon zu dieser Zeit in der Wilhelmstraße ansässig.[2] Nach wenigen Jahren erfolgreicher Tätigkeit ließ er sich 1867–1868 in der Wilhelmstraße 70 nach dem Entwurf von August Orth ein Palais bauen (Abb. 8).[3] Orth, fast eine Art Hausarchitekt Strousbergs[4], war bei seinem Entwurf mit dem wiederverwendeten Altbau aus dem 18. Jahrhundert durch dessen Zweigeschossigkeit und die Zahl der Fensterachsen an den Typus des traditionellen preußischen Palais der Wilhelmstraße gebunden; die Nähe zu dieser Gebäudegattung wurde zudem noch durch den deutlich hervorgehobenen Mittelrisalit verstärkt. In der Formensprache des äußeren Erscheinungsbildes wird sich indessen der Geschmack des Bauherrn ungeschmälert ausgedrückt haben. Er entsprach nicht nur der zeitgenössischen Architektur der Banken[5] und öffentlichen Bauten, sondern ebenso auch der aus der Schinkelschen Tradition entwickelten Villenarchitektur.[6] Das nahe gelegene Palais des Prinzen Karl am Wilhelmplatz, von Schinkel in den zwanziger Jahren umgebaut, mag Strousbergs Entscheidung für diese Form seines Palais ebenfalls beeinflußt haben. Strousberg wollte sich in der Wilhelmstraße offensichtlich nicht nur als ein den Künsten aufgeschlossener Mäzen darstellen[7], er strebte wohl insgesamt das Bild eines konservativen Geschäftsmannes an. Daß eine solche Haltung in der Wilhelmstraße bei privaten Bauherren nicht durchgängig auftreten mußte, belegte Wilhelmstraße 66, das zum gleichen Zeitpunkt 1867–1868 nach einem Entwurf von Friedrich Hitzig errichtete Wohnhaus[8] des Bankiers Krause jun., Inhaber des 1858 gegründeten Bankgeschäftes F. W. Krause Leipziger Straße 45[9] sowie einer florierenden Weinhandlung (Abb. 9). Vom Typus her ein Mietwohnpalast[10], zielte das Haus mit »seiner in Formen französischer Renaissance gehaltenen Facade« auf eine vornehme Klientel, die der Bauherr sich so bedeutend vorstellte, daß die beiden Wohnungen in den Obergeschossen auch zu je einer Wohnung verbunden werden konnten. 1873 wohnten in dem Haus der Kaiserlich Russische Militärbevollmächtigte, Graf Kutusow, sowie der Gesandte Italiens beim Deutschen Reich, Graf de Launay, dazu Freiherr Perger von Perglas als Bayerischer Gesandter und der General der Kavallerie, Prinz August von Württemberg [11] – die Spekulation des Bankiers war aufgegangen, die Mieterschaft bezog sich ganz offensichtlich auf die Wilhelmstraße als Sitz der Regierung. Der Bankier selber begnügte sich mit der linken Erdgeschoßwohnung. Die Wahl eines Mietwohnpalastes anstelle eines Stadtpalais kennzeichnete den vorsichtigen Geschäftsmann, der sein in das Haus investiertes Kapital durch Mieteinnahmen amortisieren

8 Palais Strousberg, Wilhelmstraße 70; August Orth, 1867–1868.
9 Mietwohnpalast Krause jun., Wilhelmstraße 66; Friedrich Hitzig, 1867–1868.

Die beiden Häuser repräsentierten die beiden unterschiedlichen Gebäudetypen für vornehmes Wohnen in der Stadt – das Stadtpalais und den Mietwohnpalast mit ihren jeweils unterschiedlichen, der liberalen Zeitauffassung entsprungenen Vielfalt der Ausdruckmittel. Der traditionelle Klassizismus Strousbergs stand zeit- und ortsgleich neben einem Bauwerk in Formen der französischen Renaissance, die in ihren stilistischen Ansätzen die Auflösung der Fassade in ein System von Stützen und Gebälken andeutete, während das Palais Strousberg noch gänzlich aus der flächigen Auffassung einer Quaderfassade lebte. Das eine Bauwerk verdrängte das Dach aus dem Erscheinungsbild der Straße, das andere kehrte es als wichtiges Element hervor, bei dem wie bei den Dekorationselementen in der Fassade auch die Grate und Kanten als Rahmenwerk betont wurden.

10 Palais Tiele-Winckler – Straßenfassade, Regentenstraße 15; Ebe & Benda, 1873–1876.

Die Sandsteinfassade des mit großem materiellem Aufwand errichteten Hauses war zwar nur einfarbig und nicht zeitgemäß polychrom, aber trotzdem üppig dekoriert. Bilderfries und Standbilder sollten an den Betrachter des Hauses eine Botschaft übermitteln. Der Bauherr in der Regentenstraße gehörte dem Militär an, weshalb der zu dieser Zeit noch seltene Bezug auf eine nordische Renaissance und die Sagenwelt der Edda hergestellt wurde.
Der Lage dieses Hauses im Tiergartenviertel war im Gegensatz zur Wilhelmstraße ein kleiner Vorgarten zu verdanken. Auch bei Tiele-Winkler war der Hauseingang an die Seite verlegt.

wollte und somit kein ›Palais‹ errichtete – ein deutlicher Kontrast zu Dr. Strousberg. Krause hatte mit Friedrich Hitzig [12] zwar einen seit den frühen vierziger Jahren erfolgreich in Berlin tätigen Privatarchitekten aus der Schule Schinkels beauftragt, andererseits mit dem für die Fassade seines Hauses gewählten Formenrepertoire der neueren Entwicklung in der zeitgenössischen Berliner Architektur und eben nicht mehr der traditionellen Schinkel-Schule [13] Rechnung getragen – die französischen Bauformen galten seit der Mitte der sechziger Jahre als modern [14], die Weltausstellung von 1867 in Paris mag die Aktualität dieser Formenwelt noch unterstützt haben.
Der von Strousberg verwendete herkömmliche Typus des Adelspalais besaß noch bei einem weiteren Bauvorhaben in der Wilhelmstraße Gültigkeit: Der 1870 vollendete Neubau v. Eckardstein Wilhelmstraße 60 [15] erhielt eine im Zeitverständnis moderne Fassade »in reicher französischer Renaissance«.
Es hat den Anschein, als wäre die französische Renaissance mit dem Sieg der deutschen Armee 1871 mehr oder weniger obsolet geworden. Deren Formenwelt mit ihrer Botschaft der Moderne war ohnehin sehr schnell in den Verdacht geraten, der Stil der Neureichen zu sein – der Bankiers.[16] Die nach der Reichsgründung Anfang der siebziger Jahre bauenden privaten Bauherren bevorzugten wohl auch deshalb bei ihren Stadtpalais' eine an-

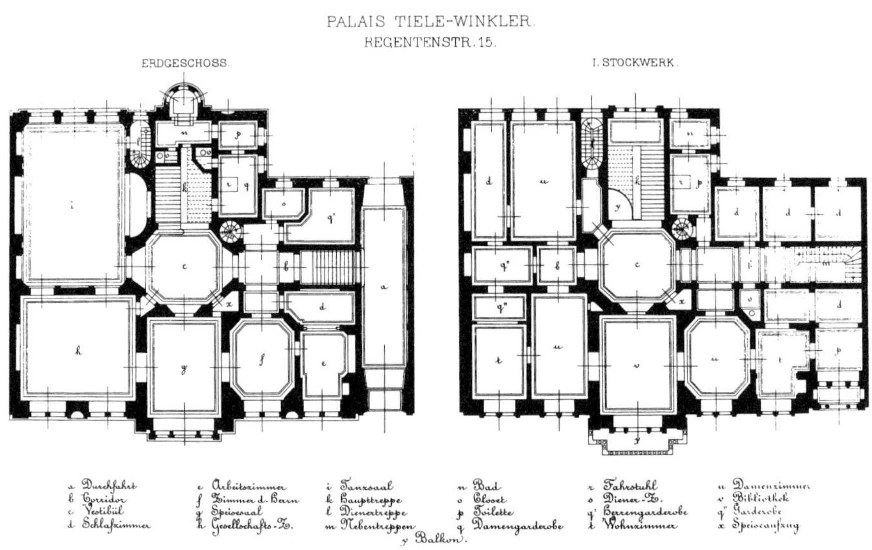

dere Neu-Renaissance. Der Oberstleutnant v. Tiele-Winckler ließ 1873 in patriotischer Gesinnung seine Architekten Formen einer nordischen Renaissance entwickeln, und folglich wählte der große Fries zwischen Erd- und Obergeschoß sein Thema aus dem Sagenkreis der Edda: Schlacht, Tod und Empfang der gefallenen Helden in der Walhalla (Abb. 10).
Die Pringsheims errichteten Wilhelmstraße 67 in direkter Nachbarschaft zu Krause zwischen 1872 und 1874 ihr Stadtpalais wie Tiele-Winckler nach einem Entwurf von Ebe & Benda (Abb. 11, Abb. 12): »Besonderer Werth ist auf die Ausstattung der in reichen, an venetianische Motive anklingenden Renaissanceformen und im lebhaftesten Farbenschmuck echter Materia-

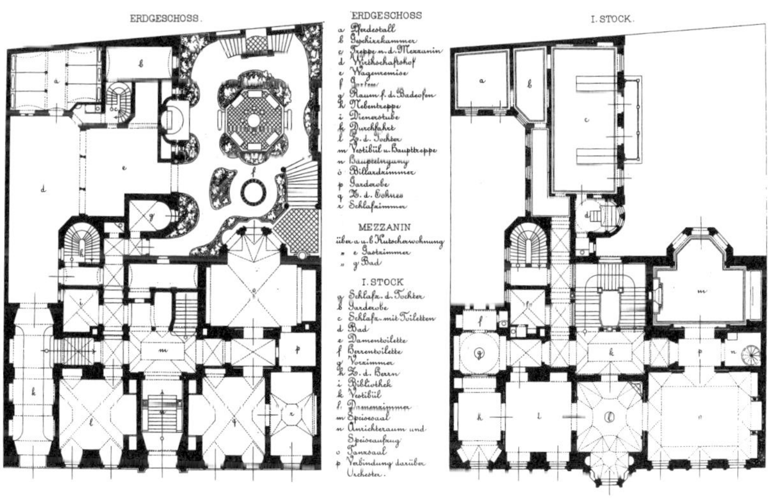

11 Palais Pringsheim, Wilhelmstraße 67 – Straßenfassade; Ebe & Benda, 1872–1874.
12 Palais Pringsheim – Erdgeschoß, Obergeschoß.

Ebenso wie Borsig und Fürst Pleß entsprachen Pringsheim und Tiele-Winkler bei der Ausbildung der Straßenfassade der in dieser gesellschaftlichen Stellung üblichen Vielfalt des persönlichen Geschmacks.

Eine eher unscheinbare seitliche Durchfahrt ermöglichte von dort auch den gedeckten Eintritt in das Haus. Die Durchfahrt führte direkt in einen schmalen Hof mit Pferdestall und Wagenremise.

Von einer Dienerstube aus konnten die Zugänge sowohl von der Durchfahrt wie von der Haustür in der Wilhelmstraße auf kurzem Wege erreicht werden. Über einen quer liegenden Flur wurden im Vorderhaus in beiden Stockwerken die Räume erschlossen, im Erdgeschoß zur Straße die Zimmer der Kinder – des Sohnes und der Tochter – und das zu einem kleinen Ziergarten nach hinten gelegene Billardzimmer, von dem aus man allein in den Garten gelangen konnte, wenn man nicht den Umweg durch die Wagenremise machen wollte. Der Garten war eher ein Architekturgarten mit schmalen, die Wände und Wege säumenden Rabatten.

Die eigentliche Gesellschaftsetage war das Obergeschoß mit dem Zimmer des Herrn und seiner Bibliothek einschließlich eigenem Vorzimmer und eigener Herrentoilette sowie mit dem Reich der Dame mit Damenzimmer und angeschlossenem Tanzsaal sowie dem zum Garten hin gelegenen Speisesaal.

Alle Räume im Obergeschoß konnten für gesellschaftliche Ereignisse durch breite Türöffnungen untereinander in eine fließende Verbindung gebracht werden.

Schlaf- und Sanitärräume des Ehepaares lagen im kleinen Mittelflügel oberhalb der Wagenremise. Das Schlafzimmer des Ehepaares war über einen breiten Balkonaustritt zum Garten orientiert. Und natürlich besaß man ein Bad.

lien durchgebildete Facade gelegt worden«[17] – nicht zuletzt wegen der Mitwirkung Anton von Werners wurde der Bau in der Meinung der einen »für Berlin ein sensationelles Ereignis«[18], für Theodor Fontane dagegen eine »Kakel-Architektur«.[19] Die Berufung auf die venezianische Formenwelt sollte indessen wohl auch ein anderes Selbstverständnis als das von einer Moderne vermitteln: Das Venedig des 16. Jahrhunderts mit seiner wirtschaftlichen Prosperität und der Blüte seiner Kunst wurde für die Legitimität der eigenen Gegenwart aufgerufen[20], die man andererseits noch altväterlich in den großen Lebensbogen eingespannt sah, wie ihn der Wernersche Mosaikfries mit seinen Darstellungen der sechs Lebensalter an der Fassade versinnbildlichte.

13 Palais Borsig, Voßstraße 1 Ecke Wilhelmstraße; Richard Lucae, beg. 1875.
14 Palais Fürst Pleß, Wilhelmstraße 78; Hippolyte Destailleur, 1872–1875.

Das Stadtpalais entstand im Unterschied zum Mietwohnpalast grundsätzlich zweigeschossig, auch wenn es abweichend vom üblichen Typus des an der Bauflucht stehenden Hauses wie beim Palais des Fürsten Pleß mit einer cour d'honneur zur Straße hin ausgestattet wurde. Die gleichmäßige Fensterabfolge in der Fassade führte dazu, daß der Hauseingang – sowohl bei Borsig wie bei Pleß auch in Abhängigkeit von einer gedeckten oder repräsentativ offenen Vorfahrt – aus der Mittelachse an die Seite des Hauses verlegt wurde. War das Borsigsche Grundstück nahezu vollständig überbaut, so hielt Fürst Pleß immerhin noch die Fiktion eines Gartens aufrecht, doch hatte dieser noch nicht einmal die Tiefe der als Vorfahrt dienenden cour d'honneur. Der Vorhof war auch Folge der seitlich angeordneten Erschließung des Hauses, denn die Gesellschaftsräume sollten den Mittelpunkt des Hauses bilden.

Beim Palais für August Julius Albert Borsig (Abb. 13), das nach dem Entwurf von Richard Lucae 1875–1877 an der Voßstraße Ecke Wilhelmstraße fast in unmittelbarer Nachbarschaft des Reichskanzlers entstand[21], »zeichnet sich die in italienischer Palast-Architektur ausgebildete Facade durch ungewöhnliche Axenweiten aus.«[22] Das Borsigsche Palais galt das ganze 19. Jahrhundert hindurch als Musterbeipiel architektonischer Eleganz. Lediglich der zwischen Borsig und dem Reichskanzler auf dem Grundstück Wilhelmstraße 78 in den Jahren 1872–1875 bauende Fürst Pleß (Abb. 14), schlesischer Großgrundbesitzer und Schlotbaron[23], zeitweilig Mitglied des Reichstages, durchbrach diese Rezeption italienischer Renaissance und ließ sein Stadthaus im Typus eines französischen Adelspalais nach dem Entwurf des französischen Architekten Hippolyte Destailleur »im Sinne französischer Palastbauten aus der Zeit Ludwig's XIV.« gestalten.[24]

1 Manfred Ohlsen: Der Eisenbahnkönig Bethel Henry Strousberg. Eine preußische Gründerkarriere, Berlin 1987.

2 Und zwar war er mit seinem Grundstück Wilhelmstraße 80 kennzeichnenderweise direkter Nachbar des 1848 gegründeten preußischen Ministeriums für Handel, Gewerbe und öffentliche Arbeiten, zu dessen Geschäftsbereich das Eisenbahnwesen gehörte und für dessen Erweiterung das Grundstück am 3. Dezember 1866 aus dem Eigentum von Strousberg erworben wurde, vgl. Röttcher und Fälck: Die Geschichte des Hauses Wilhelmstraße 79 auf der Friedrichstadt in Berlin, Leipzig 1936, S. 50.

3 BusB 1877, T. 1, S. 409 f.

4 Görlitzer Bahnhof in Berlin 1866–1868, vgl. Manfred Ohlsen: Der Eisenbahnkönig a.a.O., S. 87 f.

5 S. Kaiserliche Reichsbank Jägerstraße 34 von 1869–1873 nach dem Entwurf von Hitzig; vgl. BusB 1877, T. 2, S. 301 f., s. Gebäude des Berliner Kassen-Vereins Oberwallstraße 3 von 1870–1871 nach dem Entwurf von Gropius & Schmieden, vgl. BusB 1877, T. 2, S. 305; Ministerium des Inneren Unter den Linden 72–73 von 1877 von Emmerich und Spitta, vgl. BusB 1877, T. 2, S. 264.

6 S. Landhaus Volckart Tiergartenstraße 6 von 1833 von Eduard Knoblauch in der Nachfolge von Schinkels Charlottenhof, vgl. Hartwig Schmidt: Das Tiergartenviertel. Baugeschichte eines Berliner Villenviertels, T. 1: 1790–1870, Berlin 1981, S. 86 ff (Die Bauwerke und Kunstdenkmäler von Berlin, Beih. 4); s. Villa Nitsche Bellevuestraße 17 von 1833 nach dem Entwurf von Langerhans, vgl. Hartwig Schmidt: Tiergartenviertel a.a.O., S. 225; s. Wohnhaus Lenné Lennéstraße 1 von 1838–1839 nach dem Entwurf von Ludwig Persius (?), vgl. Hartwig Schmidt: Tiergartenviertel a.a.O., S. 96 f.; s. Villa Lehmann Sigismundstraße 4 1855–1857 von Linke, vgl. Hartwig Schmidt a.a.O., Abb. 230; s. Villa Gerson Tiergartenstraße 29 1853 von Friedrich Hitzig vgl. Hartwig Schmidt a.a.O., Abb. 322; s. Villa Kabrun Rauch – Ecke Drakestraße von 1865–1867 nach dem Entwurf von Ende; vgl. BusB 1877, T. 2, S. 428; s. Villa von der Heydt Von-der-Heydt-Straße 15 1860–1862 von Hermann Ende, vgl. Hartwig Schmidt a.a.O., Abb. 389.

7 Manfred Ohlsen: Eisenbahnkönig a.a.O., S. 12.

8 BusB 1877, T. 2, S. 455 f.; vgl. ferner Zeitschrift für Bauwesen, Berlin 1869, Sp. 23–24 f. sowie Bl. 16 bis 19.

9 Verein Berliner Kaufleute und Industrieller (Hrsg.): Berlins Aufstieg zur Weltstadt. Ein Gedenkbuch mit Beiträgen von Max Osborn Adolph Donath, Franz M. Feldhaus, Berlin 1929, S. 81; vgl. auch Erich Achterberg: Berliner Hochfinanz. Kaiser, Fürsten, Millionäre um 1900, Frankfurt am Main 1965, S. 40 f.

10 Ein Jahr später wird mit dem sog. Blücherschen Palais Pariser Platz 2 ebenfalls ein solcher Mietwohnpalast entstehen.

11 Laurenz Demps: Berlin-Wilhelmstraße. Eine Topographie preußisch-deutscher Macht, Berlin 1994, S. 111.

12 Uwe Kieling: Berliner Privatarchitekten und Eisenbahnbaumeister a.a.O., S. 30 f. Hitzig hatte Jahre zuvor 1862 ein Wohnhaus Wilhelmplatz 5 als Spekulationsobjekt für einen Unternehmer errichtet, vgl. Zeitschrift für Bauwesen, Berlin 1862, Sp. 319–320 sowie Bl. 44–46.

13 Die Einführung der französischen Renaissance erfolgte in der 2. Hälfte der sechziger Jahre, vgl. Hartwig Schmidt: Tiergartenviertel a.a.O., S. 270 – die Villa Geber, gen. ›Monplaisir‹, Rauchstraße 12 1866–1867 nach dem Entwurf von Walter Kyllmann scheint eines der frühen Beispiele gewesen zu sein. Vgl. auch Eva Börsch-Supan: Berliner Baukunst nach Schinkel 1840–1870, München 1977, S. 14 (Studien zur Kunst des neunzehnten Jahrhunderts, Bd. 25).

14 Als modern wurde die Villa Geber in BusB 1877, T. 2., S. 430 bezeichnet.

15 BusB 1877, T. 1, S. 410.

16 Hartwig Schmidt: Tiergartenviertel a.a.O., S. 270.

17 Zit. nach BusB 1877, T. 2., S. 414.

18 Adolf Rosenberg: Die Bauthätigkeit Berlins, in: Zeitschrift für Bildende Kunst, 10, 1875, S. 346 – hier zit. nach: Peter Springer: Geschichte als Dekor. Anton von Werner als Dekorationsmaler und Zeitzeuge, in: Anton von Werner. Geschichte in Bildern, hrsg. von Dominik Bartmann, München 1993, S. 119 (Ausstellung des Berlin Museums und des Deutschen Historischen Museums Berlin, Zeughaus, 7. Mai bis 27. Juli 1993).

19 Zit. nach Peter Springer: Geschichte als Dekor a.a.O., S. 120, vgl. dort Anm. 10 und 11.

20 Renate Theis: Zur Repräsentation des Staates. Ministerien in Berlin 1800–1945, Marburg, im März 1990 (Ms), S. 73.

21 Kurt Milde: Neorenaissance in der deutschen Architektur des 19. Jahrhunderts. Grundlagen, Wesen und Gültigkeit, Dresden 1981, S. 259.

22 Zit. nach BusB 1877, T. 2., S. 419.

23 Laurenz Demps: Wilhelmstraße a.a.O., S. 141.

24 Zit. nach BusB 1877, T. 2, S. 418.

Die Gebäudegattungen, die Dekorationsstile

Die Villen

»Da die Gründung dieser Kolonien [d.h. der Villenkolonien] auf der Absicht beruhte, einem namhaften Theile der Berliner Bevölkerung Gelegenheit zu einem behaglicheren, gesunderen und zugleich billigeren Wohnen zu geben, als es innerhalb der Stadt möglich ist, so hat es an zahlreichen Versuchen nicht gefehlt, die Villa als ein auf Spekulation hergestelltes Massenfabrikat in so einfacher Form auszubilden, dass der Erwerb einer solchen auch den in mittleren Verhältnissen lebenden Familien zugänglich sein sollte. Es ist dieser Versuch jedoch vorläufig ... gescheitert ... .« So die Feststellung von Berlin und seine Bauten 1877.[1] Der dekorationslose Ziegelrohbau, der mit »einfacher Form« gemeint war, verlängerte dabei mutmaßlich auch die in der Schinkelnachfolge bereits entwickelte Tradition, die jetzt der Absicht eines preiswürdigen Bauens für die »in mittleren Verhältnissen lebenden Familien« entgegenkam. Die Spekulation zur preiswerten und das heißt formal vereinfachten Herstellung solcher Villen wird neben der Verwirklichung der zeitgleich propagierten liberalen Wohnungspolitik aber auch ungewollt als ästhetischer Reformansatz zu werten sein. Mit solchen Bauten entstand der Ansatz für eine Entwicklung, die sich in völligen Gegensatz zu den Stadtpalais der reichen Bauherrn setzte. Dennoch blieb die Villa vorerst das Haus des vermögenden Privateigentümers.

Dieser Gebäudetypus wurde in diesen Jahren um 1870 zugleich Ausdruck einer sich differenzierenden architektonisch-gestalterischen Entwicklung. Neben den Typus mit kubischer, axialsymmetrischer Ausbildung und flachem, so gut wie nicht in Erscheinung tretendem Dach trat ein aufgelöst gestaffelter Baukörper mit einem sichtbaren, steilen Dachkörper, dem Gefühlswerte wie Bodenständigkeit und Heimat anhafteten und der das Bedürfnis nach malerischer Schönheit befriedigen sollte. »Zu den charakteristischen Merkmalen der neueren Bauperiode Berlins gehört auch die Verwendung des heimischen Backsteinmaterials und die daraus resultierende Wiederbelebung des in der Mark seit dem Mittelalter cultivierten Backsteinbaus.«[2] Zum Beförderer der Villen dieses malerischen Typs wurde Hermann Ende, der mit seiner eigenen Villa im Tiergartenviertel ein frühes Beispiel setzte. Und in den Villenbauten dieser Jahre deutete sich auch eine Bauweise an, die die Flächigkeit von Wand zugunsten einer skeletthaften Fassadengestaltung aufzulösen begann – Beispiele lieferten Gropius & Schmieden sowie August Orth.

16 Villa A; Lichterfelde; Johannes Otzen, um 1872.
15 Villa Müller, Lichterfelde; Johannes Otzen, um 1872.

Otzen berücksichtigte in seinen Lichterfelder Villen mit Anzahl und Nutzungsbestimmung der Räume einen gewissen gesellschaftlichen Anspruch: Im Erdgeschoß gab es einen Salon und die ihm zugeordneten Bereiche jeweils des Herrn und der Dame des Hauses. Bei Villa A bestimmte der zur Straße gerichtete Giebel den Ort der wohl als am wichtigsten angesehenen Räume: im Erdgeschoß Zimmer des Herrn zur Straße und Salon zum Garten, im Obergeschoß Schlafzimmer des Ehepaares zur Straße und Frühstückszimmer und Balkon zum Garten. Die Villa Müller mit kreuzförmigem Grundriß hatte ähnliche Zimmerfolgen. Gemeinsam war beiden Grundrißlösungen, daß der Salon als Wohnzimmer zum Garten ausgerichtet war und Terrassenanlagen den Übergang in den Garten bildeten. Diese Wohnwelt lag im Gegensatz zur Stadt, wo die Gesellschaftsräume zur Straße ausgerichtet waren, während des Straßenlärms wegen die Schlafräume nach hinten angeordnet waren.

ERDGESCHOSS

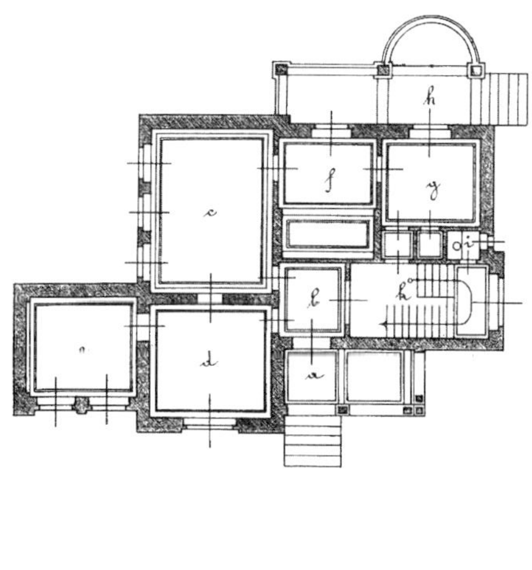

Der Ziegelrohbau

Vor allem Johannes Otzen entwarf um 1872 für die gerade gegründeten Lichterfelder Kolonien unter Verzicht auf wörtliche akademisch-historische Dekorationsformen preiswürdige Villen mit einfachem Zuschnitt. Seine Villa Müller wurde über kreuzförmigem Grundriß als völlig axialsymmetrischer Baukörper mit flach geneigtem Dach errichtet (Abb. 15)[3], während die von ihm zeitgleich als Musterhaus entworfene Villa A (Abb. 16) bei ähnlichem Duktus der Fassadengestaltung den zweiten Villentypus mit differenziert aufgegliedertem Baukörper über L-förmigem Grundriß, sichtbarem Dach und historisierenden Fensterausbildungen vorführte.
Zum Beispiel für einen künstlerisch gewollten weitgehenden Verzicht auf herkömmliche Dekorationsformen wurde das von Hubert Stier in Tempelhof 1872–1873 gebaute eigene Wohnhaus (Abb. 17, Abb. 18).[4] Zurückhaltung in einer über die gesamte Fassadenfläche gleichmäßig ausgebreiteten Dekorationsfreudigkeit, dagegen die Konzentration auf bestimmte Motive wie die vorstehenden erkerartigen Fenstereinfassungen war augenscheinlich nicht unbedingt nur eine Frage der Preisgestaltung, sondern gleichermaßen auch einer gewollten Entwurfshaltung zuzuschreiben.

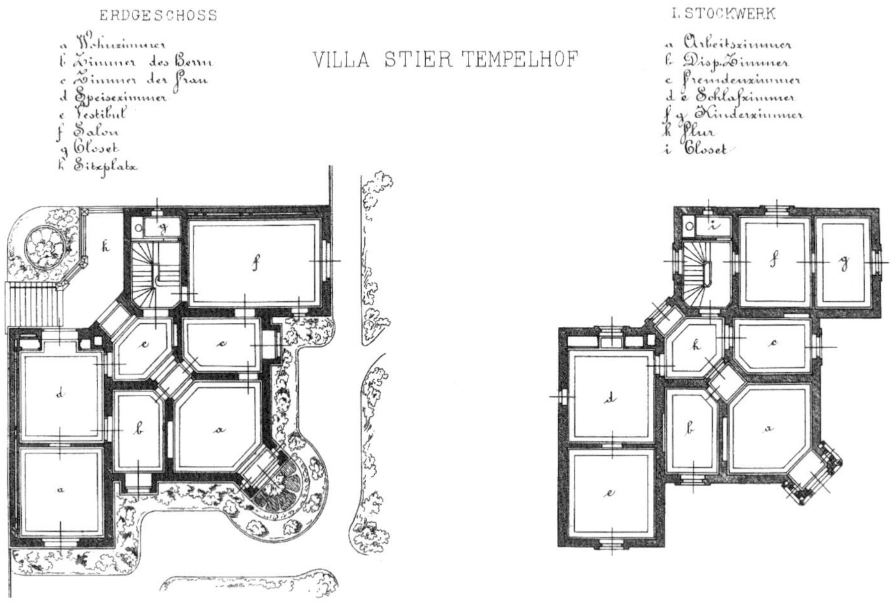

17 Villa Stier, Tempelhof, Albrechtstraße; Hubert Stier, 1872–1873.
18 Villa Stier, Grundrisse.

Zu den frühen Ansiedlern in Tempelhof gehörte Hubert Stier, der sein Haus über einem gleichschenklig-rechtwinkligen Grundriß mit spiegelbildlicher Raumaufteilung anlegte. Die gewählte Grundrißform ermöglichte im Inneren eine zentrale, raumsparende Erschließung des Hauses ohne Flure über ein kleines Vestibül. Sie hatte aber aufgrund der Fensteranordnung in den Zimmern jeweils in deren Längsachse ein für die Fassaden nicht symmetrisches, sondern unregelmäßiges äußeres Erscheinungsbild zur Folge. Zur Straße hin wurde sogar auf den Anflug einer Schaufassade verzichtet – nach hier waren lediglich zwei Klosettfenster und das Fenster eines Kinderzimmers gerichtet – der Wohnwert des Hauses war überwiegend auf den tief gestreckten Garten ausgerichtet, obwohl dieser Nordlage aufwies.

Die Villa des nationalliberalen Reichstagsabgeordneten Georg von Bunsen[5] in der Maienstraße 1 des Schöneberger Kielgan-Viertels, entworfen von Ebe & Benda, wurde neben den Häusern von Hermann Ende zum Prototyp eines bodenständig malerischen Hauses (Abb. 19). »Mein Vater war ein feinsinniger Kunstfreund, hatte einen vornehm durchgebildeten Geschmack; sein Haus sollte bodenständig sein, also im märkischen Backsteinstil und selbstverständlich gotisch. Renaissance, Barock und Empire hatten geschichtliche Berechtigung, sie waren jedoch abgeleitet, unwahr, unserm Wesen widersprechend.« So beschrieb Marie von Bunsen ihr elterliches Haus Maienstraße 1, das 1872 fertiggestellt worden war.[6]

Die Villa Bunsen war ein stark durchgliederter Ziegelrohbau mit einer die soziale Stellung und den Geschmack des Bauherrn verratenden vielfältigen Formgebung. Sie stellte einen Typus dar, der im zeitgenössischen Sprachgebrauch als malerisch bezeichnet wurde.[7] Dieser malerische Ziegelrohbau war somit nicht nur als »Reformhaus« für mittlere Einkommensschichten, sondern auch unter den finanzkräftigen Bürgern der Stadt verbreitet, gelegentlich auch zeitgemäß mit Renaissanceformen ausgestattet wie beispielsweise in der Villa v. d. Heydt, Am Großen Wannsee, entworfen von Kyllmann & Heyden.[8]

Die Tradition der Ziegelbauweise lebte bis zur Jahrhundertwende auch in Bauten weiter, die keine Anbindungen an heimische Bauweisen suchten. Das 1883–1884 entstandene Doppelwohnhaus March in Charlottenburg Sophienstraße 2a–2b paarte die Strenge der Fassade mit einfacher Klarheit in der Anlage des Gebäudegrundrisses als Beleg dafür, daß diese Entwurfshaltung kein Ergebnis notwendiger Sparsamkeit, sondern gewollter Gestaltung war – wobei mit den knappen Seitenflügeln sogar das obligatorische Berliner Zimmer überwunden werden konnte.[9]

19 Villa v. Bunsen, Maienstraße 1; Ebe & Benda, 1869–1871.

Die Bebauung mit Villa und Nebengebäude und nicht zuletzt der architektonische Aufwand verrieten den wohlhabenden Bauherren, dessen Bildung und dessen Geschmack sich auch ohne Bildprogramme bekenntnishaft im äußeren Erscheinungsbild des Hauses zum Ausdruck brachten. Gewollt war ein malerisches Erscheinungsbild vor allem des Haupthauses – mit sich unterscheidenden Oberflächenbehandlungen, mit Erkern, mit Giebeln, Dachausbauten und einem Turm, obgleich der Turm als Treppenturm zum Garten hin angeordnet werden mußte.
Bunsen hatte wohl der kurzen Wege in die Stadt wegen und im Hinblick auf den gesellschaftlichen Verkehr, der in seinem Hause stattfand, das Grundstück im Schöneberger Kielgan-Viertel gewählt.
Nach dem Haus für Bunsen bauten Ebe & Benda die Palais' Pringsheim und Tiele-Winckler.

20 Villa Wöhlert, Königgrätzer Straße 2; August Orth, 1872–1873.

Der Eindruck eines kubischen Baukörpers sollte zumindest in der Straßenansicht gewahrt bleiben. Zum Hauptmotiv wurde ein Mittelrisalit mit einem rechtwinklig vorgezogenen Erker im Hauptgeschoß, der für das Obergeschoß einen Balkon bildete. Der Risalit wurde oberhalb des Kranzgesimses mit einem flachen Segmentgiebel abgeschlossen. Die Auflösung der Wand geschah mit Hilfe von unterschiedlich behandelten Pilastern und in die Gewände eingestellten Säulen.

21 Villa Dr. Eggers, Am Karlsbad; Gropius & Schmieden, 1868.
22 Bankgebäude für den Berliner Kassenverein, Oberwallstraße 3; Gropius & Schmieden, 1870–1871.

Gropius & Schmieden gingen augenscheinlich auf die individuellen Wünsche ihrer Bauherrschaften ein. Die unterschiedliche Ausbildungen zeitgleicher Bauvorhaben gleichen Typs wie etwa der Villa sind deshalb nicht ausschließlich Ergebnis allein der architektonisch-künstlerischen Überzeugung der Architekten, sondern ebenso auch Ausdruck des Bauherrenwunsches. Dr. Eggers mußte die Gestalt seiner Villa so gewünscht haben, ebenso wie der Baron v. Steinäcker sich in Lichterfelde ein Haus als Ziegelrohbau mit hohem Dach und gegliedertem Baukörper von den Architekten bauen ließ.
Die Villa Dr. Eggers führte besonders im Erdgeschoß die Auszehrung von Wandfläche bis an die Pilaster heran konsequent vor. Lediglich die drei mittleren Achsen im Obergeschoß bildeten eine Ausnahme, wobei die hier auftretenden Füllungsflächen auf den Brüstungen und zwischen den Pilastern durch die Ornamentierung optisch aufgelöst wurden. Die skeletthafte Ausbildung der Straßenfassade fand ihre stilistische Entsprechung im kubisch würfelförmigen Erscheinungsbild des Hauses.
Das Gebäude des Berliner Kassenvereins betonte bei gleichem Gliederungsprinzip wie dem der Villa Dr. Eggers durch den Verzicht auf die Ornamentierung im Obergeschoß eher noch die Nüchternheit des aus Pfeilern und Gebälken bestehenden Fassadenrasters, zumal beispielsweise die Pilaster des oberen Stockwerkes keine eigenen Postamente mehr besaßen, sondern direkt auf dem Friesbalken aufsaßen.

Der Beginn einer Moderne?

In den Jahren 1872–1873 entwarf der Protagonist der modernen Stadtentwicklung, August Orth, in der Königgrätzer Straße 2 die Villa Wöhlert. Die Straßenfassade ließ deutlich die Tendenz erkennen, nur noch ein System von Stützen und Gebälken in Erscheinung treten und Wandfläche lediglich noch da vorkommen zu lassen, wo sie als Füllung von Bogenzwickeln unerläßlich war (Abb. 20).[10] Gropius & Schmieden hatten bereits 1868 bei ihrem für den Senator Dr. Eggers am Karlsbad entworfenen Haus die traditionelle Wandhaltigkeit von Fassaden gestalterisch überwunden und noch vorkommende Wand- und Brüstungsflächen durch Ornamentfelder und -friese in ihrer optischen Wirkung aufgelöst (Abb. 21).[11] Ein regelrechtes Fassadenskelett führten Gropius & Schmieden schließlich 1870–1871 mit der Bank des Berliner Kassenvereins vor (Abb. 22), wobei im gewerblich genutzten Erdgeschoß die Fensteröffnungen bis an die Außenkanten der Pilaster aufgeweitet waren.[12]
Ausgelöst wurde diese Entwicklung zur skeletthaften Auflösung von Fassaden wohl durch den Einfluß von Bauten der modernen französischen Renaissance, wie er den Architekten Kyllmann & Heyden bei ihren eigenen Wohnhäusern am Karlsbad mit einer gleichen Entwicklungstendenz in der Fassadenbehandlung bescheinigt wurde.[13] Neben der modernen französischen Renaissance war eine gleiche Tendenz im Wohn- und Geschäftshausbau der späteren sechziger Jahre mit der Verwendung von gußeisernen Stützen und weiten verglasten Flächen in den beiden unteren Gewerbegeschossen ebenfalls angelegt worden. Und möglicherweise hatte beim Haus des Berliner Kassenvereins bei Gropius & Schmieden die Erinnerung an Schinkelsche Bauten mitgewirkt.
Wie sehr die führenden Privatarchitekten diese Art eines skeletthaften Entwurfs unabhängig von dem zur Anwendung zu bringenden Formenrepertoire und dem Bautypus beschäftigte, belegte der Entwurf Orths für ein Gebäude der Akademie der Künste auf der Museumsinsel aus dem Jahr 1875. Das von Johann Heinrich Strack im gleichen Jahr 1875 entworfene Joachimsthalsche Gymnasium entwickelte vergleichbare Tendenzen, analog zum Orthschen Fassadensystem die Geschlossenheit der Wandfläche mit Hilfe von Arkadenfolgen anzugreifen.
Die Tendenz im Fassadensystem des Wöhlertschen Hauses zur Auflösung der Wand in ein System vertikal übereinander stehender Stützen behielt

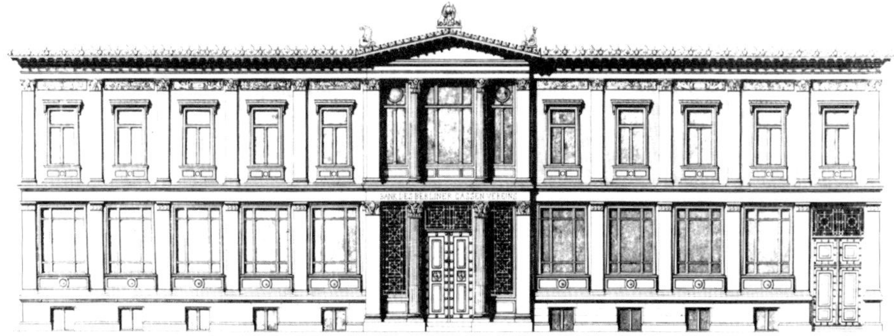

August Orth auch noch nach einem Jahrzehnt bei: Die Fassade des Hauses Kurfürstenstraße 135 übersetzte die Front des älteren Beispiels lediglich in ein »palastartiges Gepräge«.[14] Dieser Gestaltungsansatz war somit nicht nur eine kurzfristig wirksame Form.

Die Traditionalisten

Traditionelle Villen mit flächenwirksamer Fassadenausbildung, wie sie mit ihrem typologischen Merkmal eines beherrschenden axialen Mittelmotivs bereits in den sechziger Jahren bestanden hatten, fanden auch noch in den siebziger Jahren ihre Bauherren. Richard Lucae baute 1873 am Lützowplatz 9 das Wohnhaus Dr. A. Lucae »in den Formen des strengen Schinkelschen Classicismus«[15] über einem axialsymmetrisch angelegten Grundriß (Abb. 23, Abb. 24). In gleicher Haltung hatte Lucae für den berühmten Musiker Josef Joachim 1871–1872 eine in der Grundrißanordnung und damit in der Baukörperausbildung eigenwillige, aber sonst traditionalistische Villa in der Beethovenstraße 3 errichtet (Abb. 25). Diese

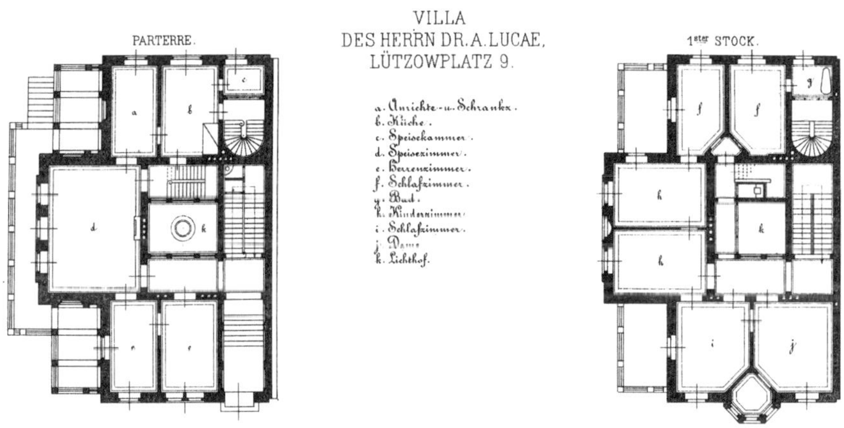

23 Villa Prof. Dr. A. Lucae, Lützowplatz 9; Richard Lucae, 1873.
24 Villa Prof. Dr. A. Lucae, Grundrisse.
25 Villa Joachim, Beethovenstraße 3; Richard Lucae., 1871–1872.
26 Villa Joachim, Grundriß.

Mit der axialsymmetrischen Anlage von Baukörper und Fassadenflächen sowie des verwendeten Formenvorrates entstanden beide Häuser nach herkömmlichen Gestaltungsprinzipien. Selbst in den Außenwänden, in denen wie bei der Villa Joachim keine Fensteröffnungen gewünscht waren, gliederte der Architekt die Flächen mit Figurennischen und Relieffeldern auf.
Der Begriff »Villa« wurde im zeitgenössischen Sprachgebrauch auch für Bauten beibehalten, die wie das Haus des Professors Lucae schon allein wegen der Anzahl seiner Geschosse dem Typus längst nicht mehr entsprachen und im Prinzip ein Stadthaus geworden waren.

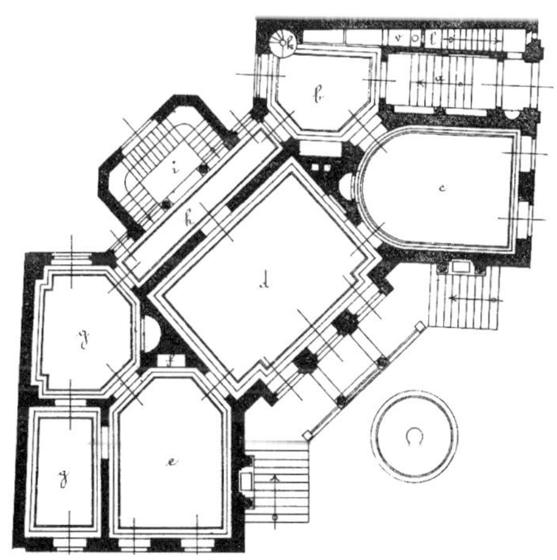

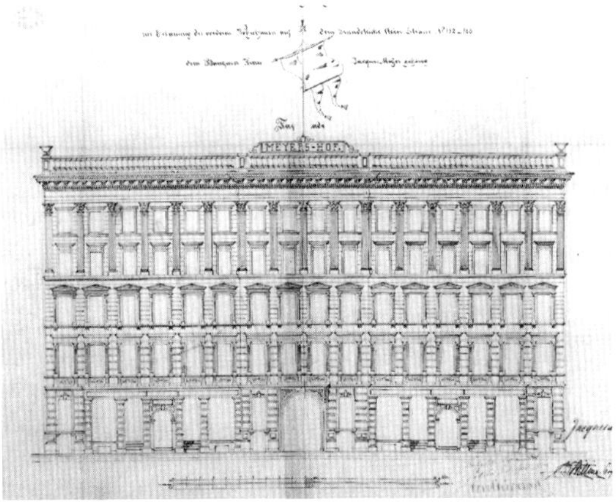

27 »Zeichnung zur Erbauung des vorderen Wohnhauses auf dem Grundstücke Acker Strasse No 132 u. 133 dem Banquier Herrn Jacques Meyer gehörig«, Ackerstraße – Ausführungsentwurf; 1874.
28 Blüchersches Palais, Pariser Platz 1; Carl Richter, 1869–1871.

Die gesellschaftliche Spannweite des gerade gegründeten Kaiserreiches äußerte sich zwischen den wenigen Stadtpalais und Mietwohnpalästen einerseits sowie der Masse der innerstädtischen Mietwohnhäuser. Meyers Hof entsprach dabei mit seiner engen Abfolge der parallel hintereinander angeordneten Querflügel der beginnenden Rationalität des Zeitgeistes. Mit einem Standard im Wohnungsschlüssel, der bestenfalls in Grundrissen von Stube, Kammer und Küche bestand, traf Meyers Hof weit unterhalb des Anspruchs der kaiserzeitlichen großen Gesellschaft den sozialen Querschnitt der Bevölkerung.
Gegen die noble Dreigeschossigkeit am Pariser Platz stand die auch in der Fassade von Meyers Hof erkennbar auf maximale Ausnutzung ausgelegte Fünfgeschossigkeit des Wedding. Das Erscheinungsbild der beiden Fassaden unterschied sich dagegen weniger in den Entwurfselementen als in der materialtechnischen Durchführung und der Qualität der künstlerisch-handwerklichen Ausbildung.

Villen griffen neben einem beherrschenden dreiachsigen Mittelmotiv und spiegelbildlicher Fassadenausbildung ohne jeden Anflug malerischer Baukörpergestaltung überwiegend zu renaissancistischen Dekorationen. Die von Christian Heidecke gebauten Villen Liebermann von 1870–1871 und Hirschberg, vollendet 1874, lassen vermuten, daß diese konventionellen Beispiele dem Geschmack großer Teile der Öffentlichkeit entsprachen.[16]

Das innerstädtische Mietshaus

»Die weitaus überwiegende Mehrzahl aller Wohnhäuser und damit zugleich aller Gebäude Berlins besteht aus Miethhäusern. Ihre Herstellung macht den grössten Theil der Bauthätigkeit aus; ihre Anlage und Gestaltung im Inneren und Aeusseren ist der wichtigste Faktor für das soziale Leben der Bevölkerung und für die architektonische Physiognomie der Stadt.«[17] Dieses Mietshaus entwickelte sich in der Reichsgründungszeit in der Spanne zwischen einem Meyer's Hof auf dem Wedding mit 280 Wohneinheiten (Abb. 27), dessen Vorderhausfassade zwischen dem 1. Entwurf vom 17. Februar 1872 und dem 3. Entwurf vom 1. April 1874 die Entwicklung aus der Schinkelnachfolge zur zeitgenössischen Architektur nach dem Vorbild etwa des vornehmen Hotels Kaiserhof durchlief[18], und dem vornehmsten Mietwohnpalast der Stadt, dem Blücherschen Palais am Pariser Platz, errichtet in den Jahren 1869–1871 (Abb. 28).[19]

»Die Grösse [d.h. der einzelnen Miethwohnungen] schwankt zwischen solchen ohne ein einziges heizbares Zimmer bis zu den grössten Luxus-Wohnungen von 20 und mehr Räumen. Von den ersteren, aus Küche und Schlafkammer bestehend, wurden im Jahre 1871 4565 gezählt. Mehr als die Hälfte aller Berliner Wohnungen, 95 423, enthielt damals nur 1 heizbares Zimmer, bestand also entweder aus Stube, Kammer und Küche, womit sich das Wohnbedürfniss einer Arbeiter-Familie völlig zufrieden giebt, oder auch nur aus Stube und Küche. 40 524 Wohnungen besassen 2, 18 159 Wohnungen 3 heizbare Zimmer, während 8222 Wohnungen 4, 9098 Wohnungen 5–7 und nur 2570 Wohnungen 8 und mehr heizbare Zimmer enthielten.«[20]

Das innerstädtische Mietwohnhaus wurde aufgrund seiner langen Tradition in Berlin nahezu als notwendiges Übel betrachtet, dem lediglich mit dem Mittel einer zweckmäßigeren Anordnung des Haus- und Wohnungsgrundrisses sowie einer verbesserten Erschließung des Hauses beizukommen sei. »Wenn die Aufgabe des Miethhauses in höherem architektonischen Sinne auch eine unlösbare bleibt – wenn zwischen den vom Bauherrn gestellten Anforderungen der Zweckmäßigkeit, die in diesem Falle die grösste Ertragsfähigkeit, d. h. die äusserste Ausnutzung des Raumes bedingen, und denen der Schönheit, Behaglichkeit und Gesundheit stets nur ein Kompromiss möglich ist, so ist es doch gelungen, dieses [sic] Kompromiss in dem Berliner Miethhause immer erträglicher zu gestalten.«[21] Das Mietshaus für die unteren Einkommensschichten schied für lange Zeit als Gegenstand staatlicher oder privater Reformanstrengungen aus. Es wurde nicht nur in der Ausführung, sondern auch im Entwurf die unbestrittene Domäne des Bauunternehmers und Maurermeisters.

Zumindest aber das herausgehobene innerstädtische Mietwohnhaus, das in seiner vornehmsten Form lediglich eine Zweigeschossigkeit aufwies,

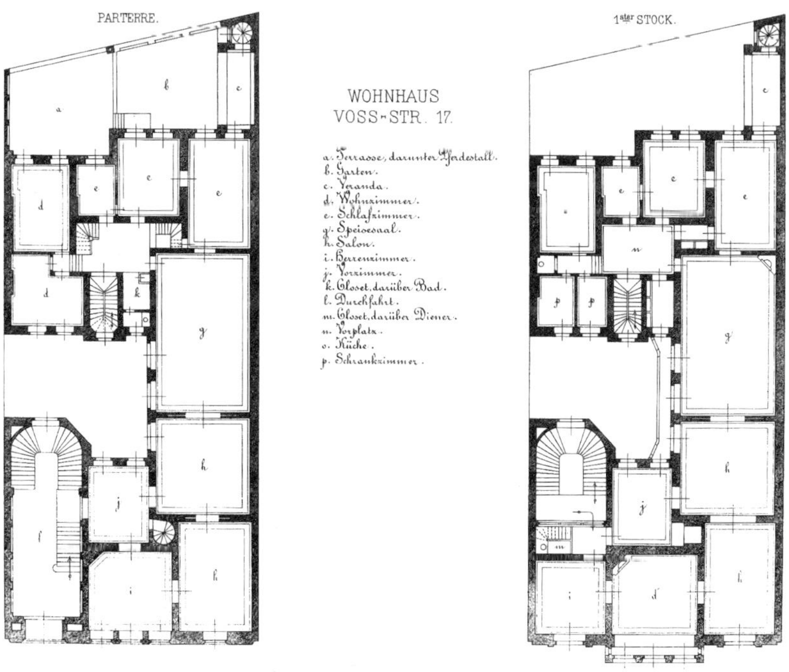

29 Stadthaus Voßstraße 17; Kayser & v. Groszheim, 1873–1874.
30 Stadthaus Voßstraße 17, Grundrisse.

Der konventionelle Fassadentypus des vornehmen innerstädtischen Wohnhauses ging, wenn auch anders als in der Schinkelnachfolge mit zeitgemäß plastischem Formenvorrat reich dekoriert, von einem beherrschenden Mittelmotiv aus. Das Wohnhaus, in der gesellschaftlichen Rangfolge unterhalb des Mietwohnpalastes, war für drei Mietparteien entworfen.

Der gesellschaftliche Anspruch, der sich selbst noch in Häusern auf schmalen Grundstücken in der Vielzahl von Räumen mit unterschiedlichen Zweckbestimmungen äußerte, bedeutete wie bei einem ordinären Mietshaus die Anlage von Seiten- und Querflügel mit einem Hof, der bestenfalls noch zur Belichtung der umliegenden Räume taugte, sowie einem Garten kleiner als der Speisesaal. Im ersten Stockwerk mußte vor der Hoffassade des Seitenflügels eine Galerie angebracht werden, um vom Vorzimmer des Vorderhauses unter Umgehung von Salon und Speisesaal zum Vorplatz im Quergebäude kommen zu können.

31 Wohnhaus, Voßstraße 19; Friedrich Hitzig, 1872–1873.

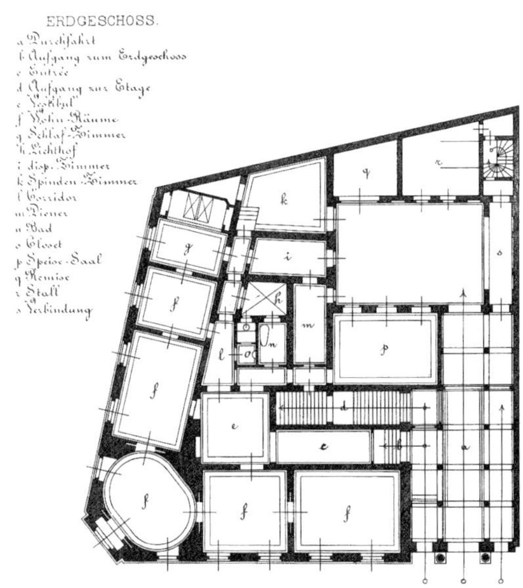

32 Wohnhaus, Voßstraße 19, Grundriß.

Das künstlerische Empfinden für klare, in sich nicht mehr durch Achsenbetonungen differenziert aufgegliederte Baukörper griff über die öffentlichen Bauten und das Stadtpalais hinaus auch auf die Gestaltung von vornehmen Wohnhäusern über, wobei der Hauseingang seitlich in einen als Annex erkennbaren eigenen Bauteil verlagert wurde. Vorherrschen sollte die Eindeutigkeit der Hauptschauseite mit der Abfolge der additiv gleichmäßigen Reihung der Fensterachsen sowie der Stockwerke.

Der Anspruch an eine solche Schaufassade verdrängte Treppenhäuser und Nebenräume in das Innere des Grundstücks, wo sie von Lichtschächten und kleinen Höfen belichtet wurden. Die Gesellschaftsräume lagen immer zur Straße ausgerichtet. Als Folge kam es zu einer sogar bei vornehmem Wohnen unvorstellbar dichten, wenn nicht sogar fast vollständigen Überbauung der Parzellen.

Das Haus am Lützowplatz, das mit seiner Dreigeschossigkeit bereits ein Stadthaus war, benötigte zur Unterbringung des Raumprogramms einen Seitenflügel mit dem berüchtigten Berliner Zimmer und dunklen, zum Teil langen Fluren, um das Vorderhaus, vor allem aber den Seitenflügel zu erschließen. Immerhin hatte Neumann aber einen Garten angelegt.

Das Haus am Lützowplatz belegte, daß Neumann, der zu dieser Zeit gerade das Auswärtige Amt am Wilhelmplatz baute, auch in seinem privaten Bauvorhaben eine gleiche formale und stilistische Haltung an den Tag legte.

wurde zur Entwurfsaufgabe der führenden Architekten der Stadt – der Hitzig, Gropius & Schmieden, Kyllmann & Heyden, Ende & Böckmann, Kayser & v. Groszheim, Ebe & Benda, die bereits die Villenarchitektur beherrschten.

Das Wohnhaus Voßstraße 17, 1873–1874 durch Kayser & v. Groszheim dreigeschossig auf schmaler Parzelle erbaut, »streng an die Stilprinzipien der classischen italienischen Renaissance«[22] Florentiner Herkunft gebunden (Abb. 29, Abb. 30), unterschied sich mit Seitenflügel und Quergebäude in der Dichte der Grundstücksbebauung in keiner Weise von der Mietskaserne der unteren Einkommenschichten, wohl aber mit seiner Dreigeschossigkeit, der Opulenz der Fassade mit ihrem beherrschenden Erkermotiv und mit dem großzügigen Wohnungsgrundriß mit je einer Wohnung von zwölf Räumen; der größte Raum der Wohnung war der Speisesaal. Die im traditionellen Schinkelschen Sinne entstandenen Wohnhäuser wie das von Richard Lucae 1873–1874 für A. v. Heyden errichtete Wohnhaus Lützowplatz 13[23] erhielten mit einem beherrschenden Erker als Mittelmotiv einen gleichen Aufbau, wiesen aber in Formensprache und im Duktus den sehr viel bescheideneren Anspruch früherer Zeiten auf, wie auch der auf ein Vorderhaus konzentrierte Grundriß im ersten Obergeschoß in herkömmlicher Weise Wohnzimmer, Salon, Zimmer der Dame, Speisezimmer und Zimmer des Herrn um einen Querflur anordnete.

Ein weiterer Fassadentypus entstand ohne ein beherrschendes Mittelmotiv. Das 1872–1873 von Friedrich Hitzig auf einem spitzwinkligen Eckgrundstück erbaute zweigeschossige stadtpalaisartige Wohnhaus Voßstraße 19[24] (Abb. 31, Abb. 32), gehalten in den Formen der italienischen Frührenaissance, entwickelte seine Fassade flächig ohne Risalite oder Er-

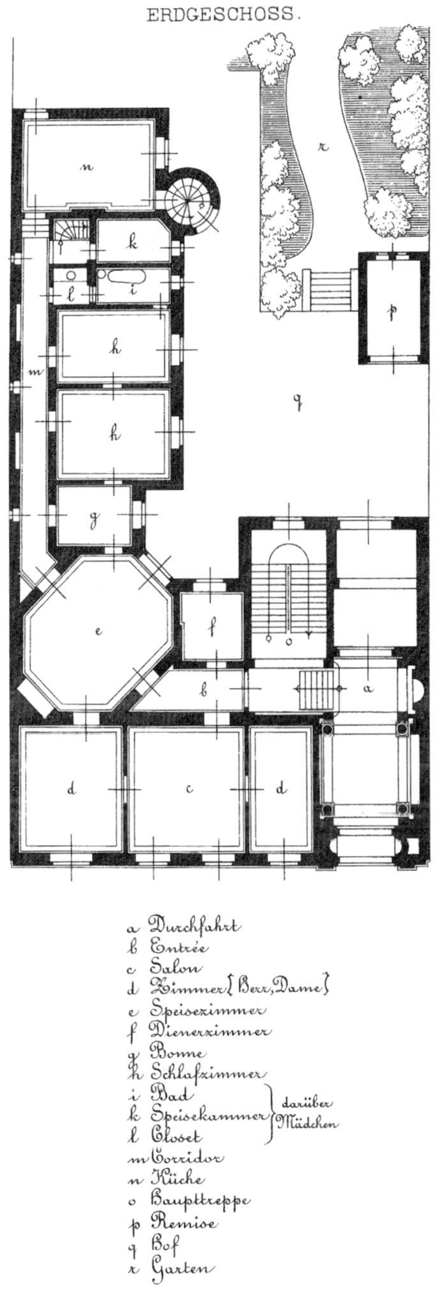

33 Wohnhaus, Lützowplatz 7; Wilhelm Neumann, gen. v. Mörner, 1873–1874.
34 Wohnhaus, Lützowplatz 7, Grundriß.

ker bei deutlicher Betonung des gequaderten Sockelgeschosses und des Hauptgeschosses, während Mezzanin und Keller eine die Horizontalität unterstützende Wirkung hatten. Dieses Erscheinungsbild muß als so wichtig eingeschätzt worden sein, daß der opulente Hauseingang in einem achsialen Fassadenbereich nur als störend empfunden werden konnte und deshalb zurückgesetzt als eigenständiger Bauteil seitlich angesetzt wurde. Die 1873–1874 für die Familie Kutter Kurfürstenstraße 115 entstandene Stadtvilla, entworfen von Lucae, wies mit anderem Formenvorrat den gleichen Fassadentypus auf, der auch in seiner Bindung an die italienische Renaissance Variationen zuließ. Das »im Stile oberitalienischer Prachtbauten«[25] entwickelte Wohnhaus Lützowplatz 7, das Wilhelm Neumann 1873 1874 für seine eigenen Bedürfnisse errichtete (Abb. 33, Abb. 34), besaß ebenfalls eine völlig flächige Fassade. Das mezzaninartig wirkende Zwischengeschoß widersprach dem üblichen hierarchischen Fassadenaufbau augenscheinlich mit der Absicht, die einzelnen Stockwerke in jeweils unterschiedlicher Detailausführung den lagerhaften Gesamteindruck des Hauses bestimmen zu lassen. Auch dieses Wohnhaus kam schon nicht mehr ohne einen Seitenflügel aus. Und die Mietwohnungen in Erd- und 1. Obergeschoß legten deutlich Zeugnis davon ab, daß der Bauherr zur Finanzierung seines Vorhabens auf Fremdvermietung angewiesen war.

35 Haupttelegraphenamt, Jägerstraße 42–44; Carl Schwatlo, 1877–1878.
36 Riehmers Hofgarten, Großbeerenstraße 56–57; Wilhelm Riehmer, 1883.

Die bereits um 1870 im Werk von Gropius & Schmieden erkennbare Tendenz zur Bildung rasterförmig aufgegliederter Fassaden fand über die Vorbildwirkung der italienischen Renaissance ihre Fortsetzung bis in die achtziger Jahre – augenscheinlich sowohl bei öffentlichen wie privaten Bauten.
War bei der Union-Bank das Erdgeschoß noch ein in sich zusammenhängendes Quadermauerwerk mit eingeschnittenen Rundbogenfenstern, so wurde beim Telegraphenamt im Sinne einer Weiterentwicklung des Systems das Erdgeschoß bereits in rustizierte Pfeiler aufgelöst, zwischen die vertieft liegend die Fenster eingesetzt wurden. Die Fassade von Riehmers Hofgarten behielt es selbst in ihren Risaliten bei.

Die Stilformen

Der Baedeker von 1880 vermerkt: »... in stilistischer Hinsicht ist man von der Tradition Schinkel's mehr und mehr zu der freieren üppigeren Weise der Renaissance, in deren verschiedenen Abarten, übergegangen.«[27] Tatsächlich wurde in den Jahren ab 1865–1870 mit der von Schinkel begründeten übermächtigen baukünstlerischen Tradition gebrochen, die nach seinem Tode noch eine Generation angedauert hatte, und spätestens in den Jahren um 1880 verliefen sich die Versuche der Schinkelianer, nach dem gewonnenen Krieg von 1871 aus dem Werk des großen Meisters heraus über die Neubauten des Königreiches Preußen so etwas wie einen preußischen Nationalstil zu begründen. »Von den drei Richtungen der Renaissance hat die deutsche verhältnismässig in Berlin die geringste Verbreitung gefunden. Die hohen Giebel, die schmalen Strassenfronten der altdeutschen Bürgerhäuser entsprechen nur wenig den Anforderungen der modernen Lebensweise. Wir schätzen die heitere Freiheit der Italiener höher als die enge Gemüthlichkeit unserer Altvorderen.«[28] Und es fehlte nicht am Selbstverständnis der Zeit, »daß wirklich im Anschluß an die besten Formen der Renaissance der gemeinsame Weg zur Entwicklung eines lebensfähigen deutschen Stils gefunden sei«. Diese Auffassung von Julius Lessing, Direktor des Berliner Kunstgewerbemuseums, wurde von August Reichensperger, dem unermüdlichen Verfechter der Wiederaufnahme der Gotik als Nationalstil, heftig kritisiert.[29]

»... in einfachen Renaissance-Formen ausgeführt« war das 1871–1872 nach dem Entwurf von Hude & Hennicke erbaute »Wohnhaus des Hrn. Oppenheim«, Bellevuestraße 3.[30] Die Fassade des Wohnhauses für einen Bankier wurde 1872–1874 nach dem Entwurf von Müller & Heidecke »in den Formen moderner Renaissance in Sandstein ausgeführt.«[31] Das 1873 von Ebe & Benda entworfene und bis 1876 errichtete Palais v. Tiele-Winckler Regentenstraße 15 wurde »im Sinne der nordischen Renaissance« entworfen[32]; Kayser & v. Groszheim bezogen sich bei ihren Bauten auch auf die deutsche Renaissance. Im zeitgenössischen Verständnis reichte offensichtlich eine einfache, allgemein verständliche Herkunftsbezeichnung für den zur Anwendung gekommenen Formenapparat – gewissermaßen eines Kulturkreises – aus. Eine genaue kunstgeschichtliche Ableitung benötigte man zur Charakterisierung des Hauses augenscheinlich nicht. Es genügte wohl, sich als Bauherr und/oder Architekt vielleicht nur in einem modisch-modernen Bewußtsein mit der gewählten neuen Formenwelt zu identifizieren oder sie als Synonym für eine der eigenen Gegenwart entsprechenden Bezugswelt zu empfinden, denn: Wir schätzen die heitere Freiheit der Italiener höher als die enge Gemütlichkeit unserer Altvorderen.

Historische Vorbilder wurden aber auch zum Teil kopiert: Carl Schwatlo übertrug auf den Bau des Haupttelegrafenamtes in der Jägerstraße 1877–1878 nahezu wörtlich die Fassade des venezianischen Palazzo Corner della Ca Grande von Sansovino (Abb. 35).[33] Daß gerade dieses Bauwerk als besonders vorbildlich gewirkt hat, belegen weitere Bauten in der Stadt. Schon vor Schwatlo hatte sie 1875–1876 Eingang in die Fassaden-

37 Deutsche Union-Bank, Behrenstraße 9–10; Ende & Bockmann, 1872–1874.

gestaltung des Wohnhauses Lindenstraße 74[34] gefunden, wurde von Ende & Böckmann beim Bau der Deutschen Union-Bank (Abb. 37) offensichtlich in Teilen als Vorbild herangezogen, bis sie 1883 durch den Rentier Wilhelm Riehmer in seinem Mietwohnpalast an der Großbeerenstraße auf ein fünfgeschossiges Wohngebäude übertragen wurde (Abb. 36).[35]
Zu einem der meistbeschäftigten, der italienisierenden renaissancistischen Formenwelt verbundenen Architekturbüros während der ersten Hälfte der siebziger Jahre wurden Ende & Böckmann. Sie errichteten 1870–1873 Bauten des Zoologischen Gartens, 1871–1873 die Preussische Boden-Kredit-Aktienbank Hinter der Katholischen Kirche 2, 1871–1872 eine Gruppe von Wohn- und Geschäftshäusern an der Beuthstraße, 1872–1874 die Mitteldeutsche Kredit-Bank Behrenstraße 1–2, 1872–1874 die Deutsche Union-Bank Behrenstraße 9–10, 1874–1875 den Saalbau des Zoologischen Gartens, 1875–1876 den Erweiterungsbau des Grand Hotel de Rome Unter den Linden 39, 1875 das Haus des Architekten-Vereins Wilhelmstraße 92–93, um 1875 das Wohn- und Geschäftshaus Charlottenstraße Ecke Unter den Linden 33. Nach 1875 machte sich offensichtlich der wirtschaftliche Einbruch des Gründerkrachs in ihrer Bautätigkeit bemerkbar, bis sich ihre Arbeiten 1880 mit dem Panorama in der Herwarthstraße und dem Völkerkundemuseum fortsetzten. Die Bandbreite ihrer Auftragsarbeit reicht demzufolge vom öffentlichen Gebäude bis zum Wohn- und Geschäftshaus.

Sonderformen

Den eigenwilligsten, aber folgenlosen Ansatz zur Entwicklung eines neuen Gebäudetyps unternahmen 1871–1872 Ende & Böckmann mit der von ihnen entworfenen Bautengruppe von Wohn- und Geschäftshäusern in der Beuthstraße, bei der eine Verbindung von Läden, Büros, Fabrikräumen und Wohnungen auf der Grundlage eines Mittelflügels mit komplizierter Treppenhauserschließung für die einzelnen Nutzungsarten des Hauses und einer aufwendigen Fassade im Stil der deutschen Renaissance versucht wurde (Abb. 38, Abb. 39).[26]

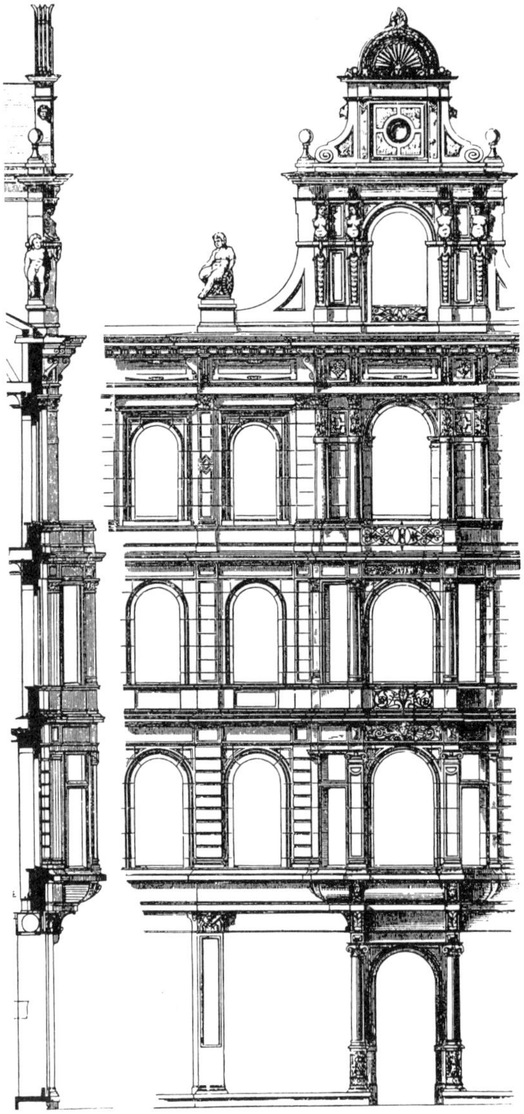

38 Wohn- und Geschäftshaus Beuthstraße; Ende & Böckmann, 1871–1872.

39 Wohn- und Geschäftshaus Beuthstraße, Grundriß.

Versuche zur Entwicklung neuer Gebäudetypen blieben wie das Wohn- und Geschäftshaus in der Beuthstraße die Ausnahme. Nicht die Verbindung von Wohnen und Gewerbe in einem Haus als vielmehr die Einführung eines Mittelflügels für die Hofbebauung stellte den neuen Ansatz dar. Einer der Gründe für die Folgenlosigkeit dieses Versuchs mag die komplizierte Erschließung der unterschiedlichen Funktionsbereiche Wohnen, Büros und Gewerbe durch insgesamt drei hintereinander geschaltete Treppenhäuser gewesen sein. Überdies wird die Entwicklung sehr schnell mit den frühen achtziger Jahren solche Nutzungsmischungen hinter sich lassen und zum reinen Geschäftshaus übergehen.

Mit den aus der Renaissance entlehnten Details zeigte die Fassade eine deutliche rasterförmige Aufgliederung in Pfeiler oder Pilaster und Gebälke. In die von ihnen umschriebenen Felder wurden in den Obergeschossen die Rundbogenfenster eingesetzt. Die geschoßweise leichten Differenzierungen sollten nur dazu dienen, den Eindruck strenger Regelhaftigkeit zu vermeiden. Mittelrisalit und Giebel waren denn wohl auch eher der Konvention entnommen. Die Tendenz zur Rasterfassade war jedenfalls nicht an einen bestimmten Stil gebunden.

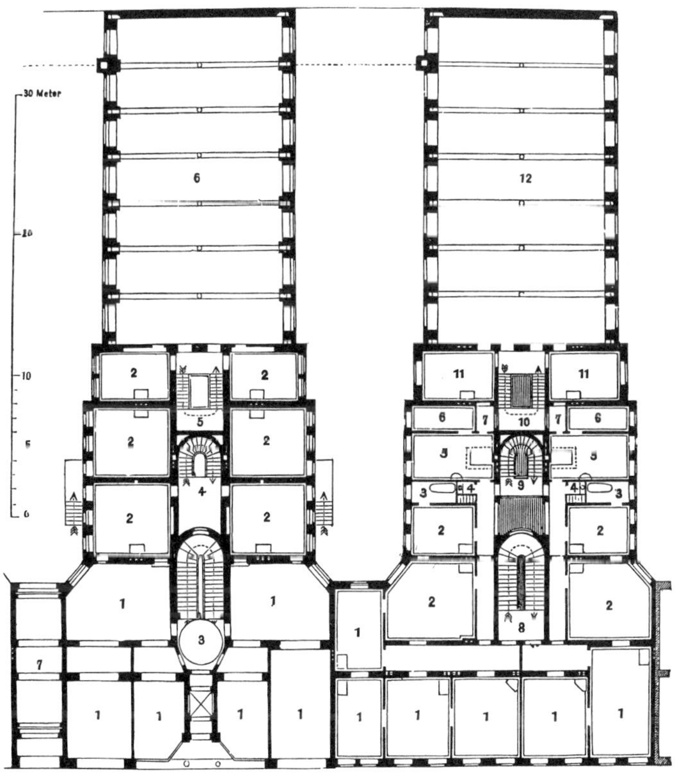

1 BusB 1877, T. 1 S. 439.
2 Hugo Licht: Die Architectur Berlins a.a.O., S. 5.
3 Jörn Bahns: Johannes Otzen 1839–1911. Beiträge zur Baukunst des 19. Jahrhunderts, München 1971, S. 97 (Materialien zur Kunst des neunzehnten Jahrhunderts Bd. 2 – Forschungsunternehmen der Fritz Thyssen Stiftung, Arbeitskreis Kunstgeschichte).
4 Hugo Licht: Berliner Architectur a.a.O., S. 15.
5 Max Schwarz: MdR. Biographisches Handbuch der Reichstage, Hannover 1965, S. 285.
6 Marie von Bunsen: Die Welt in der ich lebte. Erinnerungen aus glücklichen Jahren 1860–1912, Leipzig 1929, S. 35.
7 Hugo Licht: Berliner Architectur a.a.O., S. 11.
8 Janos Frécot (Hrsg.): Berlin und Potsdam. Architekturphotographien 1872–1875, München 1980, Abb. 72.
9 BusB 1896, T. III S. 129 f.
10 Janos Frécot, (Hrsg): Berlin und Potsdam. Architekturphotographien 1872–1875, München 1980, Abb. 30.
11 Manfred Klinkott: Die Backsteinbaukunst der Berliner Schule von K. F. Schinkel bis zum Ausgang des Jahrhunderts, Berlin 1988, S. 257 (Die Bauwerke und Kunstdenkmäler von Berlin, hrsg. v. Senator für Stadtentwicklung und Umweltschutz – Landeskonservator, Beih. 15).
12 Manfred Klinkott: Die Backsteinbaukunst a.a.O., S. 261.
13 BusB 1877, T. 1 S. 471.
14 Berlin und seine Bauten, bearb. u. hrsg. v. Architekten-Verein zu Berlin und der Vereinigung Berliner Architekten, Berlin 1896, T. III, S. 144 (künftig zit. als BusB 1896).
15 Hugo Licht: Berliner Architectur a.a.O., S. 1.
16 BusB 1877, T. 1 S. 437 ff.
17 BusB 1877, T. 1 S. 439 f.
18 Johann Friedrich Geist und Klaus Kürvers: Das Berliner Mietshaus 1862–1945 a.a.O., S. 134 ff.
19 BusB 1877, T. 1 S. 486 f.
20 BusB 1877, T. 1 S. 443.
21 BusB 1877, T. 1 S. 444.
22 Hugo Licht: Berliner Architectur a.a.O., S. 3.
23 Hugo Licht: Berliner Architectur a.a.O., S. 12.
24 Hugo Licht: Berliner Architectur a.a.O., S. 16.
25 Hugo Licht: Berliner Architectur a.a.O., S. 14.
26 BusB 1877, T. 1 S. 473 ff.
27 Baedeker 1880 a.a.O., S. 12.
28 Hugo Licht: Die Architectur Berlins a.a.O., S. VIII.
29 Zit. nach August Reichensperger: Die Renaissance im heutigen Kunstgewerbe, Aachen 1879, S. 5.
30 BusB 1877, T. S. 410.
31 BusB 1877, T. S. 414.
32 BusB 1877, T. S. 415.
33 Kurt Milde: Neorenaissance in der deutschen Architektur des 19. Jahrhunderts. Grundlagen, Wesen und Gültigkeit, Dresden 1981, S. 256.
34 Hugo Licht: Die Architectur Berlins a.a.O., S. 9.
35 Riehmers Hofgarten Berlin Kreuzberg. Modernisierung in einem Stadtquartier der Gründerjahre. Mit e. Beitrag zur Gesch. d. Hofgartens u. s. Baumeisters von Wolfram Konwiarz, Berlin 1985 (Werkstadt 11).

Die Bauten des Deutschen Reiches

Der Reichstagswettbewerb von 1872

Der am 10. Dezember 1871 ausgeschriebene Wettbewerb hatte die Forderung erhoben: »Die Konkurrenzprojekte sollen nicht nur die zweckmäßigste Lösung der vorliegenden Aufgabe versuchen, sondern zugleich die Ideen eines Parlamentsgebäudes für Deutschland im monumentalen Sinne verkörpern.«[1]. Ein Antrag des Reichstagsabgeordneten Braun hatte in der 18. Sitzung am 19. April 1871 »betreffend die Errichtung eines monumentalen« Parlamentshauses gefordert, daß das Parlamentsgebäude »nicht bloss die notdürftige Unterkunft für den Reichstag, den Bundesrat und das Bundeskanzleramt bieten solle, sondern dass es überhaupt in einem grossartigen, monumentalen Stile ausgeführt werde, dass es sozusagen der Schlussstein der deutschen Einigung sein solle, dass endlich auch Räume geschaffen werden, in welchen die deutschen Künstler die grossen Ereignisse des Jahres 1870 in Malerei und Bildhauerei verherrlichen können.«[2] Der Bau des Reichstagsgebäudes war demnach von Anfang an bedeutungsgeladen.
Die Entscheidung des Preisgerichts fiel während der Schlußabstimmung mit einer dritten Runde schließlich knapp für die Arbeit von Ludwig Bohnstedt aus Gotha aus, während in den beiden ersten Abstimmungen Kayser & v. Groszheim noch wie die sicheren Sieger ausgesehen hatten, aber die absolute Mehrheit der Stimmen um eine Stimme immer verfehlten.[3] Bohnstedt fand »mit seiner packenden Hauptfront namentlich beim grossen Publikum [d. h. während der Ausstellung der Entwürfe in der Akademie der Künste] ausserordentlichen Beifall.« (Abb. 40).[4] Bohnstedt hatte mit der Haupteingangsseite seines Entwurfes ein Fassadensystem gewählt, wie es im Prinzip von Franz Schwechten für den Schinkelwettbewerb von 1868 »Ein Parlamentshaus für Preußen« überwiegend in Form einer Abfolge von Pilastern im Hauptgeschoß angewendet worden war[5] – eine Folge frei stehender Säulen über einem gequaderten Sockelgeschoß mit Eckrisaliten und einem Mitteleingang in der Form eines Triumphbogens, der die Westfassade beherrschte und zusammen mit der Säulenstellung die in der Auslobung geforderte Monumentalität ausdrücken sollte. Der Beifall der öffentlichen Meinung belegte, daß er den allgemeinen Geschmack getroffen hatte. K. E. O. Fritsch bescheinigte Bohnstedt in der Deutschen Bauzeitung dann auch, in seiner Arbeit drücke sich »der Charakter eines Parlamentshauses glücklicher und entschiedener aus, als es in irgend einem der anderen Entwürfe der Fall ist.«[6]

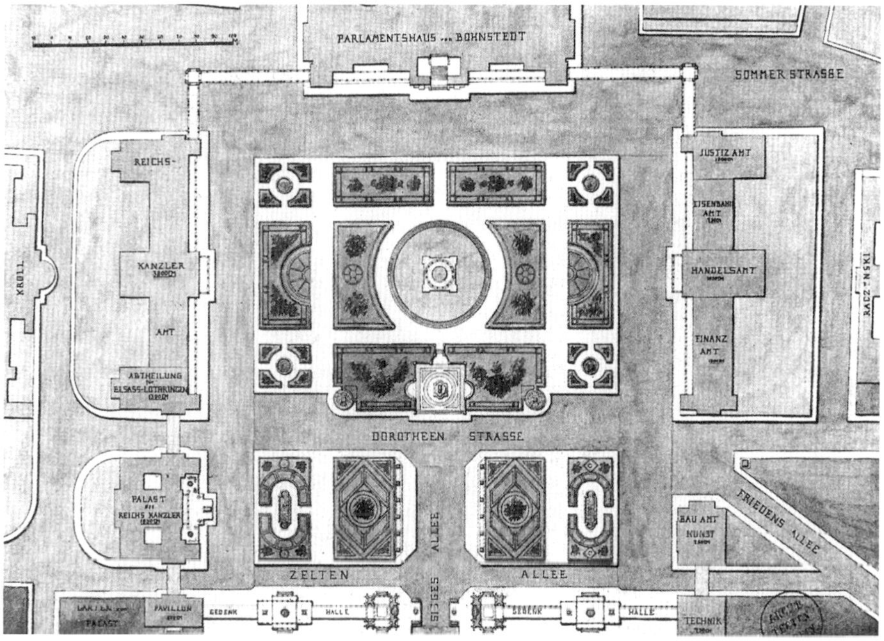

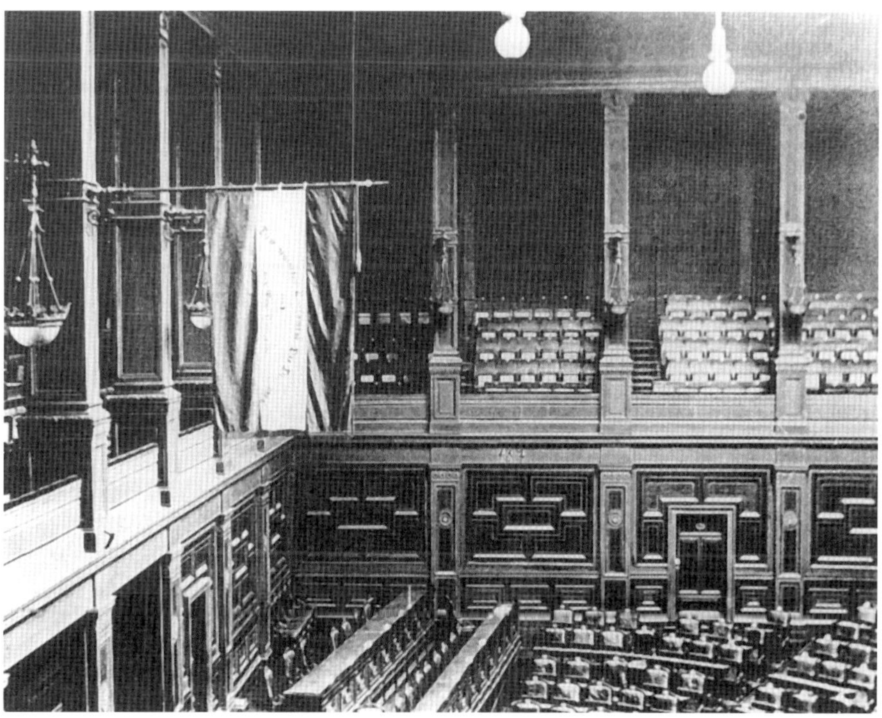

40 Erster Preis im Wettbewerb zum Bau des Reichstages; Ludwig Bohnstedt, 1872.
41 Prachtforum des Deutschen Reiches, Architekten-Verein zu Berlin, 1876.
42 Plenarsaal des provisorischen Reichstages in der Leipziger Straße; Friedrich Hitzig, 1871.

Der preisgekrönte Entwurf Ludwig Bohnstedts entwickelte eine außerordentlich längsgelagert wirkende Fassade, in der die lange Abfolge der Säulenstellungen im Hauptgeschoß und das zentrale Triumphbogenmotiv mit der bekrönenden Quadriga das Erscheinungsbild der Hauptfassade zum Königsplatz beherrschen sollten. Der Baukörper besaß insgesamt einen klaren Umriß, in dem die flachen Kuppeln so gut wie nicht in Erscheinung getreten wären.

Das gescheiterte Projekt des Architekten-Vereins für ein Prachtforum des Deutschen Reiches hätte mit den das Forum seitlich einfassenden Bauten der Ministerien dem Bohnstedtschen Reichstagsentwurf vergleichbar lange Baukörper mit Säulenabfolgen gebracht. Untereinander wären die Gebäude noch zusätzlich durch Arkaden verbunden worden.

Das Motiv Bohnstedts – die Säulenfolgen im Hauptgeschoß – war augenscheinlich eines der bevorzugten Gestaltungsmittel der frühen siebziger Jahre.

Den an der Leipziger Straße unmittelbar nach der Reichsgründung schnell errichteten Plenarsaal umgab über einem Sockelpaneel eine enge Abfolge von Pfeilern, hinter denen die Tribünen angeordnet waren. Die Sockelzone des Plenarsaales wies dazu einfache Feldeinteilungen auf. Mit dieser Pfeilerstellung bekundete sich eine Bohnstedt vergleichbare Entwurfshaltung.

Das Prachtforum des Deutschen Reiches

Ein Teilnehmer an der Monatskonkurrenz des Architekten-Vereins zu Berlin hatte im Jahr 1876 mit der gestellten Aufgabe Prachtforum des Deutschen Reiches die Anlage dieses Forums am Königsplatz vorgeschlagen mit dem Reichstagsgebäude nach dem Entwurf von Ludwig Bohnstedt[7] im Norden, dem Reichskanzleramt mit der Abteilung für Elsaß-Lothringen sowie dem Palast des Reichskanzlers im Westen und dem Justizamt, dem Eisenbahnamt, dem Handelsamt, dem Finanzamt auf der Ostseite des nach Süden zur Charlottenburger Chaussee geöffneten Platzes (Abb. 41).[8] Ein weiterer Vorschlag sah eine vergleichbare Anlage unmittelbar vor dem Brandenburger Tor im Tiergarten vor[9]. Die Unterbringung der Reichsbehörden vollzog sich jedoch tatsächlich in der Wilhelmstraße in einer Abfolge pragmatischer Einzelschritte. Ein solches Forum, das dem Deutschen Reich städtebaulich unübersehbar Gestalt verschafft hätte, war in Berlin politisch ganz offensichtlich – und vermutlich von Bismarck selber – nicht gewollt; hinter der Frage nach dem Standort des Reichstages in Verbindung mit einem Reichsforum verbargen sich unterschiedliche politische Auffassungen. Der sehr rührige Architekten-Verein zu Berlin, der sich bereits 1871 in der Frage des Reichstagsgebäudes zu Wort gemeldet und gegen die Unterbringung des Reichstages an der Königgrätzer Straße auf der Rückseite der Wilhelmstraße mit der Argumentation, »wie es der großen Aufgabe gegenüber nicht kläglicher und kümmerlicher gedacht werden kann«, opponiert hatte [10], konnte sich mit den Vorstellungen seiner Mitglieder auch jetzt in der Frage eines Reichs-Forums gegen das konservative Verständnis nicht durchsetzen.

Während die liberale Seite den monumentalen Charakter des Reichstags und damit dessen öffentlichkeitsbezogenen und repäsentativ-städtebaulichen Standort einforderte, wurde der von der Regierung ausgehende Vorschlag einer pragmatischen Zusammenfassung der Standorte des Deutschen Reiches von den Konservativen unterstützt, die folglich einen Bau am Königsplatz ablehnten. Sie brachten, nachdem der Bauplatz für das Hohe Haus auf der Stelle des Palais Raiczinsky am Königsplatz tatsächlich nicht verwirklicht werden konnte, für ein endgültiges Gebäude hinter Kriegsministerium, provisorischem Reichstag und Herrenhaus sogar einen parlamentarischen Beschluß mit einer Gültigkeit für beinahe das gesamte Jahrzehnt zustande.[11] Nach konservativer Auffassung konnte sich der Reichstag – wie bei der Leipziger Straße 4 bereits geschehen – durchaus hinter einer Straßenfassade verbergen. Die beiden Häuser des Preußischen Landtages demonstrierten bereits seit Jahrzehnten solche Lösungen: Das Abgeordnetenhaus des Landtages lag am Dönhoffplatz hinter dem ehemaligen Palais des Staatskanzlers Hardenberg, und das Herrenhaus befand sich in der Leipziger Straße hinter einem barocken Stadthaus.[12] Alle Versuche von Mitgliedern des Preußischen Abgeordnetenhauses, dem Preußischen Landtag nahe dem Stadtschloß ein städtebaulich eigenes Gewicht durch einen monumentalen Bau zu geben, waren – in vergleichbar langwieriger Diskussion – abgewehrt worden.[13] Der liberale Abgeordnete v. Unruh äußerte sich bereits 1866 anläßlich der Etatdebat-

te im preußischen Abgeordenetenhaus folgendermaßen: »... , daß, wenn überhaupt ein Gebäude Anspruch darauf hat, ein monumentales zu sein, in einem monumentalen Charakter aufgeführt zu werden, daß es ein Parlamentsgebäude ist, ein Gebäude, welches außerdem ja auch die größte nationale Bedeutung entschieden besitzt. ... , erkennen Sie an, daß ein derartiges Gebäude einen solchen Charakter haben muß, dann frage ich Sie, haben Sie schon gehört, daß ein Königliches Schloß, eine Kirche, ein Museum, ein Schauspielhaus oder dergleichen auf den Hof hingebaut ist?« [14] Und aus diesem gleichen Verständnis urteilten noch 1876 die Berliner Architekten Hitzig, Lucae und Ende zum Reichstagsgebäude: »Wir gehen von dem Grundsatz aus, daß das Parlamentsgebäude die Idee des in seiner Volksvertretung geeinigten Deutschlands verkörpern soll und daß es darum in gleichem Maße, wie es unser Schloß als Repräsentant der Kaiserwürde tut – nicht allein durch seinen architektonischen Wert an sich, sondern auch durch seine Lage diejenige dominierende Bedeutung bekommen muß, die ihm als dem nationalsten Bauwerk Deutschlands unbedingt gebührt.« [15] Die Parlamentarier des Deutschen Reichstages scheiterten bei ihrer Debatte 1876 indessen ebenso wie vormals die Abgeordneten des preußischen Abgeordnetenhauses an Bismarck, der den Bau eines Reichstagsgebäudes – mutmaßlich wie zuvor auch den des preußischen Landtages – ungemein dilatorisch behandelte [16]: Der Reichskanzler selber trieb das Projekt in keiner Weise voran, ein ungemein kennzeichnender Beleg für das konservative Weltbild Bismarcks.
Ganz so eingepfercht wie die beiden Häuser des preußischen Landtages sollte der Reichstag hinter der Porzellanmanufaktur aber nicht werden. Im Auftrage der Reichstagsbaukommission, der auch die Architekten Friedrich Hitzig und Richard Lucae angehörten, entwarf Lucae 1873 ein städtebauliches Konzept, das von einem Abbruch des Herrenhauses ausging. »An seiner Stelle würde ein Zugang von der Breite der Linden sich gegen die Leipziger Straße öffnen, dann ein ... Platz sich anschließen, auf dessen Mitte das Reichstagshaus sich erhebt; parallel mit der Leipziger Straße wurde dieser Platz auf der anderen Seite durch eine Verlängerung der Zimmerstraße begrenzt werden, ...« [17] Von diesem städtebaulichen Konzept blieb nur das ehemalige, 1877 im Bau begonnene Kunstgewerbemuseum übrig, das auf der Südseite der Prinz Albrecht-Straße in der Achse der zwischen Leipziger Straße und Prinz Albrecht-Straße geplanten Querstraße zum städtebaulichen Gegengewicht des trotz seiner Freistellung auf einer Platzfläche im Blockinneren verschwindenden Reichstags werden sollte.
Reichstag und Reichskanzleramt – darüber herrschte indessen in der parlamentarischen Debatte Einigkeit – hatten aus funktionalen Gründen räumlich nahe beieinander zu liegen.[18] Der auf dem Grundstück der königlichen Porzellanmanufaktur Leipziger Straße 4 zwischen preußischem Herrenhaus und preußischem Kriegsministerium provisorisch untergebrachte Reichstag, entworfen von Hitzig, hatte 1871 seinen Standort fast unmittelbar an der Wilhelmstraße gefunden (Abb. 42).[19] Das Reichskanzleramt war in der Wilhelmstraße 74 untergebracht und wurde ein Jahr später als der Reichstag, 1872, umgebaut. Bismarck selbst wohnte seit sei-

ner Ernennung zum preußischen Ministerpräsidenten in der Wilhelmstraße 76.
Bürgerschaft und Kaufmannschaft von Berlin hatten sich bereits seit den sechziger Jahren gänzlich anders als die konservative Reichsregierung verhalten: Der Magistrat von Berlin hatte von 1860 an ein unübersehbares, auf Wirkung in der Stadt bedachtes Rathaus gebaut[20], im gleichen Jahr und mit einer gleichen Haltung die Kaufmannschaft den Grundstein zur Börse an der Burgstraße gelegt.[21]

Das Regierungsviertel

Noch bevor Bismarck preußischer Ministerpräsident geworden war, hatte sich die Wilhelmstraße als Straße der preußischen Ministerien herausgebildet. Mit seinem neuen Amt erhielt Bismarck 1864 eine Dienstwohnung Wilhelmstraße 76. Für Ministerien des Deutschen Reiches wurden nur wenige Neubauten errichtet, sonst übernahm man Altbauten. Für die Reichskanzlei und damit auch die Wohnung des Reichskanzlers wurde – wenn auch unter erheblichen Umbauten – das ehemalige Palais Radziwil Wilhelmstraße 78 umgenutzt. Um 1876, als der Architekten-Verein seine Monatskonkurrenz zum Prachtforum des deutschen Reiches ausgelobt hatte, entschied sich, begleitet von einer erneuten Diskussion über den Reichstagsneubau, in der die Linksliberalen auch auf das Projekt des Prachtforums eingingen[22], tatsächlich die endgültige Entwicklung der Wilhelmstraße zur Regierungsstraße. Anfang 1875 hatte der Reichskanzler die Ermächtigung erhalten, das alte Radziwilsche Palais in der Wilhelmstraße 77 zu erwerben.[23] Drei Jahre später, Anfang 1878, war der Umbau des Hauses zur Dienstwohnung des Reichskanzlers und zum Dienstgebäude der Reichskanzlei vollendet.[24] Von dem Palais des 18. Jahrhunderts blieben gerade noch das äußere Erscheinungsbild und im Inneren der große Festsaal im 1. Obergeschoß, wenn auch mit Überformungen[25], übrig. Der Umbau geschah nach dem Entwurf von Wilhelm Neumann.[26]
Die Reichskanzlei, die damit bauliche Gestalt angenommen hatte, war aber nun nicht mehr in der Lage, die ursprünglich unter dem gemeinsamen Dach des Reichskanzleramtes vereinigt gewesenen unterschiedlichen Ressortaufgaben räumlich aufzunehmen. Möglich war die Unterbringung Wilhelmstraße 77 nur geworden, weil aus dem alten Reichskanzleramt Abteilungen ausgegliedert und in den Rang oberster Reichsbehörden erhoben worden waren.[27] Der Reichskanzler behielt nur noch ein Zentralbüro. Dieses nach den Vorstellungen Bismarcks Reichskanzlei benannte Büro wurde 1878 kurz nach Vollendung des Umbaus von Wilhelmstraße 77 mit Kabinettsordre vom 18. Mai begründet.[28]
Das alte Kanzleramt des Deutschen Reiches, das seit dem Kaiserlichen Erlaß vom 24. Dezember 1879 die Bezeichnung Reichsamt des Innern führte[29], war Wilhelmstraße 74 im Sitz des alten preußischen Staatsministeriums untergebracht und bei laufendem Geschäftsbetrieb nach den Entwürfen des Bauinspektors, späteren Regierungsrates sowie Vortragenden Rates im Reichskanzleramt Georg Joachim Wilhelm Neumann (ab 1878 v. Mörner)[30] umgebaut und wesentlich erweitert worden.[31]

43 Reichsamt des Innern, Wilhelmstraße 74; Wilhelm Neumann, gen. v. Mörner, 1872.
44 Auswärtiges Amt (Reichsschatzamt), Wilhelmstraße 76/77, 61 Ecke Wilhelmplatz; Wilhelm Neumann, gen. v. Mörner, beg. 1873.
45 Auswärtiges Amt, Grundriß.

Das Reichsamt des Innern entsprach in seiner stilistischen Haltung den frühen siebziger Jahren, wie sie auch in der Bohnstedtschen Reichstagsfassade zum Ausdruck kam: Die Längserstreckung des Baukörpers wurde durch die geschoßweise durchlaufenden einheitlichen Bauformen mit ihrem eher flachen Relief unterstrichen; der Haupteingang unterbrach kaum das Erdgeschoß, die Arkadenabfolge des abschließenden Obergeschosses bildete in der regelmäßigen Addition ihrer Elemente eine kräftige Horizontale.

Seine beim Reichsamt des Innern angewendeten Entwurfsprinzipien änderte der Architekt beim nachfolgenden Bau des Auswärtigen Amtes in der Schichtung der einzelnen Stockwerke nicht, wenn jetzt auch die Baukörperecken – aus der städtebaulich besonderen Lage des Hauses am Wilhelmplatz erklärbar – mit jeweils einachsigen Risaliten gefaßt wurden. Die Brüstungen der Balkone unterstrichen eher noch die bereits durch die Fensterbrüstungen vorbereitete Waagerechte.

Hinter der mächtigen Fassade verbarg sich der Grundriß eines Bürogebäudes mit einem Mittelflur. Die Diensträume für die Leitung des Ministeriums waren, erreichbar über ein großes Treppenhaus, zur Wilhelmstraße hin gelegen.

Erst mit dem Reichsjustizamt in der Voßstraße hatte sich die Entwurfshaltung des Architekten geändert: Selbst wenn die kubische Geschlossenheit des Hauptbaukörpers erhalten geblieben war, wurde mit der veränderten Hierarchisierung der Geschoßabfolge und durch den größeren Detailreichtum und dessen plastischere Durchbildung das Erscheinungsbild zum Üppigeren hin verändert. Durch die flachen Teilungskonsolen im Mezzaningeschoß begann die Fassade eine Vertikalstruktur zu erhalten.

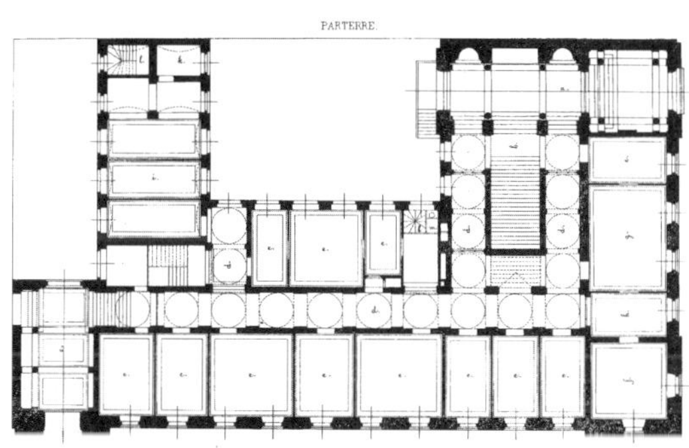

Reichsstil und preußischer Stil

Der Baubeamte Wilhelm Neumann, aus dem preußischen Ministerium für Handel, Gewerbe und öffentliche Arbeiten herkommend, wurde gewissermaßen der erste Reichsarchitekt. Auf seinen Entwurf gingen die frühen Ministerialbauten des Deutschen Reiches zurück: 1872–1874 das Reichsamt des Innern Wilhelmstraße 74 (Abb. 43), 1873–1877 das Auswärtige Amt Wilhelmstraße 60–61 Ecke Wilhelmplatz, das nach seiner Vollendung aber als Reichsschatzamt verwendet wurde (Abb. 44, Abb. 45), 1874 der Um- und Erweiterungsbau des Vorderhauses des provisorischen Reichstages Leipziger Straße 4, bei der es auch seine gequaderte Fassade erhielt, 1875–1878 der Umbau der Reichskanzlei Wilhelmstraße 77, 1878–1880 das Reichsjustizamt Voßstraße 4–5[32] (Abb. 46). Somit beherrschte Neumann ein Jahrzehnt lang die Bauten des Reiches in Berlin.

Auch der von 1873 bis 1876[33] nach dem Entwurf von Friedrich Hitzig errichtete Hauptbau der Reichsbank an der Jägerstraße (Abb. 47), der indessen in dieser Form wohl bereits 1869, und damit noch in preußischer Zeit, entworfen worden war, schloß sich in seiner Fassade dieser Grunddisposition des Reichsamtes des Innern an, im Obergeschoß einen beherrschenden Kopfbau auszubilden. Die Reichsbank war »kein autonomes Reichsinstitut«, sondern unterstand »den Weisungen des Kanzlers«[34]. Neben

46 Reichsjustizamt, Voßstraße 4–5; Wilhelm Neumann, gen. v. Mörner, 1878–1880.
47 Reichsbank, Jägerstraße; Friedrich Hitzig, Entwurf 1869, Ausführung ab 1873.

Bautypus und stilistische Handschrift der Ministeriumsbauten des Deutschen Reiches, besonders des Reichsamtes des Innern, scheinen im Werk des Architekten Hitzig vorgeprägt worden zu sein. Hitzig besaß wegen seiner öffentlichen Bauaufgaben wie provisorischer Reichstag und Ruhmeshalle nahezu den Rang eines Staatsarchitekten, womit sich der Anschluß des Neubaus für die Technische Hochschule an den Typus der Staatsbauten fast erklärt, obgleich Hitzig den Entwurf seines verstorbenen Vorgängers nur noch überarbeitete.

Neumann war Hitzig fast eine Art zweiter Staatsarchitekt – schließlich wurde ihm noch das Hauptgebäude der Technischen Hochschule in Charlottenburg anvertraut, deren Vorentwurf er überarbeitete (Abb. 48).
Die Eigenständigkeit dieser Bauten des Deutschen Reiches wurde besonders im Vergleich mit den Neubauten preußischer Ministerien deutlich.
Das preußische Ministerium des Inneren Unter den Linden 72–73 wurde 1873–1877 umgebaut, doch kam der Umbau einem Neubau gleich (Abb. 49). Entworfen wurde er durch Bauinspektor Julius Emmerich [35], der wenige Jahre zuvor unter Neumann am Entwurf für den Erweiterungsbau der Eisenbahnabteilung Wilhelmstraße 80 beteiligt gewesen war – also aus der gleichen Schule kam. Die Gliederung der Fassade des preußischen Innenministeriums folgte dem klassischen Gliederungsschema: gequadertes Sockelgeschoß, zwei glatte Obergeschosse und eine unübersehbare Mittelachsenbetonung durch einen dreiachsigen Mittelrisalit. »Berlin und seine Bauten« vermerkte 1877 nachgerade pointiert: »Die letztere [d. h. die Fassade], in echtem Steinmaterial (Seeberger und Oberkirchener Sandstein) ausgeführt, beansprucht das Hauptinteresse, da sie die einfachen, klassischen Formen Schinkel's wieder aufgenommen hat«.[36] Noch deutlicher aber: Die Mittelachse des Innenministeriums paraphrasierte unverkennbar das Portal I des Stadtschlosses der Hohenzollern. Die preußische Baubürokratie berief sich in dieser Konkurrenz zum Deutschen Reich auf ihren Ahnherrn Schinkel und bemühte architektonische Leitformen aus der eigenen, d. h. preußischen Geschichte.
1872 – im Vorjahr des Baubeginns für das preußische Innenministerium – hielt der Staatskonservator Ferdinand v. Quast die Schinkel-Rede mit dem bezeichnenden Titel Schinkel und die Gegenwart – eine Gegenwart, die in den Augen v. Quasts durch den Irrglauben der Architekten gekennzeichnet wurde, »durch Nachäffung jener Aftermoden [d. h. vor allem der französischen Renaissance] an der Spitze der Civilisation voranzugehen.« Konsequenterweise forderte v. Quast die Rückbesinnung auf »die alte Schule in ihren einfachen und schönen Formen«.[37] Schinkels Architektur sollte – auch in nationaler Aufwallung nach dem soeben siegreich beendeten Krieg – so etwas wie die Inkarnation einer preußisch-nationalen Architektur werden. Für Herman Grimm war Schinkel bereits 1867 »der Architekt des neueren Deutschlands«, ebenbürtig neben Goethe als Dichter und Cornelius als Maler der neueren Zeit stehend, »dessen Gestalt von Jahr zu Jahr höher und bedeutender vor unsern Augen steht.«[38]. Der Unterschied zu den Bauten des Deutschen Reiches blieb bis zum Ende der siebziger Jahre bestehen: Das 1879 begonnene und 1884 vollendete Ministerium der geistlichen, Unterrichts- und Medicinal-Angelegenheiten [39] Unter den Lin-

48 Hauptgebäude der Technischen Hochschule Charlottenburg, Charlottenburger Chaussee; Entwurf Friedrich Hitzig, 1879.

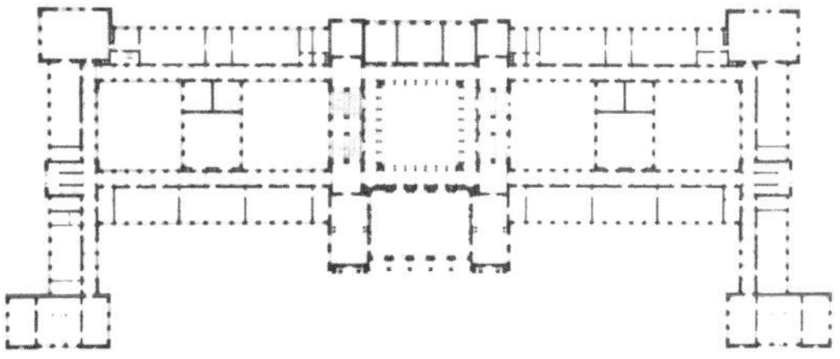

49 Das preußische Ministerium des Innern, Unter den Linden 72–73; Julius Emmerich, 1873–1876.
50 Das preußische Ministerium der geistlichen, Unterrichts- und Medizinal-Angelegenheiten, Unter den Linden 4; Bernhard Kühn, 1879.

Die dreiachsige Mitte des Innenministeriums erhielt, obgleich sich der Architekt im Typus der zeitgleichen Architektur bediente, den Zuschnitt eines Risalites, der wohl historische Vorbilder reflektieren wollte. Die Fassade blieb auch in ihrem sonstigen Aufbau eher dem Traditonellen verpflichtet, fast den zeitgleichen Bankpalästen vergleichbar. Selbst das Jahre später Unter den Linden errichtete zweite preußische Ministerium vermochte sich nicht aus den bereits zu Beginn der siebziger Jahre herkömmlichen Bindungen zu lösen, selbst wenn es deren Formen modernisierte.

den 4, entworfen von Bernhard Kühn, folgte immer noch dem Fassadentypus des Ministeriums des Inneren (Abb. 50).[40] Wie konservativ diese Fassade immer noch war, machte der Vergleich mit dem nur wenige Jahre älteren Kunstgewerbemuseum von Gropius & Schmieden deutlich, das ebenfalls eine Art Staatsbauaufgabe war.
Von diesen beiden Bauten Unter den Linden mußte sich Preußen wohl herausgefordert gesehen haben, gegenüber den Reichsbehörden eine eigene architektonische Ausdrucksform zu finden, denn immerhin wichen beide Ministerien ihrerseits auch von den preußischen Ministeriumsbauten der fünfziger und sechziger Jahre ab.

1 Zit. nach Dieter Dolgner: Architektur im 19. Jahrhundert. Ludwig Bohnstedt. Leben und Werk, Weimar 1979, S. 117.

2 Zit. nach: Das Reichstagsgebäude von Paul Wallot, Leipzig 1897, S. 1.

3 Michael S. Cullen: Der Reichstag. Geschichte eines Monumentes, Berlin 1983, S. 93.

4 Das Reichstagsgebäude von Paul Wallot a.a.O., S. 1.

5 Helmut Engel: Parlamentarische Provisorien. Die Tagungslokale der preußischen Parlamente von 1847 bis zur Reichsgründung, in: Der Preußische Landtag. Bau und Geschichte, hrsg. v. der Präsidentin des Abgeordnetenhauses von Berlin, Berlin 1993, S. 37.

6 Zit. nach Dieter Dolgner: Architektur a.a.O., S. 117.

7 Dieter Dolgner: Architektur a.a.O., S. 114ff.

8 Hans Wilderotter: Wohin mit der Mitte. Zur politischen Topographie der Hauptstadt Berlin, Berlin 1991, S. 8 (Magazin. Deutsches Historisches Museum, H. 2, 1. Jg.).

9 Vgl. Abb. S. XXIII bei Wolf Jobst Siedler: Stadtplanung ist geistige Ordnungspolitik. Berlins Dilemma mit der eingestürzten Kongreßhalle, in: Orangerie '83. Deutscher Kunsthandel im Schloß Charlottenburg. Berlin 15.–25. 9. 1983, Berlin 1983, S. XXIIff.

10 Für das Haus des deutschen Reichstages, in: Deutsche Bauzeitung, 5. Jg. (1871), S. 108.

11 Utz Haltern: Architektur und Politik. Zur Baugeschichte des Berliner Reichstags, in: Kunstverwaltung, Bau- und Denkmal-Politik im Kaiserreich, hrsg. v. Ekkehard Mai und Stephan Waetzold, Berlin 1981, S. 76 (Kunst, Kultur und Politik im Deutschen Kaiserreich. Schriften eines Projektes der Fritz-Thyssen-Stiftung, Leitung: Stephan Waetzold, Bd. 1).

12 Michael Cullen: Leipziger Straße Drei. Eine Baubiographie, in: Mendelssohnstudien. Beiträge zur neueren deutschen Kultur- und Wirtschaftsgeschichte, Bd. 5, Berlin 1982, S. 9ff.

13 Helmut Engel: Die Tagungslokale der preußischen Parlamente a.a.O., S. 9ff.

14 Zit. nach Helmut Engel: Die Tagungslokale der preußischen Parlamente a.a.O., S. 33.

15 Zit. nach Utz Haltern: Architektur und Politik a.a.O., S. 92.

16 Utz Haltern: Architektur und Politik a.a.O., S. 98, Anm. 55.

17 Deutsche Bauzeitung, zit. nach: Andreas Bekiers, Karl-Robert Schütze: Zwischen Leipziger Platz und Wilhelmstraße. Das ehemalige Kunstgewerbemuseum zu Berlin und die bauliche Entwicklung seiner Umgebung von den Anfängen bis heute, Berlin 1981, S. 45.

18 Utz Haltern: Architektur und Politik a.a.O., S. 76.

19 BusB 1877, T. 1, S. 292ff.

20 Ingrid Bartmann-Kompa: Das Berliner Rathaus, Berlin 1991.

21 Berliner Börse (Hrsg.): Berliner Börse 1685–1985, Berlin o.J. (1985).

22 Utz Haltern: Architektur und Politik a.a.O., S. 82.

23 Reichsgesetzbl. 1875, S. 17.

24 Staatssekretär der Reichskanzlei (Pünder) (Hrsg.): Zur Geschichte des Reichskanzlerpalais und der Reichskanzlei, Berlin 1928, S. 32.

25 Die Reliefs der Supraporten wurden von Landgrebe gearbeitet, die Stichkappen und Lünetten sollten durch Anton von Werner ausgemalt werden; vgl. Iselin Gundermann: Berlin als Kongreßstadt, Berlin 1978, S. 51 (Berlinische Reminiszenzen 49).

26 BusB 1877, T. 1, S. 260. Der Reichskanzler wohnte bis dahin Wilhelmstraße 61.

27 Gebildet wurden technische Ämter wie das Reichseisenbahnamt und das Reichsamt für die Verwaltung der Reichseisenbahnen sowie das Reichspostamt, aber auch die klassischen Ressorts entstanden: das Reichsjustizamt, das Reichsschatzamt und das Reichsamt des Innern; vgl. Staatssekretär: Zur Geschichte des Reichskanzlerpalais a.a.O., S. 34.

28 Staatssekretär: Zur Geschichte des Reichskanzlerpalais a.a.O., S. 35.

29 Staatssekretär: Zur Geschichte des Reichskanzlerpalais a.a.O., S. 34.

30 Uwe Kieling: Berliner Baubeamte und Staatsarchitekten im 19. Jahrhundert. Biographisches Lexikon, Berlin 1986, S. 68 (Miniaturen zur Geschichte, Kultur und Denkmalpflege Berlins, Nr. 17, hrsg. v. d. Berliner Bezirksvorständen der Gesellschaft für Heimatgeschichte und für Denkmalpflege im Kulturbund der DDR).

31 BusB 1877, T. 1, S. 257ff.

32 Zur Ableitung des Fassadenaufbaus vgl. Renate Theis: Zur Repräsentation des Staates a.a.O., S. 72: »Auf die Fassade des Obergeschosses war das Obergeschoß der Bibliothek von San Marco, ... , nahezu wörtlich kopiert worden (Venedig, 1536–1582). ... Für die Eingänge hatte man die tuskischen Säulen des Untergeschosses von San Marco übernommen.«

33 BusB 1877, T. 1, S. 301.

34 Zit. nach Renate Theis: Zur Repräsentation des Staates a.a.O., S. 58.

35 Uwe Kieling: Berliner Baubeamte a.a.O., S. 21.

36 BusB 1877, T. 1, S. 264

37 Ferdinand von Quast: Schinkel und die Gegenwart, in: Festreden. Schinkel zu Ehren 1846–1980 a.a.O., S. 149.

38 Herman Grimm: Deutsche Künstler. Sieben Essais, hrsg. v. Reinhard Buchwald, Stuttgart 1942, S. 223ff. (Kröners Taschenausgabe Bd. 184).

39 Baurath Professor Kühn: Das neue Dienstgebäude für das Königliche Ministerium der geistlichen, Unterrichts- und Medicinal-Angelegenheiten in Berlin, in: Centralblatt der Bauverwaltung, hrsg. im Ministerium der Öffentlichen Arbeiten, Jg. III, Berlin 1883, No. 14, S. 125f., No. 16, S. 137f.; B. Kühn Das Dienstgebäude für das Königl. Ministerium der geistlichen, Unterrichts- und Medicinal-Angelegenheiten in Berlin, in: Zeitschrift für Bauwesen, hrsg. i. Ministerium der Öffentlichen Arbeiten, Jg. 35, Berlin 1885, Sp. 505–506ff.

40 Der Architekt berief sich bei der Erläuterung seiner Fassadengliederung indessen nicht mehr auf historische Vorbilder, sondern bezog sich auf ganz allgemeine künstlerische Gestaltungsgrundsätze: Unter jeglicher Verzichtleistung auf vorspringende Risalite [wurde] versucht, nur durch angemessene Vertheilung der Mauerflächen und Oeffnungen, durch entsprechende Weite der Fensterachsen und durch kräftiges Relief der einzelnen Bauglieder dem Ganzen das Gepräge eines Dienstgebäudes für eine große Centralbehörde zu geben, bei dem aber die Benutzung der beiden oberen Geschosse als Wohnung des Chefs äußerlich auch einigermaßen zum Ausdruck kommen sollte. vgl. B. Kühn: Das Dienstgebäude a.a.O., Sp. 513.

Die Modernisierung der Stadt

Zusammen mit den Planungen und der Ausführung von Stadtbahn und Kaiser-Wilhelm-Straße begann der Umbau der historischen Altstadt.[1] Universitätsviertel, Bankenviertel und Zeitungsviertel entstanden oder dehnten sich aus. Der Standort des Regierungsviertels in der Wilhelmstraße verfestigte sich endgültig, selbst der Standort des Reichstages auf dem Grundstück der ehemaligen königlichen Porzellanmanufaktur in der Leipziger Straße schien gesichert zu sein. Das Konfektionsviertel hatte sich bereits um 1860 ausgebildet.

Das Geschäftsviertel

»Der Mittelpunkt des Berliner Geschäftslebens ist der ältere Stadttheil (Berlin C), in dem sich die Börse, die Hauptpost, die Gerichtsgebäude, das Rathaus, die Central-Markthalle und das Königliche Polizei-Präsidium befinden. Die Nähe der genannten Gebäude, die Lage an der Stadtbahn werden in Verbindung mit örtlichen Überlieferungen diesem Stadttheil und seiner nächsten Nachbarschaft in absehbarer Zeit mehr und mehr das ausschließliche Gepräge eines Handelsviertels verleihen, aus dem bei dem ersichtlichen Aufblühen des Berliner Handelsverkehrs die Wohnungen allmählich ganz verdrängt zu werden scheinen.«[2] Die Infrastruktureinrichtungen für eine moderne City waren hier bereits seit 1860 im Entstehen:

das Rathaus an der Stelle des mittelalterlichen Rathauses, am 1. April 1860 nach den Entwürfen von Hermann Waesemann begonnen[3],

die Börse an der Burgstraße, gebaut nach dem Entwurf von Friedrich Hitzig, mit der Grundsteinlegung am 18. Mai 1860[4],

die Hauptpost mit Oberpostdirektion und Hof-Postamt in der Königsstraße Ecke Spandauer Straße, errichtet 1874 nach Plänen des Postarchitekten Carl Schwatlo, mit einer großen, in der Mitte des Hofes gelegenen Schalterhalle für den Geldverkehr[5],

die Zentralmarkthalle am Alexanderplatz, gebaut in der Folge des Durchbruchs der Kaiser-Wilhelm-Straße mit Baubeginn 1883, entworfen von Stadtbaurat Hermann Blankenstein[6],

das zentrale Polizeipräsidium für die City auch in seiner Funktion als Ordnungs- und Genehmigungsbehörde am Alexanderplatz vor allem mit der für das Gewerbe zuständigen Abteilung, ebenfalls von Hermann Blankenstein entworfen und von 1886 an errichtet[7].

Die Infrastruktureinrichtungen des Geschäftsviertels entstanden seit der

Zeit des Norddeutschen Bundes als Neubauten und ersetzten zum Teil bereits lange andauernde und schließlich unerträglich gewordene Unterbringungen in innerhalb der City verstreut liegenden Altbauten, denn die Altstadt von Berlin hatte sich bereits seit der ersten Hälfte des 19. Jahrhunderts mit den Geschäften der Kaufmannschaft und in der Nachbarschaft der am Rande des Lustgartens gelegenen Börse zur City zu entwickeln begonnen; die Königsstraße war seit dem Biedermeier die Straße mit den vornehmsten Ladengeschäften in der Stadt.

Das Universitätsviertel

»Die zahlreichen Zweiganstalten der Universität sind in einer Reihe von selbständigen Gebäuden untergebracht, welche sämmtlich im nordwestlichen Theile Berlins, der in Folge dessen zum ›Quartier latin‹ geworden ist, zerstreut liegen.«[8]

Die Errichtung von eigenen Institutsgebäuden und Kliniken hatte Mitte der sechziger Jahre eingesetzt, ihren eindeutigen Schwerpunkt fand sie in den siebziger Jahren. Die Institutsgebäude entstanden in der Dorotheenstadt und die Kliniken in der Ziegelstraße: Die Anatomie im Garten der Tierarzneischule 1863–1865, (Erstes) Chemisches Laboratorium Georgenstraße 34–36 von 1866–1867 – beide Anlagen entworfen von Albert Cremer –, die Universitäts-Bibliothek Dorotheenstraße 9 von 1871–1874[9] (Abb. 51) sowie die Institute für Physik und Physiologie Dorotheenstraße 35, begonnen 1874[10] und bis 1883 erweitert; die Entwürfe stammten von Regierungs- und Baurat Paul Spieker in der Bauabteilung des Handelsministeriums.[11] Das Zweite Chemische und das Technologische Institut Bunsenstraße 1 entstanden 1879–1883 nach dem Entwurf von Fritz Zastrau[12], der seit 1875 Landbaumeister bei der Ministerial-Baukommission war. Das Pharmakologische Institut Dorotheenstraße 34a folgte in den Jahren 1879–1883, entworfen von Paul Spieker, ausgeführt durch Zastrau & Kleinwächter.[13]

Die Institutsgebäude wurden somit durch die Staatsbaubehörden entworfen, die Kliniken vergab man dagegen an die bereits auf diesem Fachgebiet ausgewiesenen Architekten Gropius & Schmieden: 1878–1883 entstanden in der Ziegelstraße 5–11 die Chirurgische Klinik und Augen- und Ohrenklinik[14], von denen die chirurgische Klinik bereits nach 1890 erweitert werden mußte[15], sowie die Universitäts-Frauenklinik 1880–1882 in der Artilleriestraße.[16]

Die naturwissenschaftlichen und medizinischen Einrichtungen waren somit alle im liberalen Jahrzehnt geschaffen worden. Selbst die Neubauten für die Geologische Landesanstalt und Berg-Akademie, die Landwirtschaftliche Hochschule und das Museum für Naturkunde, die auf dem Gelände der alten königlichen Eisengießerei an der Invalidenstraße in der Nähe des Universitätsviertels 1875 bis 1883 im Bau begonnen wurden und eine eindrucksvolle Bautengruppe bildeten, entstammten ebenso noch der Zeit Wilhelms I. wie schließlich als architektonischer und städtebaulicher Höhepunkt die im Sommer 1878 im Bau begonnene Technische Hochschule in Charlottenburg.

51 Universitätsbibliothek, Dorotheenstraße 8; Paul Spieker, 1871–1874.

Der öffentliche Hochbau außerhalb des Prachtbaus, in der Regel als Ziegelrohbau ausgeführt, folgte einem übereinstimmenden Typus, der wohl auch durch die ersten Anlagen des Deutschen Reiches, besonders durch das Innenministerium in der Wilhelmstraße, gestützt worden sein wird. Die Gebäude bildeten die unteren Stockwerke nahezu gleichförmig aus, wobei die Fenster erkennbar als in eine Wandfläche eingeschnitten in Erscheinung treten sollten. Differenzierungen gab es lediglich noch in der Profilierung der Stockswerksgesimse und in den Fensterbrüstungen. Das Erscheinungsbild des obersten Stockwerkes beherrschte in der Regel eine Abfolge von Arkaden, mit denen auch die hinter ihnen liegenden Säle oder Aulen angezeigt werden konnten. Der Entwurf der Universitätsbibliothek war von dieser übereinstimmenden Zeithaltung ebensowenig ausgenommen wie die Schulbauten der Stadt Berlin nach dem Entwurf von Hermann Blankenstein.

52 Wohn- und Geschäftshaus Mendelssohn, Jägerstraße 52; Gropius & Schmieden, 1876.

Gemessen am Entwurf für das Bankgebäude des Berliner Kassenvereins nahm sich der Entwurf für das Mendelssohnsche Haus als Typus bereits altväterlich aus, selbst wenn die Gestaltung der Details dem zeitgemäßen Werk der Architekten folgte. Das Bankgeschäft wurde im Erd- und Obergeschoß betrieben, das letzte Stockwerk war der Wohnung eines der Geschäftsinhaber vorbehalten. Die Differenzierung der unterschiedlichen Nutzungen kam in der Fassade in keiner Weise zum Ausdruck.

Die Instituts- und Klinikgebäude der Universität waren durchweg Ziegelrohbauten, die mit den Bauten des Berliner Stadtbaurates Blankenstein eine gleiche stilistische Grundhaltung aufwiesen. Um so mehr machte der Bau der Technischen Hochschule mit ihrer städtebaulichen Unterbringung an der großen Straßenachse zwischen Berlin und Charlottenburg, mit der mächtigen Dimensionierung des Baukörpers, mit Materialwahl und Formensprache die dieser Einrichtung zugemessene Bedeutung deutlich: Sie übertraf alle anderen Neubauten für technisch-naturwissenschaftliche Einrichtungen, zumal die Übertragung der Bauaufgabe von Richard Lucae, der noch vor Baubeginn starb, auf Friedrich Hitzig[17] die Monumentalisierung des Baukörpers noch einmal verstärkte.[18] Dem Rang der Technischen Hochschule war wohl auch dadurch Ausdruck verliehen worden, indem mit Richard Lucae 1876 gleichzeitig auch der Direktor der Bauakademie mit der Planung beauftragt wurde. Noch das 1882 durch Julius Raschdorff errichtete Institut für Chemie unterwarf sich der gleichen Haltung wie das Hauptgebäude, auch wenn es sich in seiner Formensprache jetzt noch deutlicher an den Staatsbauten des Deutschen

Reiches ausrichtet. Die zeitgleichen Institutsgebäude der Technischen Hochschule, die dem städtebaulichen Rang der Hauptgebäude nicht zu folgen hatten, entstanden als Ziegelrohbauten wie die Mechanisch-technische Versuchsanstalt von 1883–1884.
Der Vorrang, der während der siebziger Jahre dem naturwissenschaftlich-technischen Ausbau der Stadt zugewiesen worden war, wurde 1875 durch das Scheitern der Projekte August Orths für den Weiterbau der Museumsinsel mehr als deutlich unterstrichen: Vom 21. Januar 1875 datierte das »Project zur Erweiterung der Museen«[19], unter Einbeziehung der Akademie der Künste entstand im November 1875 der Entwurf zu einer Kunstakademie und Kunstausstellung zu Berlin, einer Akropolis der Künste auf der Museumsinsel. Auch dieses Projekt konnte trotz der Fürsprache Anton von Werners beim Kaiser nicht durchgesetzt werden.[20]

Das Bankenviertel

Unmittelbar vor dem Gründerkrach waren in Berlin innerhalb weniger Jahre etwa 35 Banken ins Leben gerufen worden, von denen die meisten die Folgen des Jahres 1873 nicht überdauerten.[21] Die solide arbeitenden Banken hatten indessen den Einbruch mehr als nur überstehen können. Die Deutsche Bank verbesserte ihr Geschäftsergebnis von 5,5 Mrd. Mark 1875 im nachfolgenden Jahr auf 7,3 Mrd. Mark.[22] Selbst die leitenden Mitarbeiter in den Bankhäusern konnten bei gutem Wirtschaften privat ein Millionenvermögen zusammenbringen: Der Syndikus von Simon Bleichröder, der Jurist Wilhelm Weber, 1872 in die Firma eingetreten, notierte in seiner privaten Chronik, daß »mein Vermögen auf eine Million Kapital ohne das Grundstück angesammelt ist«[23]. Als sich 1876 – ohne die Deutsche Bank – erneut das Preußen-Konsortium zusammenfand, vereinigte es die solidesten Berliner Bankhäuser: Preußische Seehandlungs-Societät, Bank für Handel und Industrie, Berliner Handels-Gesellschaft, S. Bleichröder, Direction der Disconto-Gesellschaft, F. Mart. Magnus, Mendelssohn & Co. und H. C. Plaut.[24]
Das Bankenviertel war bereits seit dem Ende der Freiheitskriege 1815 im Entstehen begriffen: Im Umfeld der beiden, in ihrer Tradition noch ins 18. Jahrhundert zurückreichenden staatlichen Geldinstitute – der Preußischen Seehandlung und der Königlichen Hauptbank, beide in der Jägerstraße ansässig – hatten sich die Jägerstraße, überwiegend aber die Behrenstraße als Mittelpunkte für die Niederlassungen entwickelt.
Ein erster Schwerpunkt von Neu- und Umbauten für Bankgeschäfte hatte sich im direkten Umfeld der Reichsgründung herausgebildet. Die Bindung an die älteren Geschäftsstandorte in der Friedrichstadt zwang dazu, auf den zum Teil schmalen barocken Parzellen neu zu bauen oder ältere Häuser umzubauen. Der Neubau des Geschäftshauses für das Bankgeschäft Mendelssohn & Co. von Gropius & Schmieden 1873–1874 in der Jägerstraße 52[25] (Abb. 52), das direkt neben dem 1815 bezogenen Stammsitz des Hauses Jägerstraße 51 die Traditionsbezogenheit der Familie bekundete, unterlag deshalb diesem Zwang. Aber auch in der Wahl des Fassadentypus gab man sich eher konservativ, indem sich der Bauherr dem durch Fried-

53 Preußische Boden-Credit-Actienbank, Hinter der katholischen Kirche; Ende & Böckmann, 1871–1873.

rich August Stüler für den Hofjuwelier Friedeberg in den späten fünfziger Jahren Unter den Linden geschaffenen Typus des Wohn- und Geschäftshauses anschloß, nun aber mit dem dreiachsigen zentralen Mittelmotiv in der für Gropius & Schmieden charakteristischen Ausbildung.[26] Andere Bankhäuser hatten 1873 längst dem Bankpalast mit italienischer Fassadendekoration zum Durchbruch verholfen. Ebenfalls Gropius & Schmieden bauten 1872 wiederum in der ihnen eigenen Formensprache das Stammhaus der 1856 gegründeten Berliner Handels-Gesellschaft Französische Straße 42 um.[27] Auch dieses alte Berliner Haus war gegenüber der modernen italienischen Renaissance zurückhaltend.

Die Regel war zunächst eher der gelagert ausgebildete zweigeschossige Bankpalast wie der der Bank des Berliner Kassenvereins von 1870–1871, ebenfalls von Gropius & Schmieden in der Oberwallstraße 3 (Abb. 22), oder das Bankhaus Bleichröder Behrenstraße 62–63. Die Bank des Berliner Kassenvereins war in ihrer Fassadenausbildung von den Architekten fast als Skelett entworfen worden, das im Erdgeschoß zur Ausbeute des Tages-

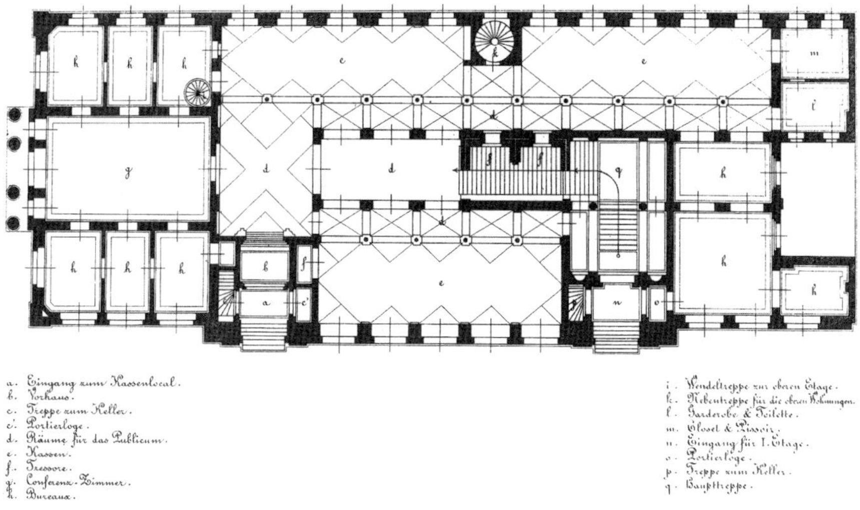

54 Preußische Boden-Credit-Actienbank, Grundriß Erdgeschoß.

Die Bodenkreditbank führte den Bruch mit der nur wenig älteren Tradition der Berliner Bankhäuser, wie sie beispielsweise gerade noch im Gebäude des Berliner Kassenvereins zum Ausdruck gekommen war, herbei. In anspruchsvoller Haltung bediente man sich eines herausgehobenen Mittelteils, dann aber eines Aufwandes im vielgestaltigen Detail, der kennzeichnenderweise den Bauten des Deutschen Reiches in der Wilhelmstraße fremd war. Der Reichtum der Banken sollte wie in den Stadtpalais der Industriellen und Unternehmer zur Schau gestellt werden.
Die Symmetrie der großen Schaufassade und die im Mittelrisalit längs der Fassade angeordnete Kasse zwangen zu einer Grundrißlösung, die dem Publikum winklige Verkehrswege im Haus abverlangte.

lichtes in vollem Umfang mit Fenstern ausgefüllt und im Obergeschoß, den anderen Nutzungszwecken mit verschiedenen Ansprüchen an Tageslicht und Möblierung entsprechend, stärker geschlossen werden. Der Funktionsanspruch, der sich in der sachlich modernen Fassade äußerte, fand seinen gleichgewichtigen Ausdruck in den Dispositionen des Grundrisses.
Gegen diese Architekturhaltung, wie sie im Kassenverein erkennbar geworden war, trat 1871 die Architektur der neuen Zeit an: »Hinsichtlich einer effectvollen Gruppierung und einer wirksamen Verwendung der Hauptarchitekturtheile steht die Bodencreditbank unter den modernen Neubauten Berlins obenan.«[28] Gebaut 1871–1873 durch die Architekten Ende & Boeckmann Hinter der katholischen Kirche 2 auf dem ehemaligen Grundstück des alten preußischen Herrenhauses, geriet das Gebäude der Preußischen Boden-Credit-Actien-Bank mit beherrschendem siebenachsigem Mittelteil, den Rückgriffen auf die venezianische Hochrenaissance und der Dominanz des Baukörpers im Stadtbild zum Prototyp des neuen Bankpalastes, der augenscheinlich auf machtvolle Selbstdarstellung nicht verzichten wollte (Abb. 53, Abb. 54). Mit ihrer Mitteldeutschen Kredit-Bank in der Behrenstraße 1–2 von 1872–1874 und der Deutschen Union-Bank, in den gleichen Jahren Behrenstraße 9–10 errichtet, wurden Ende und Böckmann zu Vertretern des nun in »reicher Renaissance-Architektur«[29] gehaltenen Bank-Palastes. Die Norddeutsche Grund-Kredit-Bank Behrenstraße 7a von Kayser & v. Groszheim von 1872–1873 vervollständigte mit ihren Fassaden »im Sinne italienischer Palastarchitektur«[30] die Bindung an die neue Formenwelt. Diesen neuen Bankgebäuden wurde bereits in den siebziger Jahren ein bedeutsamer Einfluß attestiert, »den sie auf die Entwickelung des Berliner Bauwesens geäussert haben.«[31] Dieser Einfluß muß so stark gewesen sein, daß der Reformansatz, wie er im Bankgebäude des Berliner Kassenvereins zum Ausdruck gekommen war, gewissermaßen durch den Anspruch an Repräsentanz überlagert wurde – die italienische Palastarchitektur war für die Gattung der Geldinstitute augenscheinlich attraktiver als die eher nüchterne Bauweise von Gropius & Schmieden.

Die Union-Bank und der Berliner Bankverein wurden 1875–1876 durch die Deutsche Bank übernommen, die das Haus Behrenstraße 9–10 bezog und bei ihrer vorsichtigen Geschäftspolitik zunächst auf einen Neubau verzichtete.[32]

Das Konfektionsviertel

Zur Wiege des Konfektionsviertels waren die Läden in der Schinkelschen Bauakademie geworden: 1836 hatten Hermann Gerson im Schinkelbau einen Laden gemietet und 1837 Valentin und David Mannheimer am gleichen Ort ein Geschäft für Herrenschlafröcke eröffnet.[33]
Als Zentrum der Konfektion war der Hausvogteiplatz schon um 1860 etabliert[34], die Arbeitsstätten der Konfektionäre unterschieden sich während dieser Zeit in nichts vom Typus der Wohnhäuser – so die En gros & en detail Fabrik & Magazin fertiger Damen-Mäntel, Mantillen, Visites etc. von D. Levin in Berlin Hausvogtei-Platz Nro. 13, im Eckhaus der Niederwallstraße, ein viergeschossiges Eckhaus in der Schinkel-Nachfolge.[35] Der Umbau des Hausvogteiplatzes mit neuen Geschäftshäusern setzte noch nicht mit der Reichsgründungszeit, sondern erst um die Mitte der achtziger Jahre mit der Entwicklung der Konjunktur zögernd ein. 1884–1885 entstand Hausvogteiplatz 6–7 nach dem Entwurf von Wilhelm Martens für die Deutsche Baugesellschaft ein Geschäftshaus[36], das an Konfektionäre weitervermietet wurde – die Bekleidungsindustrie wollte sich ganz augenscheinlich nicht selbst als Bauherr engagieren.

Das Zeitungsviertel

Das Berliner Tageblatt erschien zum ersten Mal im Dezember 1871. Eigentümer war Rudolf Mosse, der 1874 mit dem Anwesen Jerusalemer Straße 48 und dessen Umbau für die Herstellung seiner Zeitung gewissermaßen den Grundstein des Zeitungsviertels legte, nicht ohne daß hier bereits Ansätze aus den sechziger Jahren vorhanden waren: 1865 hatte sich Kochstraße 55 die von Alexander Held begründete Staatsbürgerzeitung niedergelassen.[37] Im Juli 1877 erwarb Leopold Ullstein die Zeitung Neues Berliner Tageblatt einschließlich des dazu gehörenden Grundstücks Zimmerstraße 94[38] und übernahm zum 1. Januar 1878 auch die Berliner Zeitung.[39] 1881 erwarb er Kochstraße 23 für Redaktion und Druckerei, entschloß sich aber erst 1885–1886 zu Umbau und Neubau. Zunächst entstand das neue Zeitungsviertel also nicht mit großartigen Neubauten, sondern mit Umbauten vorhandener baulicher Anlagen. Die Herren des Zeitungsviertels verhielten sich ähnlich wie die Konfektionäre.

1 Laurens Demps: Der Schlesische Bahnhof a.a.O., S. 193 ff.
2 Architekten-Verein zu Berlin und Vereinigung Berliner Architekten (Hrsg.): Berlin und seine Bauten, Berlin 1896, T. III, S. 39 (künftig zit. als BusB 1896).
3 Ingrid Bartmann-Kompa: Das Berliner Rathaus a.a.O., S. 60.
4 Berliner Börse (Hrsg.): Berliner Börse a.a.O.
5 BusB 1877, T. 3, S. 279.
6 Manfred Klinkott: Die Backsteinbaukunst der Berliner Schule von K. F. Schinkel bis zum Ausgang des Jahrhunderts, Berlin 1988, S. 399 ff. (Die Bauwerke und Kunstdenkmäler von Berlin, hrsg. v. Senator für Stadtentwicklung und Umweltschutz – Landeskonservator, Beih. 15).
7 Manfred Klinkott: Die Backsteinbaukunst a.a.O., S. 418 f.
8 BusB 1877, T. 1, S. 177.
9 BusB 1896, T. II, S. 260.
10 BusB 1877, T. 1, S. 179 ff.
11 BusB 1896, T. II, S. 265.
12 BusB 1896, T. II, S. 265.
13 BusB 1896, T. II, S. 270.
14 BusB 1896, T. II, S. 274 f.
15 BusB 1896, T. II, S. 276 f.
16 BusB 1896, T. II, S. 277.
17 Ingrid Schade: Die Bauplanung des Hauptgebäudes der Technischen Hochschule zu Berlin-Charlottenburg. Ein Vergleich der Entwürfe Richard Lucaes und Friedrich Hitzigs, in: 100 Jahre Technische Universität Berlin 1879–1979. Katalog zur Ausstellung, hrsg. v. Karl Schwarz, Berlin 1979, S. 199 ff.
18 Goerd Peschgen: Zur Baugeschichte der Technischen Universität Berlin: Repräsentation und Funktion, in: Wissenschaft und Gesellschaft. Beiträge zur Geschichte der Technischen Universität Berlin 1879–1979, hrsg. v. Reinhard Rürup, Bd. 1, Berlin Heidelberg New York 1979, S. 171.
19 Stephan Waetzold: Pläne und Wettbewerbe für Bauten auf der Berliner Museumsinsel 1873–1896, Berlin 1993, S. 25 ff. (Jb. der Berliner Museen – Ehemals Jb. der Preußischen Kunstsammlungen NF, 35. Bd.).
20 »Die Kunst hat nie ein Mensch allein besessen«. Eine Ausstellung der Akademie der Künste und Hochschule der Künste, 9. Juni bis 15. September 1996, Berlin 1996, S. 339 ff.
21 Fritz Seidenzahl: 100 Jahre Deutsche Bank 1870–1970, Frankfurt am Main 1970, S. 31 ff.
22 Fritz Seidenzahl: 100 Jahre a.a.O., S. 42.
23 Ingeborg Weber-Kellermann: Vom Handwerkersohn a.a.O., S. 180.
24 Fritz Seidenzahl: 100 Jahre a.a.O., S. 49.
25 BusB 1877, T. 2, S. 312 f.
26 Astrid Fritsche: Der Pfingstberg in Potsdam, Stahnsdorf 1995, S. 58 (Stiftung Preußische Schlösser und Gärten Berlin-Brandenburg, hrsg. m. Unterstützung der Freunde der Preußischen Schlösser und Gärten e.V.).
27 Laurenz Demps: Der Gendarmen-Markt. Gesicht und Geschichte eines Berliner Platzes, Berlin 1988, S. 364 ff.
28 Hugo Licht: Die Architektur Berlins. Sammlung hervorragender Bauten der letzten zehn Jahre, Berlin (1877), S. 4
29 BusB 1877, T. 2 S. 312.
30 BusB 1877, T. 2 S. 311.
31 BusB 1877, T. 2 S. 298.
32 Bernhard Leitner, Manfred Pohl und Gilbert Becker: Taunusanlage 12, Dortmund 1984, S. 99.
33 Brunhilde Dähn: Berlin Hausvogteiplatz. Über 100 Jahre am Laufsteg der Mode, Göttingen-Zürich-Frankfurt, 1968, S. 30.
34 Brunhilde Dähn: Berlin Hausvogteiplatz a.a.O., S. 65 f.
35 Berlins Aufstieg zur Weltstadt, a.a.O., S. 123.
36 BusB 1896, T. III, S. 89.
37 Kurt Pomplun: Geschichte und Geschichten, in: Berlin Kochstraße, Berlin-Frankfurt/M.-Wien 1966, S. 64.
38 Peter de Mendelssohn: Zeitungsstadt Berlin. Menschen und Mächte in der Geschichte der deutschen Presse, Frankfurt/M.-Berlin Wien 1982, S. 88 ff.
39 Peter de Mendelssohn: Das Ullstein-Haus, in: Berlin Kochstraße a.a.O., S. 118 f.

Die Bauten der Stadt Berlin

Die Bauten des Magistrats

Der Hochbau

Die Stadt Berlin, deren Bautätigkeit bis zu Beginn der sechziger Jahre gegenüber der des königlichen Hauses und des Staates deutlich zurückstand, wählte nach langem Vorlauf den in der Ministerial-Baukommission tätigen Hermann Blankenstein zum neuen Stadtbaurat für Hochbau. Erst am 11. April 1872 nahm Blankenstein seine Wahl formell an.[1] Die Entscheidung des Magistrats fiel, während die von ihrem zur Berufung anstehenden Stadtbaurat entworfene Zwölf-Apostel-Kirche im Kielgan-Viertel gerade im Bau war (Abb. 55). Blankenstein mag sich wegen seiner Zugehörigkeit zu einer staatlichen Baubehörde, auch durch den Umbau des preußischen Abgeordnetenhauses am Dönhoffplatz oder durch den Umbau von Zoll- und Wachhaus des Brandenburger Tores dem Magistrat empfohlen haben, seine Berufung in den Dienst der Stadt Berlin wäre aber wohl kaum ohne zustimmende Würdigung des Kirchenbaus von Zwölf-Apostel und damit von deren schlichter, auf aufwendige Profilierungen und Dekore verzichtender Ausführung zustande gekommen. Mit der Berufung Blankensteins fiel auch die Entscheidung der Stadtväter für eine bestimmte Form der künftigen Berliner Architektur.

Blankensteins Tätigkeit wurde nicht durch Prachtbauten, sondern nachhaltig durch das Schaffen einer bis dahin fehlenden städtischen Infrastruktur – durch den Bau von Schulen, Fürsorgeeinrichtungen, Krankenhäusern sowie Bauten der Versorgung – bestimmt, mit denen die Stadt ihren Anspruch, ein modernes Gemeinwesen zu sein, jetzt unterstreichen konnte und mit denen der Druck eines ständigen Bevölkerungszuwachses bewältigt werden konnte. Ohne Einbrüche durch die konjunkturellen Schwankungen zog sich während der siebziger Jahre eine Kette von Bauten durch die berufliche Tätigkeit Blankensteins als Stadtrat für Hochbau, deren gemeinsames Kennzeichen immer wieder die Ziegelarchitektur war. Wohl auch in Abhängigkeit von ihrem sozialen Rang verwendete der Stadtrat eine sparsame, nüchterne Formengebung wie 1873–1874 bei der 74. und 79. Gemeindeschule in der Pappelallee 30–31 (Abb. 56), während das zeitgleiche Dorotheenstädtische Realgymnasium in der Georgenstraße bei gleichem Baumaterial sowohl im Fassadenaufbau wie in der Ausgestaltung des baulichen Details wesentlich gestaltungsintensiver ausgeführt wurde, mutmaßlich Ausdruck des Standortes der Schule in der Innenstadt und ihrer Bestimmung als höherer Lehranstalt (Abb. 57). Die Gemeindeschule in der Pappelallee wurde zu einem viergeschossigen, ku-

56 Gemeindeschule Pappelallee 30–31; Hermann Blankenstein, voll. 1874.
57 Dorotheenstädtisches Realgymnasium, Georgenstraße; Hermann Blankenstein, voll. 1874.

Der Vergleich zwischen dem Realgymnasium und der Gemeindeschule, beide zeitgleich vom gleichen Architekten entworfen, führt vor Augen, daß trotz übereinstimmendem Bautypus ein unterschiedlicher gestalterischer Aufwand im Erscheinungsbild in Abhängigkeit vom Rang der Aufgabe, dem sozialen Stand der Nutzer und auch dem Standort in der Stadt offensichtlich eine Rolle spielten. Der Anspruch an eine funktionsgerechte Lösung hatte darunter indessen nicht zu leiden. Unabhängig davon vermittelte die Gemeindeschule mit der Gesamtlänge ihrer Fassade, den geringen Pfeilerbreiten zwischen den Fenstern und den insgesamt vier Stockwerken den Eindruck eines stark ausgenutzten Baukörpers, während die Fassade des Gymnasiums eine vornehme Ruhe ausstrahlte. Die Entwurfshaltung Blankensteins für die Zwölf Apostel-Kirche dürfte die Voraussetzung für die Fassadengestaltung der Gemeindeschule gewesen sein.

bischen Baukörper mit einem nahezu gleichförmigen Raster von Fensteröffnungen in einem fast flächigen Fassadenrelief; aus der Einheitlichkeit der Fensteranordnung wich nur das letzte Stockwerk mit seiner Folge von Fenstergruppen von je drei Rundbogenfenstern ab. Einfacher und sachlicher konnte ein Bau in dieser Zeit nicht ausfallen.
Der Stadtrat für Hochbau führte noch nicht einmal alle Bauaufgaben des Magistrats aus. Bei Aufgaben wie dem Krankenhausbau wurden bereits vor der Berufung von Blankenstein für diese Gattung spezialisierte Architekten beauftragt: Von 1868 an bauten Gropius & Schmieden das städtische Krankenhaus am Friedrichshain.

Der Brückenbau

Ende 1875 gingen die bis dahin im fiskalischen Eigentum stehenden Brücken in das Vermögen der Stadt Berlin über, die damit alle Pflichten zur Unterhaltung und zum Neubau von Brücken übernahm.[2] War die Baerwald-Brücke über den Landwehrkanal, im Bau 1876 begonnen, noch eine massive Gewölbebrücke mit knapper Formengebung (Abb. 58), so wurden von 1877 an alle Brücken mit größerer Spannweite als dreijochige Stahlkonstruktionen mit Bogenfachwerkträgern ausgeführt: die Michael-Brücke 1877–1879 (Abb. 59), die Unterbaum(Kronprinzen)-Brücke 1877–1879 und die Admiral-Brücke 1880–1882. Die unverkleidete Stahlkonstruktion löste damit die traditionelle Bauweise der gemauerten Bogenbrücken ab.

58 Baerwald-Brücke über den Landwehrkanal im Zuge der Baerwaldt- und Prinzenstraße, 1876–1878.
59 Michael-Brücke über die Spree im Zuge der Michaelkirch-Straße, 1877–1879.

Auch die gemauerten Bogenbrücken wurden zu Bauwerken mit sachbezogenem Ausdruckswert, selbst wenn sie mit der Bänderung in den Sichtflächen des Ziegelmauerwerkes oder dem Konsolfries in Höhe der Fahrbahndecke auf gängige Architekturdetails zurückgriffen. Brücken waren in den siebziger Jahren eine konstruktiv nüchtern zu bewältigende Bauaufgabe und so gut wie keine Angelegenheit repräsentativer Entwurfslösungen. Die eisernen Brückenkonstruktionen gaben deshalb in den Ansichtsflächen ihrer einzelnen Joche die zur Lastabtragung statisch notwendige Anordnung der Konstruktionsglieder unverkleidet zu erkennen. Den steinernen wie den eisernen Brücken gemeinsam war das Merkmal einer schlanken Konstruktion: Die Scheitelpunkte der Bögen wurden im Verhältnis zur Fahrbahndecke so knapp wie technisch möglich gehalten. Scheitelhöhe und Bogenform entstanden aus der Notwendigkeit, die für die Schiffahrt erforderlichen Durchfahrtshöhen und -breiten zu gewährleisten.

Die Kirchen

Mit Ausnahme der Zwölf-Apostel-Kirche von Blankenstein (Abb. 55) wurde nach der Reichsgründung keine weitere Kirche in der Stadt errichtet. Zum letzten großen Bau vor dieser Zäsur war der noch mit Förderung des königlichen Hauses betriebene Bau der Zionskirche geworden, deren Gemeindeleben nun als Spiegel der Zeit von den Auseinandersetzungen zwischen den konservativen Geistlichen und den mehrheitlich liberal eingestellten Gemeindevertretern geprägt wurde.[3] Der Bau des Staatsdomes neben dem Schloß fand nach einem so bedeutsamen Ereignis wie der Reichsgründung keine Beförderung, es kam noch nicht einmal ein weiterer Wettbewerb zustande. Selbst wenn August Orth in Zusammenhang mit seinen Planungen zum Durchbruch der Kaiser-Wilhelm-Straße ein solches Bauwerk als städtebauliche Dominante einsetzte, entfaltete es kaum Wirkung.[4] Der Kirchenbau war im liberalen Jahrzehnt kein Thema.

1 Uwe Kieling und Felix H. Blankenstein: Hermann Blankenstein – Berliner Stadtbaurat für Hochbau 1872–1896, in: Beiträge zur Berliner Baugeschichte und Denkmalpflege, hrsg. v. Dieter Winkler, Berlin 1987, S. 21 f.

2 Die Straßenbrucken der Stadt Berlin, hrsg. v. Magistrat, Berlin 1902, S. 44.

3 Ulrich Mayer: Die Anfänge der Zionsgemeinde in Berlin. Ein Beispiel für die Entstehung von Kirchengemeinden in Großstädten des 19. Jahrhunderts, Bielefeld 1988, S. 91 ff. (Unio und Confessio Bd. 12).

4 Karl-Heinz Klingenburg: Der Berliner Dom. Bauten, Ideen und Projekte vom 15. Jahrhundert bis zur Gegenwart, Berlin 1987, S. 158.

55 Zwölf-Apostel-Kirche, Apostelkirchplatz; Hermann Blankenstein, 1871–1872.

Die im althergebrachten Typus der Schinkelschen Vorstadtkirchen gehaltene Emporenkirche wurde durch die Entwurfshandschrift Blankensteins in ein modernes Gebäude verwandelt – vielleicht gerade weil die Gemeinde zu dieser Zeit nicht reich war. Der fast kubische Baukörper des Langhauses wurde durch seine Wandflächen bestimmt, in die die Fenster erkennbar mit Abstand von den Strebepfeilern eingeschnitten wurden. Das etwa in halber Fassadenhöhe umlaufende Fensterbankgesims vermittelte dabei den Eindruck eher stumpfer als ausgesprochen vertikaler Proportionen. Wiederholung der wenigen Detailmotive in Kranz- und Gurtgesims, die schlichten, rechtwinklig eingeschnittenen Gewände und das aus Normalsteinen ausgeführte Maßwerk der Fenster waren gerade wegen der Konsequenz ihrer Anwendung als künstlerisch gewollte Handschrift zu bewerten.

Die frühen achtziger Jahre: der Umbruch in eine konservative Welt

Der Umbruch

Der Beginn der Entwicklung zum Neubarock fiel in den Jahren gegen 1885 mit einer Abwehr ingenieurstechnischer Konstruktionsweisen sowohl im Hochbau als auch im Brückenbau zusammen. Der Neubarock entwickelte sich augenfällig nach einschneidenden Veränderungen in der Innenpolitik.

1876 war, begünstigt durch Bismarck, die Deutsche Konservative Partei gegründet worden. Ihr Gründungsaufruf hob neben der Stärkung des deutschen Nationalgedankens die Abwehr »der schrankenlosen Freiheit nach liberaler Theorie« und den Widerstand gegenüber »den Ausschreitungen der sozialistischen Irrlehren« hervor, betonte »die berechtigte Selbständigkeit und Eigenart der einzelnen Staaten, Provinzen und Stämme«, deren Selbstverwaltung »nicht auf das allgemeine Wahlrecht, sondern auf die natürlichen Gruppen und organischen Gliederungen des Volkes« gegründet sein solle.[1] Im August 1880 waren die nationalliberale Partei und ihre Reichstagsfraktion zerbrochen, und in der staatspolitischen Vorstellungswelt des Reichskanzlers war immer deutlicher geworden, »daß – so Bismarck 1884 im Reichstag – die politischen Parteien und politischen Programme« als ausschließliche Vertreter von Partikularinteressen »sich überlebt haben«.[2] Aus der nach dieser Einschätzung für das politische Überleben des Staates gebotenen Neuordnung mußte der Reichskanzler – wobei er mit dem Begriff des Absolutismus die Begrifflichkeit und damit wohl auch den Inhalt des barocken Staatswesens beschwor – notwendigerweise mit der Auflösung des Reichstages drohen, wenn dieser ihm nicht folgen wollte. Bismarck am 16. Juni 1882 im Reichstag: »Ich würde ... keinen Augenblick anstehen, die Sprache des Absolutismus zu reden, wenn ich mich überzeugen müßte – wovon ich bisher nicht überzeugt bin –, daß Absolutismus und Patriotismus übereinstimmend sind, daß die deutsche Nationalität, die deutsche Unabhängigkeit nach außen und innen Schutz und Würdigung nur bei den Dynastien findet, ... kurz und gut, wenn ich optieren müßte zwischen meinem Vaterlande und der parlamentarischen Majorität, so kann meine Wahl niemals zweifelhaft sein.«[3] Das alte monarchische Prinzip außerhalb einer parlamentarischen Verfassung als Verkörperung des Gesamtstaates und dessen Gesamtinteresses wurde wiederum Grundlage seines Staatsverständnisses, in dem die Abgeordneten der gewählten Volksvertretungen als Drohnen keinen Platz mehr haben konnten.[4]

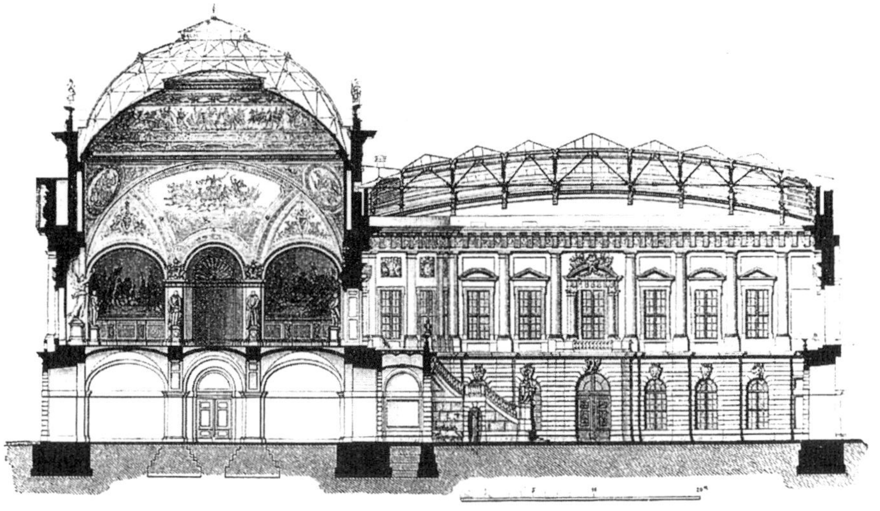

61 Zeughaus, Längsschnitt.
60 Zeughaus als Ruhmeshalle des preußisch-deutschen Heeres – Herrscherhalle, Unter den Linden; Friedrich Hitzig, beg. 1877.

Die Kuppel war als Würdeform offensichtlich unverzichtbar, um die Herrscherhalle zum neuen Mittelpunkt des historischen Gebäudes werden zu lassen. Das Zeughaus war bis dahin als Typus ein dreischiffiges, den Hof gleichmäßig umlaufendes Magazingebäude, das mit dem Umbau durch Hitzig in einen vom Haupteingang Unter den Linden ausgehenden axialen Bau mit jetzt überglastem Innenhof verändert wurde; die Herrscherhalle geriet zum würdevollen Endpunkt der neuen Achse. Das durch Malerei und Standbilder für die Herrscherhalle zum Ausdruck zu bringende ikonographische Programm wurde offensichtlich für so bedeutsam erachtet, daß die Innenflächen der Kuppel über ihre Grundformen hinaus keine architektonischen Binnengliederungen mehr erhielten. Obgleich die Kuppel zeitgenössisch flach ausgebildet worden war, fand im Vergleich zur Höhe der Arkadenöffnung eine räumliche Überhöhung um das Anderthalbfache statt.

Am 15. Oktober 1880 lag die Verordnung betreffend die Errichtung eines Volkswirtschaftsrats als Entwurf vor: Der Volkswirtschaftsrat sollte in direkter Mitwirkung am Parlament vorbei bei der Vorbereitung von Gesetzesvorlagen tätig werden. Der Vorschlag zur Verfassungsänderung vom 5. Mai 1881, der die Einführung neuer Sitzungsperioden in größeren zeitlichen Abständen zum Inhalt hatte und damit auf eine Schwächung des Reichstages zielte, ließ ebenso wie das Instrument des Volkswirtschaftsrates in den Augen der Kritiker »absolutistische und selbstsüchtige Tendenzen«[5] erkennen. Eugen Richter, der Führer der Fortschrittspartei, brachte im Wahlkampf zur Reichstagswahl von 1881 die anstehende Wahlentscheidung auf die griffige Formel »Liberales oder diktatorisches Regiment«.[6] Die Konservativen erreichten in den Reichstagswahlen zwischen 1878 und 1887 Stimmenanteile von 26,6 %, 23,7 %, 22,1 % und 25 %.
Die Auseinandersetzungen waren kein nur politisches Phänomen, aus konservativer Sicht war eine grundsätzliche Kritik an den allgemein herrschenden gesellschaftlichen Zuständen angebracht: »In der Familie, in der Gemeinde, im Staate, überall trete Opposition nicht als berechtigte Kritik, sondern als Auflehnung gegen menschliches und göttliches Gesetz unter Verhöhnung der Religion auf.«[7] 1880 gründete Adolf Stoecker seine sozialkonservative Berliner Bewegung, die mit antisemitischen, antisozialistischen, aber auch antikapitalistischen Zielen die kleinbürgerlichen und proletarischen Gesellschaftschichten für konservative Inhalte zu binden versuchte – kennzeichnenderweise löste sich die Bewegung 1890 auf. Ebenfalls im Jahre 1880 wurde § 32 des Gesetzes über die Gewerbefreiheit für die Länder des Norddeutschen Bundes eingeschränkt, so daß nun der Bewerber um die Konzession eines Theaterbetriebes einen Nachweis seiner Zuverlässigkeit in sittlicher, künstlerischer und finanzieller Hinsicht erbringen mußte.[8]
Für ein solches konservatives Staatsverständnis war die Armee unverzichtbar. Seit 1874 vorbereitet, wurde mit Unterstützung der Neukonservativen Partei gegen den erklärten Widerstand der Liberalen und des Zentrums im preußischen Abgeordnetenhaus »aus dem Zeughause in Berlin

eine Ruhmeshalle für die preußische Armee.«[9] (Abb. 60, Abb. 61). Mit dem Bau wurde 1877 nach dem Entwurf von Friedrich Hitzig begonnen, die Konzeption für das in den frühen achtziger Jahren ausgeführte ikonographische Programm war spätestens 1881–1882 abgeschlossen. Seinen Mittelpunkt fand es in der Herrscherhalle als Zentrum des umgebauten Hauses und seinen Zielpunkt in dem nun eingeführten axialen Zugang mit einer monumentalen Figur der Viktoria, die von den bildlichen Darstellungen der Selbstkrönung Friedrichs I. 1701 in Königsberg und der Kaiserproklamation im Schloß von Versailles sowie den Statuen des Großen Kurfürsten und Wilhelms I. eingefaßt wurde – eine Ableitung herrschaftlicher Legitimation für den derzeit regierenden Monarchen, wie sie seit dem Barock im Königreich Preußen üblich war. Volksheer und modernes Staatswesen erhielten in dieser Ruhmeshalle keinen Anteil zugesprochen. Es war allein die Welt des von Bismarck im Reichstag zeitgleich angedrohten Neu-Absolutismus.
Nicht von ungefähr hatte der Kronprinz seit 1875 etwa zum Zeitpunkt der Aufnahme der Zeughauspläne den Weiterbau des Campo Santo neben den alten Fundamenten des Domes aus der Zeit Friedrich Wilhelms IV. vorangetrieben und 1880 den Bau des Domes selber erneut ins Spiel gebracht[10], doch scheiterten diese Vorstellungen vermutlich noch an den liberalen Nachwirkungen der siebziger Jahre. Solche Überlegungen zum Dombau wurden lediglich innerhalb der königlichen Familie angestellt und überschritten nie die inneren Kreise der Staatsregierung, selbst wenn Reinhold Persius 1881–1882 ein Dom-Projekt ausgearbeitet hatte.[11] Auch der Schinkel-Wettbewerb zum Dom von 1884 mit dem Preisträger W. Schleicher brachte keine Bewegung in die Angelegenheit.

Der zweite Reichstagswettbewerb von 1882

In der Konfliktsituation mit Bismarck, wie sie sich seit 1879–1880 herausgebildet hatte, mußte der Reichstag erneut auf einen Neubau drängen, wenn er sich nicht von vornherein dem Diktat des Reichskanzlers beugen wollte. So wurde die Angelegenheit mit der Frage nach dem Bauplatz im Juli 1879 wieder aufgegriffen.[12] Am 13. Dezember 1881 entschied sich der Reichstag für den Bauplatz an der Stelle des Palais Raczynski.[13] Zuvor hatte Bismarck in der Sitzung am 15. März 1881 dem Reichstag erneut seine Mißachtung deutlich gemacht, indem er sich »den Gedanken nicht verschließen [wollte], daß der Reichstag und die Zentralbehörden besser in einer anderen, weniger bevölkerten Stadt als Berlin ihren Sitz erhielten«[14] – möglicherweise nur eine ohnmächtige Drohung, um den Reichstag von seinen Bauplänen abzubringen. Das Programm für den Entwurf eines Reichstagsgebäudes datierte dann bereits vom 1. Februar 1882. Bei diesem zweiten Wettbewerb wurde der Sieger Paul Wallot, dessen Motto kennzeichnenderweise Für Staat und Stadt lautete, gleich im ersten Wahlgang mit eindeutiger Stimmenmehrheit zum Sieger bestimmt. Den Ausschlag für diese schnelle Entscheidung dürfte neben der Dringlichkeit, zu einem eigenen Haus zu kommen, auch der künstlerische Lösungsvorschlag gegeben haben, der von der Silhouettenwirkung mit den vier Ecktürmen und

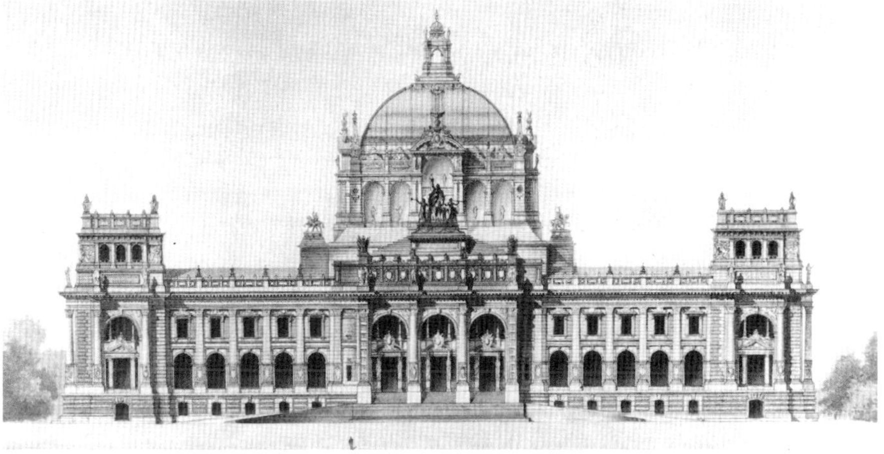

62 Reichstag, Wettbewerbsbeitrag; Paul Wallot, 1882.
63 Reichstag, Überarbeitung des Wettbewerbsbeitrages; Paul Wallot, 1883.
64 Reichstag; Paul Wallot, 1884–1894.

Die Veränderungen zwischen dem Wettbewerbsbeitrag, der ersten großen Überarbeitung von 1883 und der Ausführung ab 1884 bestanden nicht nur in der Einführung einer Großordnung für die beiden Hauptgeschosse, sondern beginnend mit der Bauausführung zusätzlich in einem merklichen Zurückdrängen von Details, mit denen das Erscheinungsbild wesentlich unruhiger ausgefallen wäre. Die Eckverquaderungen, wirksam vor allem an den Außentürmen, wurden aufgegeben, eine Kolossalordnung ohne Postamente entstand, und das breite Gurtgesims oberhalb der Arkadenöffnungen des Hauptgeschosses verschwand zugunsten eines einfacheren Bankgesimses unter den Obergeschoßfenstern. Der Wappenfries oberhalb des Westeinganges wich einem klaren Dreiecksgiebel und das Triumphbogenmotiv insgesamt einem Säulenportikus, das Sockelgeschoß wurde durchgehend gequadert und nicht mehr in einzelne Quaderpfeiler aufgelöst. Das Bauwerk verlor in der Fassade merklich seinen ursprünglich renaissancistischen Einschlag. Über alle Entwicklungsstadien beibehalten wurde dagegen die Silhouette des Gebäudes.

65 Wohn- und Geschäftshaus A.W. Faber, Französische Straße 49 Ecke Friedrichstraße; Hans Grisebach, 1882–1883.

der Kuppel über dem Plenarsaal bestimmt wurde; dieses Entwurfskonzept behielt man bei allen nachfolgenden Veränderungen bei (Abb. 62).
Die Akademie des Bauwesens, der nach dem Wettbewerb ein erster weiterbearbeiteter Entwurf Wallots vorgelegt worden war, empfahl in ihrem Gutachten vom 1. Mai 1883, aufgrund der gegenüber der Wettbewerbsarbeit im nachhinein veränderten funktionalen Anforderungen den Architekten von Raumgestaltung und äußerer Erscheinung seines preisgekrönten Entwurfes zu entbinden.[15] Wallot mußte diese Möglichkeit dankbar ergriffen haben, denn der Entwurf, der am 5. Dezember 1883 die allerhöchste Genehmigung erhielt, war im Fassadenaufbau wesentlich verändert worden (Abb. 63): Die kleinteilige renaissancistische Architektur mit Sockel- und Hauptgeschoß von 1882 war jetzt einer die gesamte Fassadenhöhe übergreifenden Anordnung von Kolossalpilastern gewichen und damit die Entwicklung in eine monumentale, barock wirkende Ordnung freigemacht worden; verschwunden war damit auch das gequaderte Erdgeschoß zugunsten eines weit niedrigeren Sockelgeschosses. Daß sich Wallot nun nicht mehr an vordergründig historisierende Entlehnungen halten wollte, machte er noch 1897 – wenn vielleicht auch unter dem Eindruck der Entwicklung der neunziger Jahre zur Moderne – deutlich: »Ich bin der Meinung, dass man das, was andere Zeiten und andere Völker hervorgebracht haben, ihnen auch als Eigenthum belassen soll. ... Was die Vergangenheit hervorbrachte, sollte nicht als Kapital angesehen werden, von welchem man unmittelbar zehrt, oder von dem man auch nur die Zinsen verbraucht, sondern als ein Kapital, das in neuen Unternehmungen angelegt und im Umsetzen vermehrt werden soll. ... Gewiss, es ist durchaus unerlässlich, dass man die Werke der Vorfahren, auch die der Griechen und Römer, studire – aber die Kenntniss derselben soll nur zum Schwungbrett dienen, um sich durch sie zu neuen eigenartigen Schöpfungen zu erheben.«[16] Wallot stellte sein Werk nicht in Beziehung zu den herrschenden Stilströmungen der achtziger Jahre, sondern der nur indirekt ausgesprochene Bezug zur klassischen Antike sollte wohl den Maßstab angeben, an dem der Architekt gemessen werden wollte. Jedenfalls paßte dieser Reichstag wohl kaum in die Bismarckschen Ordnungsvorstellungen (Abb. 64).

Barock als neue Stilform, der junge Alfred Messel

1882–1883 war unmittelbar vor der Planänderung des Reichstages nach dem Entwurf von Hans Grisebach das Geschäfts- und Wohnhaus der Firma A.W. Faber, Französische Straße 49 Ecke Friedrichstraße entstanden (Abb. 65).[17] Der spätere Teilhaber Grisebachs, Georg Dinklage, urteilte über dieses Haus: »So wirkte denn Grisebachs Entwurf für das Fabersche Haus in seiner unakademischen künstlerischen Freiheit wie eine Überraschung, wie eine Offenbarung – jedenfalls bahnbrechend.«[18] Diese bahnbrechende Wirkung wird weniger auf dem Typus des Wohn- und Geschäftshauses beruht haben als vielmehr auf der starken Eckbetonung und der lebhaften Dachlandschaft, mit der sich Grisebach deutlich von der zeitgenössischen Architektur abheben konnte. Die verwendeten Renais-

66 Wohn- und Geschäftshaus, Kaiser-Wilhelm-Straße Ecke Burgstraße; Cremer & Wolffenstein, 1885.

Selbst wenn das eine Wohn- und Geschäftshaus die Formenwelt der Renaissance bemühte und das andere die des Barock, stimmten beide im Typus des Hauses überein und brachten neu in die Architektur Berlins eine bewegte Gebäudesilhouette, die nicht ohne Eckturm und sichtbares Dach sowie ohne Dachausbauten und in der Fassade ohne Erker sowie Balkone auskommen konnte. Zusätzlich wurden bei Cremer & Wolffenstein sogar die Fenster der Wohngeschosse unter sich noch einmal differenziert: An den Eckturm schlossen sich jeweils Exedren als Balkonaustritt an; die dann folgenden drei Achsen zeichneten unterschiedlich große und mit Halbkreis- oder Korbbogen abgeschlossene Fenster, die ihrerseits wiederum unterschiedliche Verdachungen zur Folge hatten, aus. Anders als der in seiner Entwurfshandschrift stringentere und darum wohl noch in der Tradition der siebziger Jahre stehende Grisebach neigten Cremer & Wolffenstein zu ausholender Detailierung.

sanceformen belegten nur die Nachrangigkeit des Dekorationssystems gegenüber der Grundauffassung in der Anlage des Baukörpers. Der künstlerische Eindruck ging offensichtlich ferner auf die Haltung Grisebachs hinsichtlich der technischen Konstruktion des Hauses zurück, denn »von einer Verwendung des Eisens zu Stützen und Trägern [war] grundsätzlich Abstand genommen« [19] worden. Offensichtlich sollte dem traditionellen Mauerwerksbau gegenüber der modernen Baumethode mit ihrer Verwendung von eisernen Stützen und preußischen Kappendecken Vorrang eingeräumt werden. Es äußerte sich somit in den frühen achtziger Jahren ein grundsätzlicher Unterschied in der Entwurfshaltung zwischen moderner und traditioneller Auffassung, zumal wenn die zeitgenössische Berichterstattung diesen Unterschied bereits derart nachdrücklich hervorhob.

Die neuen Geschäftshäuser von Grisebach und Cremer & Wolffenstein, die mit der wirtschaftlichen Belebung in den frühen achtziger Jahren entstanden, folgten somit bewußt einem anderen Duktus als die ersten Vertreter dieser Gattung aus der Zeit der Reichsgründung: Der Prototyp des frühen Geschäftshauses, das sogenannte Rote Schloß von Ende & Böckmann aus den Jahren 1866–1867 an der Werder- und Unterwasserstraße, hatte sehr deutlich eine fast skeletthafte Aufgliederung der beiden Gewerbegeschosse vorgeführt [20], während in den achtziger Jahren an gleicher Stelle die gemauerte Arkade zum Thema wurde.
Zwei Jahre später als Grisebachs Geschäfts- und Wohnhausbau für Faber begann 1885–1887 an der neu angelegten Kaiser-Wilhelm-Straße zwischen Burgstraße und Heilig-Geist-Straße an städtebaulich herausragender Stelle die wegen der Verwendung ihrer Dekorationsformen nicht minder spektakuläre Errichtung der Geschäfts- und Wohnhäuser durch Cremer & Wolffenstein [21], die sich den Grisebachschen Entwurfsprinzipien anschlossen (Abb. 66). Unmittelbar hinter Schloß und Dom auf dem östlichen Ufer der Spree gelegen bildete die auf beiden Straßenseiten spiegelbildlich ausgelegte Bautengruppe den Auftakt für den von August Orth projektierten Straßendurchbruch. Cremer & Wolffenstein, die erst 1882 ihre Bürogemeinschaft gegründet hatten [22], waren zuvor als Sieger aus dem Wettbewerb für die Bebauung der Kaiser-Wilhelm-Straße hervorgegangen. Beide waren nur wenige Jahre älter als Hans Grisebach. Der Typus des Geschäfts- und Wohnhauses gab sich auch bei ihnen mit den beiden in einer Arkade zusammengefaßten unteren Stockwerken und den Wohnzwecken dienenden beiden oberen Geschossen zu erkennen. Neu war bei ihnen dagegen die Verwendung eines dem Barock entlehnten Formenapparates bei ebenfalls bewegter Baukörpersilhouette mit dem sich von jetzt an durchsetzenden Eckturm mit Kuppel. Berlin und seine Bauten von 1896 bemerkte dann auch, daß diese Bauten »zu den ersten Beispielen einer Wiederanwendung des Barockstils in Berlin zählen.« [23] Die Architekten hatten, möglicherweise als Reverenz gegenüber dem Schloß, bereits eine Formenwelt aufgegriffen, die sich dann erst unter Wilhelm II. entwickeln wird. Cremer & Wolffenstein verwendeten in den achtziger Jahren bei anderen Bauaufgaben wiederum Entlehnungen aus dem Barock, die sie auch weiterhin als Dekorationssystem auf den modernen Gebäudetypus des Wohn- und Geschäftshauses aufsetzten.
Die mit dem Durchbruch der Kaiser-Wilhelm-Straße ausgelösten 37 Neubauten waren vertragsgemäß am 1. Oktober 1887 nach den Entwürfen von Ende & Böckmann, Holst & Zaar, Schütz & Lauenburg sowie Cremer & Wolffenstein fertiggestellt – die noch nicht voll entwickelte wirtschaftliche Konjunktur führte dann auch prompt zu Schwierigkeiten in der Vermietung.[24] Das Geschäftshaus Neue Friedrichstraße 70 und 71 von Holst & Zaar aus den Jahren 1886–1887 verharrte gegenüber den gleichzeitigen Bauten von Cremer & Wolffenstein bei der Gestaltung der beiden unteren Gewerbegeschosse in der Tradition der Reichsgründungszeit, die Wohnobergeschosse folgten der Renaissance. Aber nicht nur mit der von ihnen verwendeten Formenwelt, sondern auch in der künstlerischen Auffassung verrieten Cremer & Wolffenstein die Entwicklung hin zu einer plastischen

Ansprache des Baukörpers, die sich nicht nur in der Bildung eines Eckturms, sondern bis in die Differenzierung der Obergeschoßfenster beispielhaft ausdrückte.
Selbst der junge Alfred Messel trat mit dem 1886–1888 ausgeführten Werderhaus mit einer Übernahme von Barockformen an die Öffentlichkeit, doch mußte sich dieser Habitus mit einem funktionalen, wahrscheinlich von der Bauherrschaft eingebrachten Erfordernis auseinandersetzen (Abb. 67, Abb. 68). Grundsätzlich vorgegeben war für diese Bauaufgabe die maximale Ausnutzung des Tageslichtes: »Die Grössen der Fenster sind der Tiefe der Räume angepasst. Die Hoffenster bilden zum Theil ein vom Keller bis zum obersten Stockwerk durchgehendes Eisengerüst. Die trennenden Pfeiler derselben sind auf das nothwendigste Maass beschränkt. Im Erdgeschoß sind vielfach die sogenannten englischen Fenster verwendet worden. Um dem Licht möglichst tiefen Einfall in die Räume zu gewähren, ist bei diesen der obere Anschlag bis in die Brüstung des I. Stockwerks gehoben, und letztere nach hinten abgeschrägt worden.«[25] Damit war der Architekt an eine Art Skelettbauweise gebunden, denn nur mit dieser Form konnte die größtmögliche Lichtausbeute erreicht werden – die Hoffassade war folglich nur noch ein durchgehendes Eisengerüst. Die in der Straßenfassade stehenden Pfeiler besetzte Messel mit barocken Motiven, wie er auch ein Mansarddach ausführte und eine Mittelachse betonte. Aber innerhalb kurzer Zeit wurde dieser dekorativ barocke Duktus mit dem letzten Haus in der Werderstraße abgelegt und unter Zurückdrängen der großmotivigen Zierformen und der Formenvielfalt dem Gerüst von barocken Stützen und Gebälken, das über die Fassade flächig ausgebreitet wurde, die Vorherrschaft im Erscheinungsbild eingeräumt (Abb. 67). Damit hatte Messel den Beginn einer Entwicklung gefunden, die 1893 in seinem ersten Kaufhausbau für Wertheim in der Kreuzberger Oranienstraße seinen folgerichtigen Ausdruck finden sollte. Messel benutzte 1886 einen Fassadenaufbau, den kurz zuvor fast in direkter Nachbarschaft am Hausvogteiplatz 6–7 Wilhelm Mertens 1884–1885 verwendet hatte (Abb. 69).

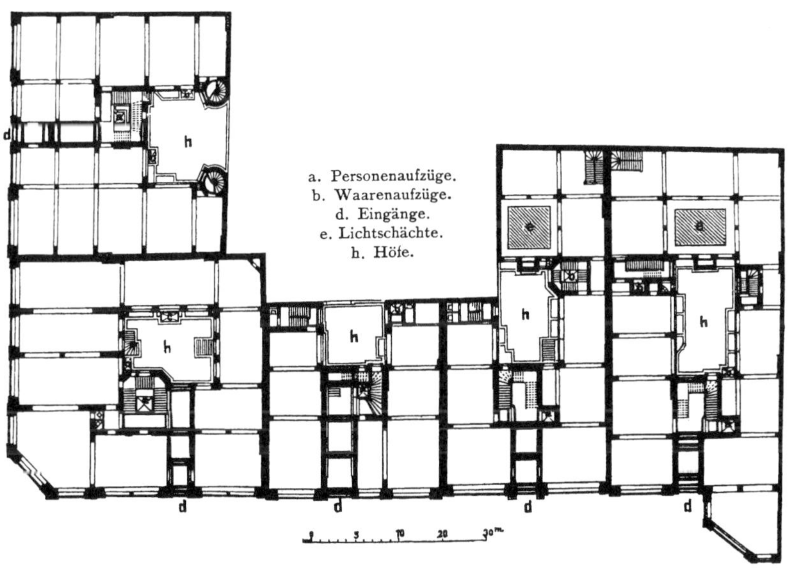

67 Geschäftshaus Werderhaus, Kurstraße Ecke Werderstraße; Alfred Messel 1886–1887.
68 Geschäftshaus Werderhaus – Grundriß.

Abweichend vom älteren Typus des Wohn- und Geschäftshauses, bei dem nur die beiden unteren Geschosse in ihrer gestalterischen Behandlung die Nutzung für gewerbliche Zwecke verrieten, zeigte der Messelsche Entwurf deutlich auch die Verwendung der beiden oberen Stockwerke für Geschäftszwecke an; lediglich das Mezzanin gab sich noch als Wohngeschoß zu erkennen. Der Baukörper gliederte sich erkennbar, einerseits in durch Hauseingänge bedingte Risalite, die geschlossenere Flächen aufwiesen und die bei der Ecklösung an der Ecke Werder- und Kurstraße sogar detailreich ausgeschmückt sein konnten, und andererseits in die zwischen den Risaliten liegenden Fassadenflächen, in denen jeweils zwei Stockwerke zusammengefaßt und lediglich noch durch eingestellte vertikale und horizontale Stützen und Gebälke untergliedert wurden. Sonst herrschten die großen, verschiedenen in sich unterteilten Fensterflächen vor.
In der Grundrißentwicklung der Häuser war in Abhängigkeit vom Zuschnitt des jeweiligen Einzelgrundstücks die Tendenz zur streng spiegelbildlichen Aufteilung zu erkennen, wie sie mit dem letzten Haus in der Werderstraße erreicht wurde. Konsequenter als im Fassadenaufriß gab sich im Grundriß die Haltung des Architekten zu erkennen.

69 Geschäftshaus, Hausvogteiplatz 6–7; Wilhelm Martens, 1884–1885.

Das Geschäftshaus machte deutlich, daß sich zeitgleich neben den sich konservativ gebenden Wohn- und Geschäftshäusern von Grisebach sowie Cremer & Wolffenstein ein zweiter Typus – das fast reine Geschäftshaus – mit einem eigenen Duktus zu entwickeln begann. Ein die vier Hauptgeschosse insgesamt umfassender Pfeilerbau beherrschte dabei das Erscheinungsbild der Fassade. Im Gegensatz zu Messels Werderhäusern übertrug Martens das Gliederungsschema auch auf die beiden Endachsen sowie auf die Mittelachse. Gegenüber Grisebach sowie Cremer & Wolffenstein war das Martenssche Gebäude modern.

Die Spreebrücken

Zwar wurde die seit 1877 im Brückenbau eingesetzte Stahlbauweise auch künftig beibehalten, mit der Kanalisierung der Spree und der damit verbesserten Regulierung ihrer Hochwasserstände wurde es – in einer vordergründigen Erklärung – nun technisch möglich, »häufiger als vorher steinerne anstatt eiserner Brücken zu bauen ..., ein Gewinn, der aus ästhetischen und praktischen Gründen nicht hoch genug angeschlagen werden kann. Steinerne Brücken bieten vermöge ihres Baustoffes der architektonischen Ausgestaltung und Gliederung, der künstlerischen Ausschmückung ein weiteres und günstigeres Feld, als eiserne.«[26] Dieser Wechsel, die künstlerischen Ausdrucksmöglichkeiten und damit nicht mehr die ingenieursmäßige Stahlkonstruktion in den Vordergrund zu stellen, wurde von dem am 30. Dezember 1884 mit Amtsantritt zum 1. Mai 1885 zum Stadtbaurat für Straßen- und Brückenbau gewählten James Hobrecht getragen, doch gab Hobrecht nur einer bereits im Gang befindlichen Entwicklung Ausdruck. Der Bau steinerner Brücken war bereits mit der in der Trasse des Straßendurchbruchs der Kaiser-Wilhelm-Straße anzulegenden Kaiser-Wilhelm-Brücke eingeleitet worden, deren Grundkonzept wesentlich Oberhofbaurat Reinhold Persius entworfen hatte und das im Juni 1885 die allerhöchste Zustimmung fand. Die zeitgleich projektierte, gleichwohl erst 1888 begonnene Moltke-Brücke (Abb. 70) belegte dann als erstes Beispiel die neue Haltung des konservativen Brückenbaus mit seinen Anlehnungen an barocke Einzelformen.

70 Moltke-Brücke, entw. 1885, beg. 1888.

Auch der Brückenbau folgte den gestalterischen Änderungen, die sich seit den frühen achtziger Jahren im konservativen Hochbau vollzogen hatten. Stahlkonstruktionen wurden zumindest bei bestimmten Brükkenbauten zugunsten von Bogenbrücken mit traditionellen Baumaterialien aufgegeben. Mit der Verwendung der dekorativen Details wurde zusätzlich der Anschluß an das Neu-Barock gesucht.

1 Wilhelm Mommsen: Deutsche Parteiprogramme, München o.J., S. 67 ff. (Deutsches Handbuch der Politik, Bd. 1).
2 Zit. nach Lothar Gall: Bismarck. Der weiße Revolutionär, Frankfurt/Main-Berlin-Wien 1980, S. 601.
3 Zit. nach Karl Erich Born: Von der Reichsgründung bis zum Ersten Weltkrieg, Stuttgart 1981, S. 132 (Gebhardt: Handbuch der deutschen Geschichte, neunte, neu bearb. Auflage, hrsg. v. Herbert Grundmann, Bd. 16).
4 Zit. nach Lothar Gall: Bismarck a.a.O., S. 611.
5 Zit. nach Lothar Gall: Bismarck a.a.O., S. 604.
6 Zit. nach Ernst Engelberg: Bismarck. Das Reich in der Mitte Europas, Berlin 1990, S. 325.
7 Graf Eulenburg, zit. nach Michael Stürmer: Das ruhelose Reich. Deutschland 1866–1918, o. O. (Berlin) o.J., S. 216 f.
8 Ruth Freydank (Hrsg.): Theater als Geschäft. Berlin und seine Privattheater um die Jahrhundertwende, Berlin 1995, S. 11.
9 Wilhelm I., zit. nach Monika Arndt: Die »Ruhmeshalle« im Berliner Zeughaus. Eine Selbstdarstellung Preussens nach der Reichsgründung, Berlin 1985, S. 27 (Die Bauwerke und Kunstdenkmäler von Berlin, hrsg. v. Senator für Stadtentwicklung und Umweltschutz – Landeskonservator, Beih. 12).
10 Carl-Wolfgang Schümann: Der Berliner Dom im 19. Jahrhundert, Berlin 1980, S. 201 ff. (Die Bauwerke und Kunstdenkmäler von Berlin, hrsg. v. Senator für Bau- und Wohnungswesen – Landeskonservator, Beih. 3).
11 Karl-Heinz Klingenburg: Der Berliner Dom a.a.O., S. 160.
12 Michael S. Cullen: Der Reichstag a.a.O., S. 111.
13 Michael S. Cullen: Der Reichstag a.a.O., S. 120.
14 Zit. nach Michael S. Cullen: Der Reichstag a.a.O., S. 117.
15 Das Reichstagsgebäude in Berlin von Paul Wallot, a.a.O., S. 9.
16 Das Reichstagsgebäude in Berlin von Paul Wallot, a.a.O., S. VI.
17 BusB 1896, T. III, S. 51
18 Hans Grisebach, Architekt der Gründerjahre. Seine Zeichnungen in der Kunstbibliothek Berlin, Berlin 1974, S. 9 (Sammlungskataloge der Kunstbibliothek Berlin, 7, bearb. v. Ekhart Berckenhagen)
19 BusB 1896, T. III, S. 51.
20 BusB 1877, T. 1, S. 317 f.
21 BusB 1896, T. III, S. 54.
22 Uwe Kieling: Berliner Privatarchitekten a.a.O., S. 13.
23 BusB 1896, T. III, S. 58.
24 Harald Bodenschatz: Platz frei für das Neue Berlin. Geschichte der Stadterneuerung in der »größten Mietkasernenstadt der Welt« seit 1871, Berlin 1987, S. 31.
25 Die Bauten der Gesellschaft Werderscher Markt in Berlin, in: Zentralblatt der Bauverwaltung, Bd. 9, Berlin 1889, S. 81.
26 Die Straßen-Brücken der Stadt Berlin a.a.O., S. 86.

Die ersten Jahre unter Wilhelm II.

Der Regierungsantritt Wilhelms II. fiel in die Jahre der beginnenden Konjunktur. Die Quartiersbildungen der Innenstadt und damit die Modernisierung der City setzten sich fort. Indessen neu und nur mit den Entwicklungen aus den achtziger Jahren erklärbar war der jetzt scharf hervortretende Gegensatz zwischen der konservativen Welt des wilhelminischen Hofes und der Moderne einer literarischen und künstlerischen Avantgarde, der in den Jahren um 1890 ausbrach. Eine zwischen 1850 und 1860 geborene Generation von Künstlern geriet in unversöhnlichen Gegensatz zum herrschenden Kunstbetrieb, denn man trat mit revolutionären gesellschaftspolitischen Vorstellungen an.

Der Kaiser und die Kunst seiner Zeit

Der Kaiser und seine Kunst

Wilhelm II. lebte in einer Welt mit festgefügten konservativen Wertvorstellungen. Der Kaiser empfand sich wie die Herrscher des Mittelalters und der Renaissance als »der Landesherr und kunstliebende Fürst, der den Künstlern die Aufgabe darbietet«[1], aber eben unter der Bedingung, daß seine Künstler sich »von den sogenannten modernen Richtungen und Strömungen« fernzuhalten hatten. »Machen Sie mir, bitte, ordentlich Front gegen die moderne Richtung«, erwiderte Wilhelm II. dem Kunsthistoriker Wölfflin, als dieser ihn für die Moderne zu gewinnen suchte.[2] Denn schließlich besaß die Kunst in der Vorstellung des Kaisers einen fest umrissenen Staatsauftrag: »Die Kunst soll mithelfen, erzieherisch auf das Volk einzuwirken, sie soll auch den unteren Ständen nach harter Mühe und Arbeit die Möglichkeit geben, sich an den Idealen wiederaufzurichten. ... Wenn nun die Kunst, wie es jetzt vielfach geschieht, weiter nichts tut, als das Elend noch scheußlicher hinzustellen, wie es schon ist, dann versündigt sie sich damit am deutschen Volke.«[3] Maximilian Harden charakterisierte 1902 die Bedeutung, die Kunst für Wilhelm II. hatte, spöttisch bis ironisch so: »Sie soll fromm und patriotisch sein, dankbare Liebe zum angestammten Herrscherhaus lehren, die kriegerischen Tugenden pflegen und die ›unteren Stände‹ durch das Schauspiel einer Phantasiewelt schönen Scheines über des Alltags Plage hinwegtrösten. Sie soll nicht des Lebens gemeine Wirklichkeit zeigen, nicht des Altars Heiligkeit noch des Thrones Macht antasten, nicht erkennen lassen, daß des Menschen Wille unfrei, die Ordnung aller Menschengemeinschaften von Menschen zu verändern ist.«[4]

Die Auffassung des Kaisers von der emporhebenden und veredelnden Wirkung der Kunst war jedoch bis in die Welt der Kunstschriftsteller verbreitet. Noch 1914 sah Max Osborn die Bestimmung des Hoffmannschen Märchenbrunnens im Friedrichshain darin, daß »sein Anblick Tausende im Alltag der Arbeit und in den Feierstunden erfrischen und erfreuen könnte«.[5]

Was bei Wilhelm II. 1901 herrscherlich unduldsam geklungen hatte, hörte sich ein Jahr zuvor aus der Feder eines Kunstschriftstellers der Moderne so an: »Der Gipfelpunkt aller Kultur ist aber die Befriedigung des ästhetischen Bedürfnisses, das Kunstschaffen durchdringt das harte Alltagsleben mit der wohligen, sonnigen Wärme des Behagens, der Wohnlichkeit im Dasein, es hat eine aussöhnende Kraft. Als wirksamstes Mittel der Volksbildung und Volksbeglückung wird mehr und mehr die Kunst ins Treffen geführt.«[6] Man stritt somit im Grunde nicht über die Notwendigkeit von Kunst auch im Alltagsleben, sondern über ihre formalen Ausdrucksmittel und das Ziel ihrer Wirkungsweisen.

1897 schrieb Fontane an Freund Friedländer, dabei sicherlich auch die Bautätigkeit des Kaisers meinend: »Was mir an dem Kaiser gefällt, ist der totale Bruch mit dem Alten, und was mir an dem Kaiser nicht gefällt, ist das im Widerspruch dazu stehende Wiederherstellenwollen des Uralten. In gewissem Sinne befreit er uns von den öden Formen und Erscheinungen des alten Preußentums, er bricht mit der Ruppigkeit, der Popligkeit, der spießbürgerlichen Sechsdreierwirtschaft der 1813er Epoche, er läßt sich, aufs Große und Kleine hin angesehen, neue Hosen machen, statt die alten auszuflicken.«[7]

Der Kaiser selber sah sich in einer preußischen Geschichtstradition. Bereits als junger Prinz hatte er an Bismarck geschrieben: »... mögen Sie nicht vergessen, daß hier eine Hand und ein Schwert bereit sind, von einem Manne, der sich wohl bewußt ist, daß Friedrich der Große sein Ahnherr ist ... .«[8]

Einen vergleichbaren Platz wie die Kunst hatte im Wertgefüge bereits des Prinzen Wilhelm die Kirche. »Gegenuber den grundstürzenden Tendenzen einer anarchistischen und glaubenslosen Partei ist der wirksamste Schutz von Thron und Altar in der Zurückführung der glaubenslosen Menschen zum Christentum und zur Kirche und damit zur Anerkennung der gesetzlichen Autorität und der Liebe zur Monarchie zu suchen. Der christlich soziale Gedanke ist deshalb mit mehr Nachdruck als bisher zur Geltung zu bringen.«[9] Aber nicht die soziale Unterstützung der Armen und das Herausführen aus materiellen Notlagen war das Ziel, sondern der Bau von Kirchen. Vermutlich versprach sich der Kaiser ähnlich wie bei seinem Glauben an die veredelnde Wirkung der Kunst durch die jetzt in großer Zahl entstehenden Gotteshäuser eine überwältigende und deshalb emporhebende Wirkung auf seine notleidenden Untertanen und damit deren Hinführung »zur Anerkennung der gesetzlichen Autorität und der Liebe zur Monarchie«.

Die Künstler selbst sahen sich, wenn sie den Rang eines Künstlerfürsten erreicht hatten, wohl auch nicht nur während ihrer Arbeit in einer mehr oder weniger unnahbaren Stellung. »... da der Hausherr [gemeint ist der

Bildhauer Fritz Schaper] schon damals ein großer Bildhauer war, wurde vom ersten Tag an alles darauf eingerichtet, daß er während der Arbeit von der Belebtheit seines Hauses nichts merkte. ... Aber nie wäre das Atelier, in das er regelmäßig um acht Uhr hinunterstieg, unaufgefordert betreten worden, das zweite Frühstück um zehn stand auf der Veranda fertig angerichtet ohne einen Menschen in der Nähe, und wenn er in gerippter Samtjacke oder weißem Ateliermantel mit Plänen behangen und halb abwesend im Garten sein ›Alpinum‹ mit aus den Ferien heimgebrachten Pflanzen oder den Wein an der Südmauer besuchte, wurde er mit sorgfältigem Bogen umgangen.«[10]

Diese Künstlerfürsten wohnten angemessen: Anton von Werner hatte sich 1874 in der sogenannten Villa VI Potsdamer Straße 113 eine regelrechte Residenz mit Atelier geschaffen. Mit dem Bildprogramm der von ihm selbst ausgemalten Wohnung stellte sich Werner in die Tradition der europäischen Malerei des 16. und 17. Jahrhunderts. Im Roten Salon seiner Wohnung – und damit in deren gesellschaftlichem Hauptraum – erschienen im Brustbild Dürer, Holbein, Rubens, Rembrandt, Velazquez und Murillo sowie den Raum in seiner Hauptachse beherrschend die Sitzfiguren Raffael und Tizian.[11] Daß damit keine beziehungslose Staffage geschaffen worden war, belegte das Gemälde von Werner »Taufe in meinem Haus« aus dem Jahr 1880, das den Wohnungsinhaber abseits des Taufaktes, aber unter dem Bild Tizians darstellte.

Als 1892 Max Liebermann, der öffentliche Gegenspieler Anton von Werners, das Haus seines Vaters Pariser Platz 7 bezog, richtete er sich im 2. Obergeschoß eine großbürgerliche Wohnung ohne eigene Ausmalung und ohne ikonographische Sinnbezüge ein, aber mit Werken der französischen Gegenwartsmalerei.[12]

Die Moderne

Der Kaiser verlor sich in einer Kunstanschauung, gegen die eine junge Generation mit fast revolutionärem Anspruch vorging. Den Jungen ging es nicht um die Erhabenheit der Kunst und um ihre veredelnde Wirkung auf den Menschen; ihnen ging es nicht um Schönheit, sondern um Wahrheit. »Die Schönheit wurde mit Bannstrahlen förmlich überschüttet, und Wahrheit lautete jetzt das Schlagwort, Wahrheit um jeden Preis, mochte darüber auch die ganze bisherige Kunst und Kultur zum Teufel gehen. Man fühlte sich mit Wonne und wohl auch mit etwas Pose als urwüchsige Barbaren, die alte Götzenbilder zerschlugen ... .«[13] Die Würdigung, die Alfred Lichtwark 1897 im Pan über das gerade fertiggestellte Kaufhaus Wertheim in der Leipziger Straße von Alfred Messel schrieb, entstand ganz aus dieser Aufbruchstimmung: »Befreiung! Das ist das Gefühl, mit dem ein Laie vor der großartigen Facade, die ihm mehr imponiert als hundert Staatsbauten, den Kopf in den Nacken zwingt; ein Hauch freier Schöpferkraft umweht ihn.«[14] Die moderne Architektur, wie sie von den Staatsbauten eben nicht mehr repräsentiert wurde, entstand aus freier Schöpferkraft, frei von den Bindungen an Geschichte, Tradition und Konvention. Die 1886 gegründete literarische Vereinigung »Durch« hatte bereits zehn Jahre zuvor die naturalistische Moderne propagiert, indem sie sich zu den Na-

71 Künstlerhaus zum St. Lukas, Fasanenstraße 19; Bernhard Sehring, 1889–1890.

Nicht nur der Versatz in der Straßenfassade und der an dieser Stelle oberhalb des Kranzgesimses sichtbare Turm sowie die Flächigkeit der Fassade waren Zeichen der Moderne, sondern neu war auch für ein Wohnhaus die Verwendung der mehrere Geschosse zusammenfassenden schlanken Blenden, die bis dahin nur das Geschäftshaus bestimmt hatten. Neuartig waren das Ziegelmauerwerk aus großformatigen Steinen mit einem sichtbaren Fugennetz, die unterschiedlich großen Fensterformate, die die verschiedenen Funktionen der hinter ihnen liegenden Räume deutlich machten, die Reduzierung der Details auf geometrische Grundformen, vor allem aber die Komposition der Fassade nach malerischen Gesichtspunkten: Erker und Balkon wurden über den Fassadenversprung hinweg optisch verspannt, ein Balkon in der Eingangsachse erst unterhalb der Traufe angebracht, gleich ausgebildete Fenster diagonal einander zugeordnet.

turwissenschaften sowie zum technischen Fortschritt und zur gesellschaftlichen Verpflichtung des Künstlers bekannte.
Der Redakteur der Deutschen Bauzeitung, K.E.O. Fritsch, hatte bereits 1891 den Konflikt der beiden Grundhaltungen bei einer Besprechung des kurze Zeit zuvor vollendeten Künstlerhauses St. Lukas in der Fasanenstraße von Bernhard Sehring beschrieben (Abb. 71): »Hr. Sehring, der mit dieser Schöpfung gewissermaassen sein öffentliches Glaubensbekenntnis abgelegt hat, verfolgt bekanntlich eine Richtung, die sich in schroffen Gegensatz zu allen akademischen Regeln und Anschauungen setzt und auf dem Gebiete der Architektur etwa dem entspricht, was man auf dem Gebiete der Malerei als ›Naturalismus‹ bezeichnet. Eine Richtung, die insbesondere unter den Architekten Nordamerikas sich entwickelt und dort

schon sehr beachtenswerthe Leistungen gezeigt hat, die aber je nach dem Ausgangspunkte, auf welchem der Künstler gestanden hat, sehr verschieden in die Erscheinung treten wird. Während der akademische Architekt an einen geschichtlich abgeschlossenen Stil sich hält und nicht nur in allen Einzelheiten die Einheit desselben zu wahren bestrebt ist, sondern in vielen Fällen seine Schöpfung sogar den Forderungen des Stils unterordnet, streben jene ›Modernsten‹ unter den Architekten in naiver Verwendung verschiedener, dem jeweiligen Zweck entsprechender Stilformen und Motive lediglich danach, ein eigenartiges, durch seine malerische Wirkung anziehendes, der Bestimmung des Gebäudes angemessenes Gesammtbild zu erzielen. ... Bei den Naturalisten [soll sich] – je nach den gegebenen Bedingungen und gleichsam zufällig – jeder Bau als eine selbständige Schöpfung gestalten.«[15] Damit wurden für die Moderne die Abkehr vom Historismus und das schöpferische Originalitätsprinzip zur Grundlage des architektonischen Entwurfes gemacht. Die Moderne führte unter Berufung auf die Freiheit der Schöpferkraft zur Abkehr von traditionellen Überlieferungen, zum Abstrahieren der Form und damit zur Ästhetik des Einfachen, zur Befriedigung funktionaler Ansprüche, die ihren Niederschlag auch im Fassadenbild zu finden hatten. Das Aufbegehren gegen die Steifheit des Akademismus sollte indessen auch oder gerade zu Formen malerisch wirkender Architektur führen.

Entscheidend für die Entwicklung einer modernen Architektur in Berlin waren die Jahre zwischen 1890 und 1895. Befördert wurde sie nicht durch den Staat, sondern durch den Geschäftshaus- und den Wohnungsbau. Albert Hofmann verwies bereits 1890 in seinem Aufsatz über Naturalismus in der Architektur auf die Vorbilder, die sich nach der Verdammung der historischen Stilepochen anboten: »Wir können in jedem Bauerndorf, in jeder Landschaft, in unendlicher Verschiedenheit und Schönheitsfülle sehen, wie weit sich unsere vielgerühmte Kultur von dem Natürlichen, Anmutigen, Anspruchslosen, Wahren entfernt hat.«[16] In diesem Sinne formulierte auch der Berliner Stadtbaurat Ludwig Hoffmann in seiner Schinkelrede am 13. März 1898 die Ästhetik der neuen Baukunst, als er gerade anderthalb Jahre im Amt war: »Je weniger Worte ein Redner benöthigt, um einen Gedanken zum klaren Ausdruck zu bringen, um so wirkungsvoller ist seine Sprache. / Nicht anders in der Baukunst. / Mit je weniger Gliedern, mit je einfacheren Mitteln eine Wirkung erzielt wird, um so allgemeiner wird sie verstanden, um so sicherer wird der gewünschte Eindruck erreicht. / Je weniger Mittel aber verwandt werden, um so mehr und deutlicher kommt jede Einzelheit zur Geltung, um so mehr Sorgfalt und Geschick erfordert deshalb auch der kleinste Theil bei seiner Gestaltung und Durchbildung.«[17] Die reine Dekorationskunst des Historismus wurde grundsätzlich abgelehnt, und so geriet Hoffmanns Rede denn auch weniger zu einer Ehrung Schinkels als zu einem Versuch, über das Studium und die Arbeitsweise der Meister der italienischen Renaissance – so der Titel seiner Rede – die eigenen zeitgenössischen Kollegen zur neuen Architektur zu bewegen, nämlich architektonische Wirkung mit einfachen Mitteln zu erzielen.

1893 ging das Centralblatt der Bauverwaltung in Verbindung mit der Forderung, das Berliner Mietshaus »durch die Rückkehr zu altheimischem und somit natürlichem Wesen wieder auf gesünderen Boden zu stellen«[18] noch ganz selbstverständlich von der Verwendung der Formen der deutschen Renaissance aus und bemängelte für die Vergangenheit: »Statt bei der Wiederaufnahme der deutschen Renaissance da einzusetzen, wo diese, wie jeder Stil in seiner Frühzeit, entwicklungsfähig ist, wo sie vor allem noch die einfachen, den deutschen bürgerlichen Verhältnissen entsprechenden Bedingungen enthält, zog man die letzten Abwandlungen des Stiles heran, wählte man Vorbilder, die in ihrer überreichen Formgebung, wenn nicht bereits der Entartung und dem Verfall, so jedenfalls einer Entwicklungsstufe angehören, die den Höhepunkt der Kunstweise und ihre Anwendung auf außergewöhnliche Beispiele und zugespitzte Verhältnisse darstellt.« Die aktuelle Forderung nach einer entwicklungsfähigen Einfachheit wurde vom Centralblatt immer noch ganz legitim in Verbindung mit einem historischen Stil gesehen. In Messels Mietshausgruppe am Kurfürstendamm von 1891–1892 wurden nun die lange vermißten Qualitäten entdeckt.

Der Konflikt

Die nach nur achttägiger Dauer auf Betreiben Anton von Werners geschlossene Ausstellung des Malers Edvard Munch im Verein Berliner Künstler hatte bereits 1892 in der Berliner Künstlerschaft für Parteinahme für und wider die Moderne gesorgt. Die Konfrontation der Moderne mit dem Monarchen selber war somit unabweisbar. Zum Eklat mit den Literaten kam es, als Wilhelm aus Anlaß der Aufführung von Hauptmanns »Die Weber« 1894 seine Loge im Deutschen Theater kündigte. Die Konfrontation mit den Architekten geschah 1895, als Wilhelm II. den Reichstag öffentlich als »Gipfel der Geschmacklosigkeit« bezeichnete. Der Eingriff in die staatlichen Museen geschah, als nach der Neuordnung der Nationalgalerie durch Hugo von Tschudi im Dezember 1897, bei der die Moderne mit den französischen Impressionisten einen zentralen Platz eingeräumt erhielt, der Kaiser nach einem am 11. April 1899 in Begleitung Anton von Werners durchgeführten Besuch des Hauses verfügte, die Neuorganisation wieder rückgängig zu machen.[19]
1894 schrieb der Sozialist Franz Mehring über das im Reichstag ausgestellte Modell des vom Kaiser zur Ausführung vor dem Stadtschloß bestimmten Denkmals für Kaiser Wilhelm I., es erfülle die Aufgabe, »die verschiedensten Geschmacksrichtungen in dem einstimmigen Urteil zu vereinen, daß es ein wahres Monstrum der Geschmackslosigkeit sei.«[20] Spätestens in diesem Jahr hatte der Konflikt auch öffentlich politische Formen angenommen.
Die Gründung der Sezession 1898 manifestierte die nun in aller Öffentlichkeit betriebene Bildung eines Lagers der Modernen.

Der Schloßbezirk

Das Schloß – Andreas Schlüter

Wenn Wilhelm II. die Bauten seines Schloßbezirkes erneuerte oder dessen bestehende Anlagen erweiterte, dann sollten auch sie sicherlich »erzieherisch auf das Volk einwirken«, vor allem aber an den Idealen der Kunst ausgerichtet sein, und das war um so mehr Programm, als der Kaiser bereits unmittelbar nach seinem Regierungsantritt am 15. Juni 1888 das Stadtschloß als seine Wohnung bestimmte. Nach Umbauten und Modernisierungen konnte sie bereits am 24. November 1888 bezogen werden.[21] Und wie selbstverständlich legte die Schloßbaukommission bei dem von ihr ausgearbeiteten Projekt »zum Ausbau des südlichen Schloßgebäudeflügels als Wohnung für Ihre Majestäten« eine »Durchführung im Schlüterschen Baustil« – einschließlich des neu anzufertigenden Mobiliars – zugrunde.[22]

Die Berufung auf Schlüter war dabei mehr als nur eine Geschmacksfrage, denn Schlüter habe dem preußischen Staat »die Weihe der Kunst gegeben.« 1894 erinnerte das Centralblatt der Bauverwaltung an den zweihundertsten Jahrestag der Berufung von Andreas Schlüter an den Hof der Hohenzollern und die »Erhebung des brandenburgisch-preußischen Staats zum Königreiche. Diesem bedeutsamen Vorgange die Weihe der Kunst gegeben zu haben, in Denkmälern, die keine unverstandene Sprache reden, sondern die im besten Sinne volksthümlich geworden sind, ist Schlüters Verdienst, ist sein geschichtlicher Beruf gewesen. ... Nicht das geringste ferner ist es, daß diesen Denkmälern, welche die märkische Residenz erst zum Range einer europäischen Hauptstadt erhoben haben, bereits ein Maßstab, ein Zug von Größe und Vornehmheit inne wohnt, der den Glanz der heutigen Kaiserstadt gewissermaßen vorauskündete.«[23] Schlüter wurde somit als Herold der Kaiserstadt Wilhelms II. begriffen. Mehr noch: Schlüter wurden Volkstümlichkeit und Verständlichkeit für alle Schichten der Bevölkerung bescheinigt – ein deutlicher Hieb auf die Moderne. Noch 1898 schloß sich die gerade gegründete Zeitschrift Berliner Architekturwelt diesem Verständnis an: »Schlüter ist der einzige Künstler, dessen Name aus der älteren Kunstgeschichte Berlins in die Zukunft hineinleuchten wird, und in dankbarer Würdigung dieses grossen Genius hat Kaiser Wilhelm II., der kühnste und thatkräftigste Bauherr aus dem Hohenzollerngeschlecht, sich die Aufgabe gestellt, die Insel mit dem Schlüterschen Bau möglichst auf allen Seiten von Bauwerken zu umgeben, die sich an den von Schlüter in Berlin vertretenen italienischen Barockstil anschließen.«[24] Es galt also nur noch, einen zweiten Schlüter, einen Schlüter der Gegenwart zu finden: Kaiserin Viktoria, die Mutter Wilhelms II., sah ihn in Ernst v. Ihne, der für sie ein moderner Schlüter war.[25]

Die kaiserliche Wohnung

Den Entwurf der Schloßbaukommission für den Ausbau der kaiserlichen Wohnung begutachteten nach Aufforderung durch das Oberhofmarschallamt die Architekten Hermann Ende als Vorsitzender der Vereinigung Berliner Architekten, Julius Emmerich als Dezernent für Hochbau in der

72 Stadtschloß – Wohnung Wilhelm II., Speisesaal; Kyllmann & Heyden, 1888.
73 Stadtschloß – Wohnung Wilhelm II., Bibliothek; Ernst v. Ihne, 1888.

Die vollständig neue Ausgestaltung des Speisesaales erweckte in der Ausbildung von Wand und Decke den Eindruck akademischer Treue gegenüber historischen Vorbildern bis in Detailreichtum und Oberflächenbehandlung einschließlich der Ausstattung mit großformatigen Wand- und Deckenbildern. Wand und Decke wurden ineinander optisch zu einer detailreich dichten Erlebniseinheit verschliffen. In ihrer farblichen Wirkung setzte sich die hell gehaltene Stuckdecke deutlich gegen das dunkle Holz der Türen, Bücherschränke und Oberwände ab. Das Türenpaar in den Raumecken ließ mit ihren Supraporten die jeweils gleich großen Schrankeinheiten als ein kräftiges, weil mit gleichen Elementen gereihtes Mittelmotiv in Erscheinung treten, wobei dessen Wirkung durch die Addition noch gesteigert wurde. Diese Reihung gleicher Elemente erinnerte an stilistische Haltungen der siebziger Jahre.

Ministerial-Baukommission sowie Adolph Heyden als Mitglied der Akademie des Bauwesens.[26] Nach den Entwürfen der Architekten Kyllmann & Heyden sowie Ernst v. Ihnes wurden dann einzelne Räume der kaiserlichen Wohnung – das Speisezimmer durch Kyllmann & Heyden (Abb. 72) und die Bibliothek durch Ernst v. Ihne (Abb. 73) – völlig neu ausgestaltet, beide aber mit unterschiedlichem künstlerischen Duktus: das Speisezimmer traditionell akademisch üppig, die Bibliothek mit dem Anspruch an eine klare Erscheinungsform, weil in der Dekorationsfülle gegenüber dem Speisezimmer deutlich zurückgenommen.

74 Der Dom, Lustgarten; Ernst Raschdorff, 1889.

Bestanden die Bauten des Schloßbezirkes bis zum Regierungsantritt Wilhelms II. aus ruhigen und eher kubischen Baukörpern, so durchbrach der Raschdorffsche Dom sowohl im Maßstab wie in der Konturierung der Silhouette seine bis dahin gültige städtebauliche Geschlossenheit. Die Westfront des Domes ließ ihre Eckrisalite in schlanken Türmen enden, die Doppelsäulen auf beiden Seiten des Haupteinganges wurden mit je einem kleinen Turm bekrönt und selbst über dem Scheitelpunkt des Haupteinganges ließ der Architekt noch eine Ädikula in Erscheinung treten. Die beiden einzigen, relativ schmalen Wandfelder auf beiden Seiten des Hauptzuganges fielen gegenüber dieser vielfältigen und eng gereihten Vertikalisierung so gut wie nicht mehr ins Gewicht, zumal die Fassade durch die Kuppel mit ihrem großen Durchmesser weiterhin gesteigert wurde. Nirgends gab es ruhige Wandflächen, der Aufwand des architektonischen Formenvorrates überlagerte jeden Anflug von Tektonik.

Wie sehr der Hochbarock dem Empfinden des jungen Kaisers noch 1890 tatsächlich entsprach, enthüllte das »im Allerhöchsten Auftrage für die Deutsche Botschaft in Paris« in diesem Jahr von Max Koner gemalte Portrait seiner Majestät des Kaisers und Königs[27], für das der Monarch Anfang 1890 Modell gesessen hatte. Mit der sicherlich bewußten Übernahme des Typs des hochbarocken Herrscherbildes wie dem Ludwigs XIV. von Hyacinth Rigaud offenbarte sich die Vorstellungswelt Wilhelms II. unzweideutig. Maler wie Ferdinand Keller griffen in ihren Bildern bei Themen wie Kaiser Wilhelm, der siegreiche Gründer des Deutschen Reiches bei Glorifizierung und Heroisierung ebenfalls auf barocke Ausstattungsschemata zurück.[28]

Der Dom

Mit dem gleichen Nachdruck, mit dem der junge Kaiser den Ausbau seiner Wohnung im Schloß betrieb, verfolgte er auch das bislang unglücklich verlaufene Projekt zum Neubau des Domes, zu dem ihm bereits elf Tage nach der Thronbesteigung Bericht erstattet wurde. Die Planungsvorgeschichte unter Kaiser Friedrich III. ließ Raschdorff auch unter dem neuen Herr-

scher sehr schnell die Rolle des Entwurfsarchitekten zufallen. Der nach einer Audienz beim Kaiser am 14. Juni 1888 gefertigte Bericht der Dombaukommission, mit dem diese die bisherigen Planungen Raschdorffs ablehnte und deshalb einen weiteren Dom-Wettbewerb vorschlug, wurde von Wilhelm II. so beschieden: »Es war mein Wunsch, daß der von dem Geheimen Rat Professor Raschdorff nach den Intentionen Ihrer Majestät meines in Gott ruhenden Herrn Vaters, des Kaisers und Königs Friedrich und meiner Frau Mutter, der Kaiserin und Königin Friedrich gefertigte Entwurf unbeschadet der sich bei näherer Prüfung als notwendig herausstellenden Modifikationen und Abänderungen dem weiteren Vorgehen zugrunde gelegt werde.«[29] (Abb. 74) Der Kaiser wollte ganz offensichtlich keinen öffentlich ausgeschriebenen Wettbewerb und vermutlich einen schnellen Baubeginn, vor allem aber sich selbst über den 1892 mit dem Architekten abgeschlossenen Arbeitsvertrag einen unmittelbar persönlichen Einfluß auf Entwurf und Ausführung sichern: »Euer Majestät ist das Recht vorbehalten, jederzeit Änderungen des Bauplanes zu befehlen, den Bau zu sistieren oder den Dombaumeister von seinem Amte zu entheben«[30] – wie ein absoluter Fürst konnte der Kaiser mit dem Architekten umspringen. Mit dem Preußischen Landtag hatte wegen der Kosten für den Dombau sogar ein Konflikt gedroht, als dieser 1890 mit zehn Millionen Mark als Obergrenze einen Kostendeckel einführte und damit kaiserliche Nachforderungen ausschloß. 1889 war die Planung zum Dom in ihren Grundzügen abgeschlossen.
Da Entwürfe wie der für den Dom ohne ausdrückliche Zustimmung des Kaisers nicht entstehen konnten, dürfte Wilhelm II. den Raschdorffschen Domentwurf aus anderen Gründen als aus seiner Überzeugung von dessen künstlerischer Qualität so sehr beschleunigt und durchgesetzt haben, denn mit der Billigung der Ihneschen Bibliothek in seiner Wohnung dürfte sich der Monarch bereits neuen Entwicklungen gegenüber aufgeschlossen gezeigt haben. Andererseits konnte die mit dem Entwurf der Bibliothek eingeleitete neue Entwicklung den konventionellen Domentwurf in seiner akademischen Vielgestaltigkeit nicht mehr beeinflussen, es sei denn, es hätte tatsächlich einen Wettbewerb gegeben.

Der Weiße Saal im Schloß

Beim nächsten Bauvorhaben des Kaisers, dem Ausbau des Weißen Saales im Schloß, blieb es anfänglich noch bei einer beschränkten Architektenkonkurrenz: Anfang Mai 1889 waren Ende & Böckmann, Heyden, Ihne und das Hofbauamt zu Entwurfsvorschlägen für den Umbau des Weißen Saales aufgefordert worden. Am 11. Dezember 1890 fiel die Entscheidung: »Den inneren Ausbau des Weißen Saales mit seiner nächsten Umgebung ... übernimmt in Bezug auf die künstlerische Umgestaltung der Hofbaurath Ihne nach Maßgabe seines eigenen genehmigten Projekts.«[31] Jetzt hatte sich Ihne, der bereits im Mai 1888 von Friedrich III. zum Hofbaurat und Hofarchitekten ernannt worden war, mit seiner Entwurfshandschrift bei Wilhelm II. durchgesetzt (Abb. 75). Ihnes ästhetische Haltung dürfte sich beim Weißen Saal am Knobelsdorffschen Klassizismus und damit an der Zeit Friedrichs II. orientiert haben.[32] Der deutsche Kaiser wollte augen-

75 Stadtschloß, Weißer Saal; Ernst v. Ihne, 1890.

Die Gestaltungsprinzipien, die Ernst v. Ihne in der kleinen Bibliothek der kaiserlichen Wohnung bereits hatte erkennen lassen, wiederholten sich im Weißen Saal: die addierende Reihung von je nach Wandzugehörigkeit gleich ausgebildeter Achsen. Die Achsen waren in den Stirnflächen wie in den Längsseiten des Saales jeweils übereinstimmend ausgebildet. Aus dieser Entwurfshaltung der Wände konnte nur eine in sich konsequent weiterentwikkelte Decke entstehen, die – aus der Wandgliederung abgeleitet – mit ihren kassetierten breiten Gurten ein fast geometrisch-rechtwinklig sich durchdringendes Geflecht bildete.

scheinlich weiterhin den Formenvorrat der preußischen Geschichte für seinen Zeremonien-Saal bemüht wissen, nun aber die Welt des Großen Friedrich. Im Weißen Saal wurden immerhin zu Beginn der Legislaturperioden die Eröffnungen des Reichstags und des Preußischen Landtags begangen. Der Weiße Saal war monarchisch-hoheitlicher Mittelpunkt der Residenz. In den Jahren der Ausbildung der Moderne um 1890 vollzog somit auch Wilhelm II. einen Wechsel in seinen Kunstanschauungen. So porträtierte 1891 der Maler William Friedrich Georg Pape die kaiserliche Familie im Park von Sanssouci, Schloß und Reiterstandbild des großen Vorbildes als unübersehbare Staffage im Hintergrund.[33] Eine noch 1888 im Deckenspiegel des kaiserlichen Speisezimmers gemalte Kranichbeize wurde nachfolgend durch ein von Anton von Werner entworfenes Motiv »Der Ruhm Friedrichs des Großen« ersetzt.[34] Das Thema Friedrich begann den Schlüterschen Hochbarock zu verdrängen.

Das Nationaldenkmal für Wilhelm I.

Ähnlich wie der Kaiser den Wettbewerb für den Neubau des Domes abgelehnt hatte, griff er selbstherrlich in die Frage der Errichtung eines Nationaldenkmals für seinen Großvater, Wilhelm I., ein. Am 20. März 1888 hatte der Reichstag den einstimmigen Beschluß zur Errichtung eines solchen Denkmals für den am 9. März verstorbenen Monarchen gefaßt. Der Wettbewerb selbst war am 2. Februar 1889 ausgelobt und der Einsendeschluß auf den 4. September festgelegt worden. Das Preisgericht, das seine Entscheidung am 4. Oktober verkündete, gab in der heftig umstrittenen Frage des Denkmalstandortes eindeutig einer Anordnung im Tiergarten sowie einem Architekturmonument vor einem Reiterstandbild den Vorzug. Bereits am 13. Oktober kippte indessen Wilhelm II., noch bevor das Preisgericht den Reichstag von seinem Beschluß unterrichten konnte, das gesamte bisherige Verfahren mit der Bemerkung: »Die Aufgabe ist nur

76 Nationaldenkmal für Kaiser Wilhelm I., Schloßfreiheit; Reinhold Begas und Ernst v. Ihne, 1894.

Das Nationaldenkmal brach aus dem Maßstabsgefüge des Schloßbezirks genau so aus wie der Dom. Um seine Standfläche gewinnen zu können, mußten umfangreiche wasserbautechnische Maßnahmen durchgeführt werden, denn die Fläche des Denkmals griff in den Lauf des Kupfergrabens ein. Zusätzlich wurde die alte Schloßfreiheit abgebrochen. Der klassische Typus des hohenzollernschen Reiterdenkmals, für das Schlüter mit seinem Großen Kurfürsten das Vorbild für Preußen geliefert hatte, ging in der Fülle des Beiwerks an dem im Vergleich zur Reiterfigur zu hohen Sockel und an den Postamenten mit den Löwen und Trophäen unter, was die Zeitmeinung aber so verstand: »Durch das Ganze geht ein malerischer Zug. Überall bewegte Linien und Flächen mit möglichster Beschränkung der Geraden, mit sichtlicher Bevorzugung der Kurve.« Der durch Ihne entworfene Architekturmantel konnte das Werk des Bildhauers nur bedingt bändigen.

durch einen Bildhauer zu lösen. ... Die Schloßfreiheit ist der geeignetste Platz und das alte Schloß der gegebene Abschluß für ein Monument, ähnlich denen des Großen Kurfürsten und Friedrich des Großen. ... Der einzige Entwurf, welcher der gestellten Aufgabe am nächsten kommt, ist der von Reinhold Begas.«[35] Wiederum wurden Vorbilder aus der preußischen Geschichte bemüht und ein mit der Hohenzollerndynastie verbundener Denkmaltypus als notwendiges Vorbild dargestellt. Es war jetzt nur noch eine Frage der Zeit, bis die Vorstellung des Kaisers nach einem wegen dieser Vorgeschichte unumgänglichen zweiten, für eine beschränkte Teilnehmerzahl ausgeschriebenen Wettbewerb verwirklicht werden konnte, zumal der Reichstag den Konflikt mit Wilhelm II. erkennbar scheute. Die Ausführung des Denkmals mußte somit fast zwangsläufig den vom Kaiser favorisierten Künstlern zufallen. 1894 waren die Entwurfsarbeiten von Reinhold Begas und Ernst v. Ihne abgeschlossen. Die Ausführung des Denkmals begann am 25. Mai 1894 (Abb. 76).

Durch das Eingreifen des Kaisers hatte das Monument seinen ihm ursprünglich zugedachten Sinn völlig eingebüßt. Aus der Ursprungsidee – Kaiser und Reich gehören formelhaft zusammen,[36] weshalb der Standort in der Umgebung des Reichstages einzig sinnvoll schien – war ein Denkmal geworden, das die Reichseinheit nun nicht mehr als Ergebnis des Volkswillens – und deshalb in der Umgebung des Reichstages aufzustellen – darstellte. Das ausgeführte Denkmal interpretierte die Begründung des Deutschen Reiches als Folge der Hohenzollernschen Hauspolitik. Auf der zuvor abgebrochenen Schloßfreiheit gegenüber dem Hauptportal des Schlosses errichtet, schloß es sich im Sinne herkömmlicher Reiterstandbilder, wenn auch im Maßstab und im dekorativen Beiwerk völlig übersteigert, den hier bereits stehenden Reitermonumenten an

77 Marstall, Schloßplatz; Ernst v. Ihne, 1895.

Die Entwurfshandschrift des Architekten mit ihrer strengen Abfolge von gleichen Achseneinheiten oder Architekturgliedern wie den Doppelsäulen war auch in der Schloßplatzfassade des Marstalls erkennbar, doch wurde sie durch den herkömmlichen Typus einer repräsentativen Fassade mit Mittel- und Endrisalit überlagert. Die malerische Bewegtheit eines Begas war v. Ihne nicht zu eigen, denn zu eindeutig ließ er beispielsweise das Motiv der Doppelsäulen im Erd- wie im Obergeschoss des Mittelrisalits sowie in gleicher Form in den Obergeschossen der Eckrisalite in Erscheinung treten. Selbst die Mezzaninfenster erschienen innerhalb der Fassade wie gerechnet in zwei Stockwerken verteilt.

Der Schloßbezirk

Die nachfolgenden Bauten des Schloßbezirkes fielen schon wie selbstverständlich Ihne zu: Marstall, Kaiser-Friedrich-Museum und die Staatsbibliothek Unter den Linden.
Dem Neubau des Marstalls (Abb. 77) ging eine städtebauliche Neuordnung der Südseite des Schloßplatzes zwischen Breiter Straße und Spree voraus, zu der die Entscheidung vermutlich 1892 »auf eine unmittelbar von Allerhöchster Stelle ausgegangene Einwirkung«[57] hin getroffen wurde. Die bislang zwischen Spree/Langer Brücke und Breiter Straße in den Platz einspringende und mit Privathäusern besetzte Bauflucht wurde nach Süden zurückverlegt, so daß der Marstall jetzt unmittelbar mit dem Ziel in den Platzraum einwirken konnte, »dem Schloßlatz eine seinem monumentalen Charakter entsprechende Gestaltung zu verleihen«. Mit dem 1895 in Auftrag gegebenen Entwurf für den Marstall bemühte Ihne möglicherweise Fassadengliederungen öffentlicher und privater Bauten aus friderizianischer Zeit, der Fassadentypus unterschied sich aber mit rustizierten Sockelgeschossen und Mittelrisalit sowie Endrisaliten in nichts von zeitgleichen öffentlichen Gebäuden. Eine Folge der Veränderung von Schloßplatz und Verbreiterung der Königstraße war ebenfalls ein Neubau der Langen Brücke und damit der Abbruch des Ursprungsbaus aus der Zeit des ersten preußischen Königs.

Erst das 1898 im Bau begonnene Kaiser-Friedrich-Museum (Abb. 78) kam zu einer ruhigen und klaren Haltung sowohl im Grundriß als auch in der Fassade, wie sie eigentlich schon die kaiserliche Privatbibliothek und der Weiße Saal im Schloß zum Ausdruck gebracht hatten. Die ruhige Addition der Pilaster bei Fehlen eines Mittelachsenmotivs entlang der Wasserfronten, das Vermeiden vielfältigen Formenreichtums im Aufbau von Fassade und Kuppel, die Verwendung eher stumpfer Proportionsverhältnisse, wie sie bei einem Vergleich der Kuppel über dem Eingang mit der benachbarten Domkuppel oder im Zuschnitt der Fensteröffnungen zum Ausdruck kommen, die Ausbildung des Sockelgeschosses mit seinen geometrisch klar umrissenen Quadern lassen deutlich den gestalterischen Fortschritt gegenüber dem Raschdorffschen Dom, selbst gegenüber dem Marstall, erkennen. Aber auch das Grundrißgefüge zeigte gegenüber dem üblichen Typus des Museums eine Weiterentwicklung, indem Ihne, wie zeitgleich Hoffmann beim Märkischen Museum, auf einen zentralen Lichthof verzichtete und nach der Forderung Wilhelm von Bodes eine Folge von Einzelräumen entwarf, die in ihrer Gestaltung auf das Ausstellungsgut eingingen – Ludwig Hoffmann ging beim Märkischen Museum bei mittelalterlich malerischem Habitus von einer gleichen Konzeption aus.
Aus dem Gliederungsschema der Museumsfassade hat sich mutmaßlich die Fassade der ab Januar 1902 entworfenen Staatsbibliothek (Abb. 79)

78 Kaiser-Friedrich-Museum, Museumsinsel; Ernst v. Ihne, 1898.

Gegenüber dem Marstall wurde der Baukörper des Museums fast eine weiche, plastisch in sich geschlossene Großform, in der die Binnengliederung der Fassade durch einachsige Risalite nahezu schon unterging. Selbst über den Eingangsbereich lief jetzt die Vertikale der Pilaster und Säulen hinweg, auch mit den Obergeschoßfenstern wurde keine differenzierende Hierarchisierung einzelner Bauteile zueinander eingeführt. Und um im Sinne einer Großform die Rundung des Bauwerkskopfes an der Inselspitze zu unterstützen, setzte Ihne genau an dieser Stelle die Kuppel über dem Treppenhaus ein.

79 Staatsbibliothek, Unter den Linden;
Ernst v. Ihne, 1903.

Die Anzahl der Geschosse für den Neubau der Staatsbibliothek hätte eine dem Marstall vergleichbare Fassadenaufgliederung erlaubt, trotzdem führte v. Ihne ein in seinem Werk neues Gliederungsprinzip ein: Durch vertikale Streifenvorlagen, die in den Risaliten als Pilaster ausgebildet wurden, faßte der Architekt im Sinne eines Pfeilerbaus seine Fensterachsen vertikal zusammen, wobei die enge Stellung dieser Vorlagen, die keine historisierende Ableitung mehr erlaubten, das optische Erscheinungsbild der Fassade zu beherrschen begann, zumal die Pfeilervorlagen die Fenster selbst einfaßten. Gegenüber den Obergeschossen verlor das Sockelgeschoß im Gesamtfassadenaufbau an Bedeutung. Ohne die Vorstufe des Museumsentwurfes und die zeitgenössische Architektur eines Alfred Messel hätte die Fassade der Staatsbibliothek so wohl nicht entstehen können.

abgeleitet. Als sie 1914 eingeweiht wurde, brachte man dieser Art von Hofarchitektur schon kein Verständnis mehr entgegen – die Kritik bemängelte »die Dissonanz zwischen dem äußeren Eindruck und dem inneren Bedürfnis.«[38] Karl Scheffler monierte: »Eine Bibliothek ist ein Zweckgebäude. Es sollen darin Bücher aufbewahrt, es soll darin gelesen und studiert werden. Und doch ist hier ein ungeheurer Platz für tote Repräsentation geopfert.«[39] Das Empfinden für die Sachlichkeit und Funktionalität der Moderne stieß sich am repräsentativen Aufwand der Architektur und der scheinbaren Raumverschwendung im zentralen Lesesaal. Die Kritik übersah dabei, daß Ihne längst Anregungen der Moderne in den Bibliotheksfassaden zu verarbeiten begonnen hatte: Das Zusammenfassen der Obergeschosse durch vertikale Lisenen, die keinerlei akademische Details mehr aufwiesen, war ohne die Arbeiten eines Alfred Messel nicht denkbar.

Schloßbezirk und Stadt

Die Bautätigkeit des Kaisers sollte der eindrucksvollen Ausgestaltung des Schloßbezirks als Hoheitsmitte und nicht nur der Verschönerung der Stadt dienen. Wilhelm II. sah sich mit seinem Schloß – wie Friedrich I. – als ein barocker absoluter Fürst und damit als Mittelpunkt von Staat und Gesellschaft. Das Denkmal Wilhelms I. betonte dabei die zentrale Bedeutung der Hohenzollern in der Herbeiführung der Reichseinheit. Der Neubau des Domes, an dem Friedrich Wilhelm IV. gescheitert war und der in der Folgezeit über das Stadium von Wettbewerbsentwürfen nicht hinauskam, verfestigte die seit Friedrich Wilhelm III. betriebene Allianz von Thron und Altar; die Formensprache der Architektur hielt sich an die preußisch-akademische Bautradition. Mit dem Fortbau der Museumsinsel wurde die Rolle der Krone als Beförderer der Künste deutlich.

Das Geschäfts- und Handelsviertel

Das Geschäftsviertel entwickelte sich während der Regierungszeit Wilhelms II. aus seinen etwa seit 1860 vorgegebenen Standortbindungen weiter. Die Einrichtungen der Infrastruktur hatten unter Wilhelm I. bereits alle ihre Neubauten erhalten, so daß unter Wilhelm II. ab 1896 lediglich noch der Neubau eines Gerichtsgebäudes als Spiegelbild zum Polizeipräsidium an der Neuen Friedrichstraße hinter der Klosterkirche hinzukam. Die Justizbehörden hatten sich in der Altstadt bis dahin noch mit der Unterbringung in mehreren Altbauten abfinden müssen. Landgericht und Amtsgericht I[40] entstanden nun kennzeichnenderweise nicht mehr wie das nahe gelegene Polizeipräsidium als vergleichsweise doch trockener Ziegelrohbau, sondern im Typus eines neu-barocken Justizpalastes, der eindrucksvoll und beeindruckend die Rolle der Justiz im kaiserlichen Berlin demonstrieren sollte und mit seiner Dachlandschaft auf malerische Wirkung angelegt war.[41]

Das Geschäftshaus

Die Entwicklung des Geschäftsviertels, die mit dem Durchbruch der Kaiser-Wilhelm-Straße eingeleitet worden war, griff schnell auch in die Nachbarstraßen über. 1889–1890 bauten Kayser & v. Groszheim in der Spandauer Straße 59–61 auf dem Grundstück des zuvor abgebrochenen Ständehauses der Provinz Brandenburg das fünfgeschossige Kaufhaus Stuttgart (Abb. 80) mit einer fast dekorationslosen Fassade, geprägt durch ihre vertikalen Mauerwerkspfeiler und durch die die großen Fensteröffnungen untergliedernden, weit schmaleren Teilungspfosten. Die Modernität dieser im Grunde nur noch als Mauerwerksskelett wirkenden Fassade wurde lediglich durch die herkömmliche Unterteilung in einen zweigeschossigen Unter- und einen dreigeschossigen Oberbau gehemmt.[42] Der stilistische Abstand zum Werderhaus Alfred Messels fiel kaum ins Gewicht, eher machte sich der Unterschied zu den neubarocken Bauten zu Beginn der achtziger Jahre bemerkbar; diese Stilrichtung ließ bereits jetzt ihre Unzulänglichkeit für eine Weiterentwicklung in die Moderne erkennen.
1895 bauten Kayser & v. Groszheim eine Parallelstraße entfernt Rosenstraße Ecke Neuer Markt eine ebenfalls fünfgeschossige Geschäftshausgruppe[43], mit der das Fassadensystem aus der Spandauer Straße im Sinne einer gleichmäßigen und nicht mehr in sich differenzierten Pfeilerarchitektur konsequent weitergeführt wurde (Abb. 81). Mit seinem innerhalb

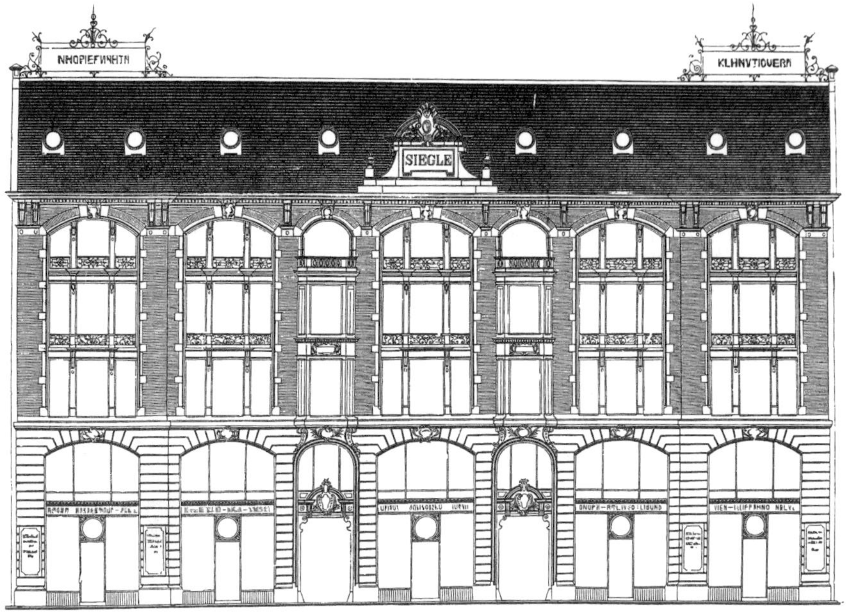

80 Kaufhaus Stuttgart, Spandauer Straße 59–61; Kayser & v. Groszheim, 1889–1890.

Möglicherweise auf Grund der geplanten Kombination des Kaufhauses mit weiteren Ladengeschäften in der Erdgeschoßzone kehrte in der Fassadenarchitektur noch einmal das durch Arkaden zusammengefaßte Erd- und erste Obergeschoß als Erbteil des älteren Geschäfts- und Wohnhauses wieder. Auch sonst wies das äußere Erscheinungsbild mit den beiden Außenrisaliten, die aber wohl kaum noch in Erscheinung getreten waren, einen herkömmlichen Zug auf. Neu dagegen waren in den Obergeschossen die der Erdgeschoßzone entsprechenden Großblenden sowie ferner die dreiseitig vorkragenden Erker, die über den beiden aus der Gebäudemitte herausgenommenen Hauseingängen angeordnet waren. Auf ein Mezzanin wurde verzichtet. Insgesamt ließ die Fassade bereits den Weg in die stringentere Haltung additiv gleichmäßiger Reihung ahnen.

81 Geschäftshaus – Kaufhaus Hamburg, Rosenstraße Ecke Neuer Markt; Kayser & v. Groszheim, 1896.

Die Auftraggeber mochten auf bestimmten Dekorationsmerkmalen wie einem Eckturm bestanden und die Architekten selber noch Wert auf Rhythmisierungen durch ein in bestimmten Abständen auftretendes Erkermotiv sowie auch Giebel im Gesamtablauf der Fassade Wert gelegt haben. Der eigentliche Durchbruch in eine neue Entwicklung bestand indessen in der Ausbildung eines nur noch eingeschossigen Sockels und in der Untergliederung der insgesamt vier Obergeschosse durch die eng gestellte Abfolge steiler Blendarkaden, zwischen denen die sich vorwölbenden Fenstererker als ein auch die Regelhaftigkeit bestimmendes Element traten.

82 Geschäftshaus – Kaufhaus Koeln, Rosenstraße; Otto March, 1896.

Otto March trieb die Entwicklung zum Pfeilerbau durch die noch größere Konsequenz in der gleichmäßigen Reihung der Fassadenachsen über den bei Kayser & v. Groszheim erreichten Stand hinaus. Die Erkerbauten an den Ecken des Hauses waren keine ausgeprägten Türme mehr, sondern gerieten in die Funktion eines Scharniers, um die stumpfwinklige Brechung der Fassade zu überspielen. Auf ein noch sichtbares Ziegeldach wollten wohl weder Kayser & v. Groszheim noch Otto March verzichten.

der gleichen Bautengruppe liegenden Bauvorhaben ging Otto March in den Details im Sinne einer Straffung des Gesamtaufbaus sogar noch konsequenter um (Abb. 82). Wiederum ergab sich eine Parallelität in der Entwicklung zu Messel und seinem zeitgleichen Kaufhaus Wertheim in der Leipziger Straße. Der Gang in die Moderne war breiter angelegt und nicht auf das Werk eines einzigen Architekten beschränkt. Er machte vor allem deutlich, daß es die Geschäftswelt war, die sich seit 1890 mit ihren Bauten der Moderne zuzuwenden begonnen hatte.
Der Geschäftshausbau der achtziger Jahre begann aber auch endgültig, die Wohnbevölkerung aus der Innenstadt zu verdrängen, denn mit Ausnahme von Hausmeistern lebte niemand mehr in den Anlagen. Hinter ihren durchgehend einheitlichen Fassaden wie in der Rosenstraße lagen aus Gründen der Vermietbarkeit um Höfe herum organisierte kleinere Nutzungseinheiten. Mit der übergreifenden Großfassade begann gleichzeitig mit dem Gang in die Moderne der Angriff auf das jahrhundertealte Erscheinungsbild der Bürgerstadt mit seiner Abfolge von unterschiedlichen Hausindividuen. Dieser sich um 1895 abzeichnende Bruch ist um so auffallender, als Alfred Messel noch 1886 beim Entwurf seiner Werderschen Geschäftshäuser das herkömmliche Stadtbild durch eine unterschiedliche Fassadengestaltung für jede Organisationseinheit strikt gewahrt hatte.

Wertheim und Tietz in der Leipziger Straße

Zum sichtbarsten Ausdruck für Modernität wurde jedoch 1896 das von Alfred Messel entworfene Kaufhaus Wertheim in der Leipziger Straße (Abb. 83). »Angeregt durch ähnliche Geschäftshäuser in England und in den Vereinigten Staaten Nordamerikas hat der Erbauer des Hauses, Alfred Messel, als Leitmotiv den Pfeilerbau gewählt und diesen mit Konsequenz auch im Innern durchgeführt. ... In allen Einzelheiten der Facade waltet ein durchaus moderner Geist. Nur die beiden Obelisken an den Ecken der Dachbrüstung des Mittelbaus erinnern daran, dass auch der modernste Architekt, der nur noch mit Granit, Eisen und Glas arbeitet, sich nicht ganz von seinen historischen Erinnerungen frei machen kann.«[44] Die gestalterischen Mittel für die Messelsche Moderne waren der konsequente Pfeilerbau mit den Auswirkungen auch für den Raster der Grundrißdisposition, das Eisen, das Glas und der Granit.

Das Beispiel, welches Messel mit dem Wertheim gegeben hatte, war durchschlagend – fortan ging für die nächsten Jahre von diesem Gebäude so etwas wie eine typenbildende Wirkung aus. Wenige Jahre zuvor hatten

83 Warenhaus A. Wertheim, Leipziger Straße 132–133; Alfred Messel, 1896.

Den Schlußpunkt in der Entwicklung der Geschäftshausfassade setzte Alfred Messel: Der Verzicht auf ein Sockelgeschoß sowie auf geschoßweise Untergliederungen mit dem Mittel herkömmlicher Fassadengestaltung bildete die Schwelle zur Entwicklung in die Moderne, selbst wenn der Haupteingang noch als dreiachsiger Risalit behandelt wurde und in den beiden Endachsen des Gebäudes in Verbindung mit den Toreinfahrten Reminiszenzen an traditionelle Gestaltungsformen auftraten. Stockwerksmarkierungen und technisch notwendige Profilunterteilungen der Glasflächen und selbst das Mezzaningeschoß wurden nur noch als filigranes Linienwerk zwischen die vertikal bis unter den Dachüberstand durchgehenden Pfeiler eingespannt. Die Tektonik des Hauses bestand nur noch aus den überaus schlanken Pfeilern, die direkt das Dach trugen.

Sehring konnte bereits mit seinem Entwurf für Tietz auf das Wertheim in der Leipziger Straße mit der Entscheidung für eine technisch noch modernere Vorhangfassade reagieren. Sonst blieb er mit der an der Leipziger Straße gelegenen Front dem Geschäftshaus-Typus verhaftet, den Messel mit seinem Werderhaus bereits in den achtziger Jahren entwickelt hatte: Eingangsachsen mit größerem Flächenanteil an Mauerwerk und zwischen ihnen angeordneten Fensterflächen, die Sehring bei Tietz mit Hilfe der Vorhangfassade konsequent in Glas auflöste. Der üppige Bildhauerschmuck der Risalite war offensichtlich Sehrings eigenem malerischem Empfinden und gleichzeitig einer Zeitstimmung entgegengekommen, die sich bei Reinhold Begas in dessen Nationaldenkmal für Wilhelm I. ebenfalls äußerte. An die Stelle einer konventionellen Dachschürze, wie sie Messel bei Wertheim verwendete, setzte Sehring bei Tietz eine Atelierverglasung mit vorgelagerter Terrasse.

bereits die Architekten Alterthum & Zadek mit dem Kaufhaus Jandorf Spittelmarkt Ecke Leipziger Straße 1891–1892 und Cremer & Wolffenstein mit dem 1896 ausgeführten Geschäftshaus Levin Hausvogteiplatz 13 Ecke Niederwallstraße eine ähnliche Pfeilerarchitektur im Fassadenaufbau vorgeführt. Messel selbst war zuvor mit dem Warenhaus Wertheim in der Oranienstraße noch ganz konventionell umgegangen. Er aber hatte im Abgesang auf den Akademismus mit dem Haus in der Leipziger Straße die Möglichkeiten des Pfeilerbaus mit aller künstlerischen Konsequenz folgerichtig vorangetrieben.

Lediglich das Warenhaus Tietz – neben Wertheim das zweite große Warenhaus Berlins, nach dem Entwurf von Bernhard Sehring in der unglaublich kurzen Zeit von September 1899 bis September 1900 am entgegengesetzten Ende der Leipziger Straße nahe dem Dönhoffplatz gebaut – ging noch einen Schritt weiter als das Wertheim, indem es zwischen seinen drei schmalen steinernen Risaliten eine nur durch ein Sprossenwerk untergliederte gläserne Vorhangfassade ausbildete. Die statisch notwendigen Stützen traten, weil um zwei Meter hinter die Glasfront zurückgezogen, nicht mehr in Erscheinung (Abb. 84). »Durch diese Anordnung ist ein grossartiger Effekt beabsichtigt und erzielt worden, der besonders abends, bei der überreichen Lichtfülle, welche dem Geschäftspalaste entstrahlt, hervortritt.«[45] Der Einsatz des elektrischen Lichtes als Mittel der Werbung und Verkaufsförderung fing bei diesem Warenhaus an, die Architektur so zu beherrschen, daß selbst moderne Lösungen wie das Tietz wegen der Verletzung grundsätzlicher architektonischer Gestaltungserfordernisse Kritik über sich ergehen lassen mußte. »... die Architekten [hätten] bei ihrem Bau der Reklame alle struktiv ästhetischen Bedenken geopfert.«[46] Die Kritik muß so wirkungsvoll gewesen sein, daß Vorhangfassaden tatsächlich nicht mehr weiter verfolgt wurden. Der von Sehring gewagte Beginn brach sofort ab. Ausschlaggebend mögen auch klimatische und materialtechnische Schwierigkeiten gewesen sein, die die Architekten noch nicht beherrschen konnten. Das Kaufhaus des Westens folgte 1906 wieder mit herkömmlichen Gliederungen und griff noch nicht einmal auf den Messelschen Fassadentypus zurück.

Im Inneren der Warenhäuser geriet der große Lichthof zum Mittelpunkt – in der Achse des Haupteinganges gelegen und in Verbindung mit dem Haupttreppenhaus entfaltete er die beeindruckende Wirkung hoher Innenräume, auf ihn konzentrierte sich folglich zusammen mit den Fassaden der Aufwand an Gestaltung und setzte sich die Pfeilerarchitektur als Thema fort.

Die Kaufhäuser bildeten kein in sich geschlossenes Viertel innerhalb der Innenstadt, weil sie die Nähe der vom Publikum frequentierten Straßen und Plätze suchten und in Abhängigkeit von der sozialen Schichtung ihrer Klientel standen. Die Kaufhäuser in der Leipziger Straße und im Westen der Stadt bedienten ein anderes Publikum als die am Alexanderplatz und in der Spandauer Vorstadt. Einen gewissen Schwerpunkt fanden sie immerhin mit den großen Marktführern zwischen Leipziger Platz und Alexanderplatz.[47] Die Warenhäuser blieben schließlich bis zum Ersten Weltkrieg getreues Spiegelbild des sich wandelnden breiten Geschmackes der

84 Warenhaus Tietz, Leipziger Straße 46–49; Bernhard Sehring, 1899–1900.

85 Bankhaus der Berliner Handelsgesellschaft, Behrenstraße; 1899–1900, Alfred Messel.

Die Architektur des Bankhauses fiel nur scheinbar in eine historisierende Formenwelt zurück und schien sich damit in die Reihe der nur repräsentieren wollenden Bankpaläste einzureihen. Tatsächlich hatte sich das Architekturdetail in eine kubische Kantigkeit hinein entwickelt, die auf jeden Fall einem stilistischen Empfinden nach sachlichem Ausdruckswert und nicht mehr einer durch historische Treue geadelten Formenwelt entsprechen wollte. Andererseits läßt die Schwere des vorherrschend in Erscheinung tretenden Quaders vermuten, daß mit ihm symbolhafte Ausdruckswerte vermittelt werden sollten, wie Ludwig Hoffmann wenig später mit der Quaderarchitektur seines Stadthauses beabsichtigte.

Öffentlichkeit, denn die beispielsweise von Wertheim beständig errichteten neuen Niederlassungen sollten wohl kaum gegen die Erwartungen des Publikums gebaut werden.

Das Bankenviertel

Die zweite Welle einer Bautätigkeit setzte mit der endgültigen wirtschaftlichen Erholung kurz vor 1890 ein. Es entstanden: 1884–1885 Nationalbank für Deutschland in der Voßstraße [48], 1887–1889 Dresdener Bank am Opernplatz [49], 1889–1891 Disconto-Gesellschaft Unter den Linden [50], 1889–1891 das Hauptgebäude der Deutschen Bank zwischen Behrenstraße und Französischer Straße [51], 1890 Preußische Boden-Credit-Actien-Bank in der Voßstraße [52], 1890–1892 Darmstädter Bank am Schinkelplatz [53], 1890–1892 Kur- und Neumärkische Haupt-Ritterschafts-Direction am Wilhelmplatz [54], 1891–1893 Bankhaus Mendelssohn & Co. Jägerstraße 49–50 [55], der Erweiterungsbau der Reichsbank 1892–1894 am Hausvogteiplatz [56], 1893–1894 Hypotheken-Bank in Hamburg Französische Straße [57], 1895–1897 Pommersche Hypotheken-Aktienbank Behrenstraße [58] und 1899–1900 Berliner Handelsgesellschaft Behrenstraße [59].

Spätestens mit dem Bau der Dresdener Bank am Opernplatz hatte sich ein Fassadentypus für das Bankhaus durchgesetzt, wie er auch bei öffentlichen Gebäuden gang und gäbe war: in der Regel rustizierter Sockel über ein oder zwei Geschossen, in den Obergeschossen mehrachsiger Mittelrisalit mit Säulenstellung und seitlich folgenden Fensterordnungen.

Nur das Bankhaus Mendelssohn führte in seinem neuen Hause die Tradition des älteren zweigeschossigen Bankhauses mit dem Duktus einer überaus noblen – und konservativen – Privatbank weiter.

Den ausgebildeten Typus des großen Bankhauses, wie er sich in der Dresdener Bank und in der Darmstädter Bank ausdrückte, versuchten die Deutsche Bank und die Handelsgesellschaft weniger in der Grundgliederung der Fassade als in der künstlerischen Bewältigung des Erscheinungsbildes weiterzutreiben. Bei der Deutschen Bank begann sich mit dem Vorherrschen der beiden rustizierten Geschosse gegenüber dem dritten Stockwerk sowie mit dem Zurücknehmen der üblichen Plastizität des Mittelrisalites die akademische Fassadenaufteilung zu verschleifen, bei der Handelsgesellschaft zeigte Alfred Messel als Architekt des Hauses die deutliche Transformation des baulichen Details zu kubisch geometrischen sowie plastisch voluminösen Grundformen, die trotzdem der sinnfälligen Repräsentanz eines festgefügten, grundsoliden Bankgeschäftes dienten (Abb. 85): »Beim Palast der Handelsgesellschaft, dessen Fassaden palladieske Größe atmen und heutzutage als Inbegriff von handelsherrlicher Repräsentation gelten, spielte eigentlich der Grundriß die entscheidende Rolle« [60] – der Hinweis auf den besonders guten, weil funktionsgerechten Grundriß machte das Bedürfnis der neunziger Jahre nach rationellen und klaren Lösungen deutlich. Energische Vorreiter der Moderne waren die Bankhäuser insgesamt nicht. Die Handelsgesellschaft wird eher den prominenten Architekten als den Protagonisten der Moderne beauftragt haben.

Das Konfektionsviertel

Zu den Neubauten während der Regierungszeit Wilhelms II. gehörte das in den Formen der deutschen Renaissance gehaltene Geschäfts- und Wohnhaus Winckelmann Hausvogteiplatz 11a[61] von 1889–1890. Der Bauherr, der Hof-Lithograph R. Winckelmann, betrieb sein eigenes Gewerbe im Erdgeschoß, während die drei Obergeschosse die Damen-Mäntel-Fabrik C. Isaac beherbergten. Gleichfalls 1889–1890 wurde nach dem Entwurf von Otto March das Geschäftshaus Zum Hausvoigt errichtet[62], das für Zwecke der Damenkonfektion diente. Hausvogteiplatz 3–4 von Alterthum & Zadeck und Hausvogteiplatz 12 aus dem Jahr 1895 von den gleichen Architekten wiesen den Hausvogteiplatz schließlich trotz Auftragsvergabe an bekannte Architekten nicht als eine der Wiegen der modernen Architektur aus – zu groß war das vermutlich von den Bauherrschaften ausgehende Bedürfnis nach repräsentativer Dekoration.

Das Universitätsviertel

Unter Wilhelm I. war die Bebauung des Universitätsviertels bereits so gut wie abgeschlossen worden, es wurde mit neuen Standorten für die Universität nicht mehr erweitert. 1891–1892 entstand im Garten der Tierärztlichen Hochschule lediglich das Zweite Anatomische Institut.[63] 1889–1892 geschah im Hauptgebäude Unter den Linden eine durchgreifende Modernisierung[64], doch mußten bereits 1901 aus Gründen der Raumnot Erweiterungspläne, alternativ eine Verlagerung des Standortes nach Dahlem, an den Kaiser herangetragen werden. Lösungsansätze zeichneten sich in den folgenden Jahren erst ab, als anläßlich der 100-Jahrfeier der Universität die Aula in der inzwischen frei gewordenen königlichen Bibliothek am Opernplatz untergebracht worden war. 1913 legte Ludwig Hoffmann sein allgemein anerkanntes Erweiterungskonzept für das Hauptgebäude vor, mit dem der Stadtbaurat gleichzeitig eine städtebauliche – und in seinem Verständnis auch geistige – Achse zwischen dem Gartenhof der Universität und dem Hof des Pergamonmuseums auf der Museumsinsel anzulegen vorschlug.[65] Beim Erweiterungsbau der Universität lehnte sich Hoffmann bewußt an die Knobelsdorffsche Architektur des Ursprungsgebäudes an, waren die Linden zu diesem Zeitpunkt doch bereits dem Gedanken des Heimatschutzes verpflichtet worden, für den das preußische Gesetz zum Schutz von Ortschaften und landschaftlich hervorragenden Gegenden seit 1907 die gesetzliche Grundlage abgab.

Das Regierungsviertel, der preußische Landtag

Den Neubau des Reichstages hatte Wilhelm II. nicht mehr beeinflussen können – er befand sich seit 1884 in der Durchführung, und Paul Wallot hatte sich ohnehin jegliche Veränderungen durch den Monarchen verbeten, weshalb ihn dieser mit übler öffentlicher Nachrede abstrafte. Die Zustimmung Wilhelms II. erhielt dagegen der Neubau des preußischen Landtags, der nach dem Auszug des Reichstags aus der Leipziger Straße

86 Kaiser-Wilhelm-Gedächtniskirche, Auguste-Viktoria-Platz; Franz Schwechten, 1891.

Neben ihrer ikonographischen Bedeutung hatte die Gedächtniskirche auch eine städtebauliche Aufgabe zu erfüllen: Als Platzkirche sollte sie für die angrenzenden Straßenräume den Blickpunkt eines türmereichen und vielgliedrigen Bauwerkes bilden und so das Bedürfnis nach malerischen Bildeindrücken und ihren emporhebenden Wirkungen befriedigen. Die Proportionen der einzelnen Bauteile wirkten auch eher schlank als gedrungen und stumpf, obgleich sie mit Hilfe von Gesimsen auch in die Waagerechte eingebunden wurden. Das hohe Dache über Langhaus und Querschiff verlor wegen der Türme und Giebel seine beruhigende Wirkung ebenso wie der Baukörper in der Ansammlung unterschiedlicher Bauteile als Gestaltungsmittel des Malerischen keine Klarheit aufkommen ließ.

1894 zunächst im Abgeordnetenhaus an der Prinz-Albrecht-Straße untergebracht war und nachfolgend mit dem Herrenhaus an der Leipziger Straße im Bau begonnen werden konnte; die Entwürfe waren bereits 1890 fertiggestellt. Für den Neubau gab es keinen Wettbewerb, beauftragt wurde die Staatsbauverwaltung. Mit dem Fassadentypus für das Abgeordnetenhaus bewegte sich die preußische Bürokratie indessen in den seit den siebziger Jahren herkömmlichen Bahnen eingefahrener Fassadengestaltungen. Der Vergleich mit dem mehr als ein Jahrzehnt älteren Hauptgebäude der Technischen Hochschule in Charlottenburg läßt lediglich eine Veränderung in der Entwurfshaltung erkennen, denn das jüngere Parlamentsgebäude hatte deutlich die Tendenz zur wandhaltigen Schließung der Fassade. Neu gegenüber dem Reichstag fiel im preußischen Abgeordnetenhaus indessen aus, daß die Funktionsräume für das Parlament – Plenarsaal, Wandelhalle, Bibliothek, Restauration, Festsaal, Sitzungssäle, alle um das große Treppenhaus herum gruppiert – mit einem den Plenarsaal in der Mitte umfassenden Bürokomplex in einem Baukörper zusammengefaßt worden waren. Damit gaben sich folglich auch im äußeren Erscheinungsbild des Hauses der Kopfbau mit den Räumen des Parlaments aus Naturstein und die in der Tiefe des Grundstücks folgenden Büros mit ihrer deutlich untergeordneten Fassadengestaltung zu erkennen.

Der Kirchenbau

Der evangelische Kirchenbau des Kaisers

Das Interesse des Kronprinzen für die von Hofprediger Stöcker propagierte Stadtmission und den Kirchenbau hatte sich bereits vor der Thronbesteigung zum Teil mit solchen politischen Auswirkungen zu erkennen gegeben, daß sich Bismarck genötigt sah, den Prinzen mit Schreiben vom 8. Januar 1888 auf die abweichenden Grundsätze der staatlichen Kirchenpolitik hinzuweisen.[66] Der am 15. Mai 1890 gegründete Evangelische Kirchenbau-Verein bündelte schließlich die sozialpolitischen Vorstellung des Monarchen, die dieser sich von einem verstärkten Kirchenbau erhoffte. Bereits fünf Wochen nach seiner Gründung schrieb der Vorstand des Kirchenbau-Vereins einen Wettbewerb zur Erlangung von skizzenhaften Entwürfen für den Bau einer Kaiser-Wilhelm-Gedächtniskirche aus.
Um die Jahreswende 1889–1890 hatte sich der Kaiser wohl nicht nur aus kunsthistorischem Interesse mit der Baukunst der Hohenstaufen beschäftigt. Mit dem Bezug auf die Hohenstaufen und folglich dem Aufgreifen der staufischen Formen in seinen eigenen Kirchenbauten sollten Legitimität und Kontinuität der Herrschaft der Hohenzollern über deren eigene Regentschaft in der Mark hinaus bis in das frühe Mittelalter zum Ausdruck gebracht werden. Die Wahl romanischer Formen und die Bestimmung des geplanten Kirchenbaus als Memorialkirche für den Reichsgründer Wilhelm I. gaben mehr als deutlich das Verständnis des jungen Monarchen zu erkennen, die Herrschaft der Hohenzollern aus der Kontinuität des frühmittelalterlichen Reiches heraus zu begründen (Abb. 86). Alle neubarocken und gotischen Beiträge zum Wettbewerb der Kaiser-Wilhelm-Gedächtniskirche hatten deshalb kaum eine Chance, berücksichtigt zu werden. Nach dem Wettbewerb für die Gnadenkirche, der noch nicht einmal ein halbes Jahr zuvor durchgeführt worden war und den Max Spitta gewonnen hatte, war für die Mehrzahl der Teilnehmer an der Gedächtniskirche die Verwendung einer romanischen Bautypologie wohl ohnehin selbstverständlich, denn die Gnadenkirche war bereits Memorialkirche für die verstorbene Kaiserin Augusta. In die engere Wahl für die Kaiser-Wilhelm-Gedächtniskirche kamen die Arbeiten von Kyllmann, Doflein und Schwechten. Der Kaiser entschied abschließend zugunsten von Franz Schwechten, der im Vergleich mit Doflein einen sehr viel lebendigeren, in den Ansichten aus der Tauentzienstraße und dem Kurfürstendamm heraus fast malerisch anmutenden, weil stark gegliederten, vieltürmigen und vielgiebeligen Baukörper entworfen hatte.[67] Neben der bedeutungsgeladenen Form der Romanik sollte eine in der städtebaulichen Silhouettenwirkung vielgliederige malerische Anlage entstehen. In dieser Auffassung unterschied sich Schwechten kaum merklich von Raschdorffs Dom.

87 Trinitatiskirche, Karl-August-Platz; Vollmer & Jassoy, 1895.

Der moderne evangelische Kirchenbau arbeitete mit anderen gestalterischen Merkmalen: Der Grundkörper der kreuzförmig angelegten Kirche wurde deutlich erkennbar zum Ausdruck gebracht. Die Dreiecksgiebel machten sich nicht gegenüber der Dachfläche als Zierelement selbständig, die Architekten paßten sie vielmehr in den Dachkontur ein. Die Proportionen des Gebäudes wirkten eher gedrungen als schlank und elegant, und die geometrische Kantigkeit der Einzelformen trug zur schnellen Übersichtlichkeit des Bauwerks bei. Die Trinitatiskirche sollte nicht als ein malerisches Stimulans wirken, sondern mutmaßlich als eher rationales Bauwerk begriffen werden.

88 Rosenkranz-Basilika, Kieler Straße; Christoph Hehl, 1898.

Der katholische Kirchenbau folgte bei aller gegenüber der evangelischen Kirche unterschiedlichen ikonographischen Begründung zur Wahl ihres eigenen Formenapparates in der stilistischen Entwurfshaltung den in der Zeit liegenden Tendenzen zur Versachlichung des Erscheinungsbildes, wobei bereits die Wahl des Vorbildes durch das eigene künstlerische Wollen beeinflußt wurde. Auch das Baumaterial des Westwerks der Rosenkranz-Basilika – das Ziegelmauerwerk aus großformatigen Steinen und sichtbarem Fugenbild – schloß sich den zeitgenössischen Tendenzen an.

Der moderne evangelische Kirchenbau

Ausschließlich aus den Mitteln der Gemeinde und ohne Einflußnahme des Kaisers wurde der Bau der Trinitatiskirche auf dem Karl-August-Platz in Charlottenburg bestritten. Nach einem engeren Wettbewerb im Jahre 1895 zwischen Schwechten, Spitta sowie Vollmer & Jassoy erhielten letztere den Zuschlag (Abb. 87). Gänzlich anders als bei der ebenfalls zur Stadt Charlottenburg gehörenden Gedächtniskirche ging es bei dieser Entwurfsaufgabe darum, »ohne Rücksicht auf historische Ueberlieferungen ein Gotteshaus zu schaffen, das den Anforderungen der modernen protestantischen Predigtkirche möglichst vollkommen entspricht.«[68] Das äußere Erscheinungsbild wurde zwar durch »die Stilformen des märkischen Backsteinbaus in freier Behandlung« charakterisiert,[69] diese in freier Behandlung angewendeten gotischen Formen wurden indessen in einer völlig unakademischen, geometrisierenden Grundformen angenäherten und schlicht wirkenden Haltung entworfen. Die moderne Predigtkirche fand nicht nur »im Innern wesentlich als eine Centralanlage« sowie durch »das Prinzip grosser Helligkeit«, sondern auch im äußeren Erscheinungsbild wegen der rigorosen Vereinfachung des Formenapparates ihren sinngemäßen Ausdruck. Diese Tendenz zu einer eher kühlen und flächenhaften Ausdrucksweise hatte Vollmer bereits 1893 beim Bau der Kaiser-Friedrich-Gedächtniskirche im Hansa-Viertel angedeutet.[70]

Die umfangreiche evangelische Kirchenbautätigkeit in den ersten Regierungsjahren Wilhelms II. dominierten Orth[71] sowie Otzen, Schwechten, Vollmer, Spitta, Doflein und Kühn.

Der katholische Kirchenbau

Auf die umfängliche Beförderung des evangelischen Kirchenbaus reagierten die Katholiken in der Reichshauptstadt seit den späten achtziger Jahren mit der Propagierung eines nun auch unerläßlichen katholischen Kirchenbaus[72], für den Christoph Hehl nach seiner 1894 erfolgten Übersiedlung nach Berlin die entscheidenden Bauten entwarf. Das Erstlingswerk, die Herz-Jesu-Kirche in Prenzlauer Berg von 1895, nahm wie die Kaiser-Wilhelm-Gedächtniskirche das romanische Formenrepertoire auf. Spätestens mit dem zweiten Kirchenbau Hehls, der Rosenkranz-Basilika in Steglitz aus dem Jahr 1898 (Abb. 88), wurden die Gründe für diese Wahl deutlich: »An diese Zeit der ersten Ausbreitung des Christentums in hiesiger Gegend will der Neubau der kath. Pfarrkirche hierselbst anknüpfen, sie trägt deshalb, namentlich was die Straßenfront angeht, durchaus den Charakter der älteren märkischen Backsteinbauten.«[73] Mit der Wahl solcher Formen sollte propagandistisch vordergründig an die durch die Reformation abgebrochene Kulturtätigkeit vor allem der Zisterzienser in der Mark angeknüpft werden, wenn nicht gleichzeitig auch dem zeitgenössischen Gedankengut der Heimatarchitektur Rechnung getragen werden sollte.

Die Theater

Die wirtschaftliche Konjunktur bewirkte einen Zuwachs an Theaterbauten, die sich um 1891 in ihrer Formensprache des Barock oder des Rokoko bedienten. Das Theater Unter den Linden von Fellner & Hellmer, gebaut 1891–1892 (Abb. 89), folgte bei der »Decoration des Saales ... höchst geschmackvoll ... den Formen des Barock, [wobei] die sehr wirkungsvolle, mit voller Beherrschung der Formen entworfene Barockfassade an der Behrenstraße, im Stil des Belvedere in Wien« ausgeführt wurde.[74] Das Neue Theater von Heinrich Seeling, im gleichen Zeitraum errichtet, brachte im Inneren eine »mit außerordentlicher Frische durchgeführte, ins Rococo übergehende Architektur« zur Geltung.[75] Das Lessing-Theater, von v. d. Hude & Hennicke 1887–1888 gebaut, belegte dagegen noch den Umgang mit Formen der Renaissance.

89 Metropol-Theater, Behrenstraße; Hellmer & Fellner, 1891–1892.

Jenseits aller Vorbildwirkung des Wiener Belvedere sollte das Theater – wenn auch mit der Rückseite zur kaiserlichen Prachtstraße Unter den Linden gelegen – ein Bild metropolitaner Eleganz werden, die mit dem dichten bildhauerischen und architektonisch-ornamentalen Besatz des Haupteingangs zelebriert wurde. Möglicherweise war der Unternehmer über die Gemütslage des deutschen Kaisers 1891 bestens unterrichtet, denn die Haltung des Mittelrisalites ähnelte verblüffend der bildhauerischen Handschrift eines Reinhold Begas, der zu diesem Zeitpunkt gerade das Staatsdenkmal für Wilhelm I. bearbeitete. Das Theater wollte und sollte weder in der Wahl seiner Formen noch in der stilistischen Haltung einen Anspruch an Moderne erfüllen.

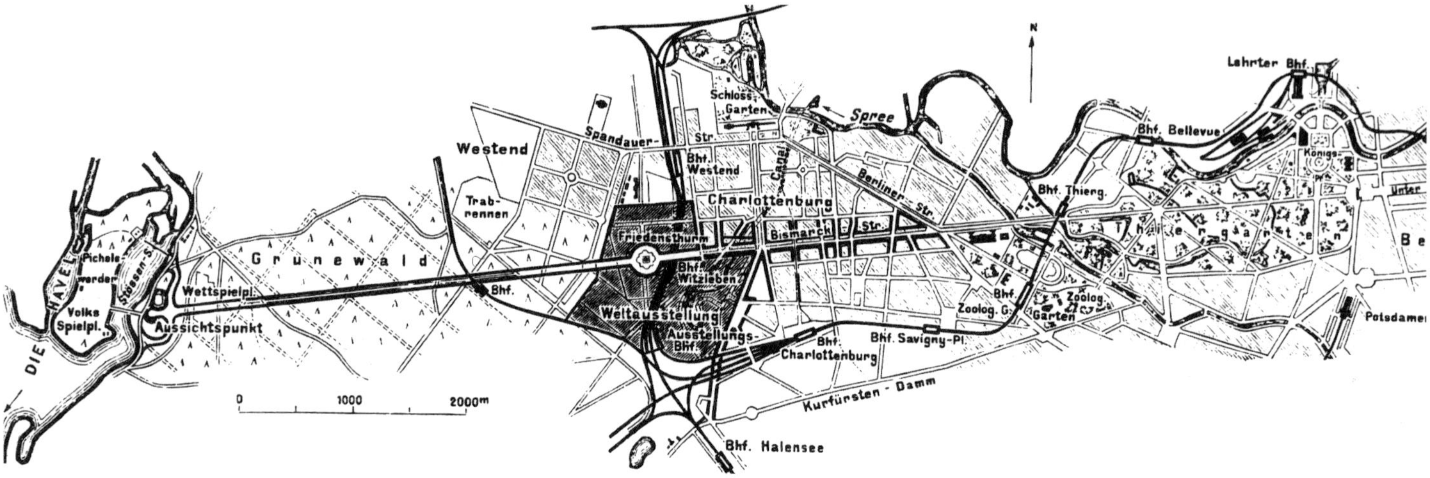

90 Umgestaltung der Bismarckstraße in Charlottenburg; Ludwig Hercher, 1899.

Die Vorstellung, Berlin und seine Nachbargemeinden aus dem willkürlichen Nebeneinander ihrer städtebaulichen und baulichen Entwicklung zu erlösen und ihnen zumindest Richtung Westen über Charlottenburg mit einer »Haupt- und Prachtstraße« eine gemeinsame städtebauliche Grundlage zu geben, war der Anlaß für Ludwig Hercher, mit seiner Schrift: »Die Entwickelung Gross-Berlins im Westen« den Ausbau der vom Stadtschloß ausgehenden Barockachse bis an die Havel bei Pichelsdorf zu fordern. Die Hergabe von Grundstücksanteilen wurde für deren Eigentümer mit unweigerlich eintretendem wirtschaftlichem Zugewinn aufgerechnet. Die schnelle Erreichbarkeit von Witzleben als möglichem Standort für eine Weltausstellung von der Innenstadt aus war ebenso Argument wie das Ziel Grunewald als grüner Lunge von Berlin. Die übergreifende Forderung lautete: »Eine Prachtstrasse soll die Bismarckstrasse werden!«

Der Städtebau

Die Radialstraßen

Bereits unter Wilhelm I. war die noch dem Hobrechtschen Bebauungsplan zugrunde gelegte Vorstellung aufgegeben worden, die Stadt durch ein deren gesamtes Gebiet ringförmig umfahrendes Straßensystem zu erweitern. Mit den siebziger Jahren entstand die Vorstellung, das ungebrochene Wachstum der Stadt entlang radialer Ausfallstraßen an die Peripherie zu lenken. Zum bedeutendsten Beispiel dieser neuen Auffassung wurde der durch Bismarck begünstigte Ausbau des Kurfürstendammes, der gleichzeitig für die Berliner Bevölkerung als Wegestrecke bis in das Naherholungsgebiet des Grunewaldes dienen sollte. Erweiterung der Stadt und Erschließung von Erholungsgebieten wurden ebenfalls Grundlage für den Ausbau einer in den Westen gerichteten großen Ausfallstraße: von Kaiserdamm und Heerstraße, die – die barocke Tiergarten-Achse der Charlottenburger Chaussee nach Westen verlängernd – zunächst nur bis zur Havel bei Pichelsdorf und schließlich bis zu den Döberitzer Übungsfeldern geführt wurde. Ihre nahezu schnurgerade Verlängerung verlieh Kaiserdamm und Heerstraße den Duktus einer neu-barocken Achse, und ihr Ausgangspunkt vom kaiserlichen Stadtschloß machte den 1904–1910 ausgebauten Straßenzug im Wortsinne zum »Kaiser«-Damm schlechthin. Das Projekt hatte 1899 der Architekt Ludwig Hercher mit einer Denkschrift »Die Entwicklung Groß-Berlins im Westen« initiiert. Am 18. Mai 1899 wurde der Charlottenburger Magistrat aufgefordert, sich zu Herchers Vorschlägen zu äußern.[76] Mit diesem Projekt des Kaiserdammes wurde zugleich deutlich, daß das Schwergewicht der räumlichen Entwicklung der Stadt in den Westen und Südwesten Richtung Potsdam gerichtet war (Abb. 90).

Die Kolonien

Die in Verbindung mit solchen Ausfallstraßen angelegten neuen Villenkolonien, die immer noch einem kapitalkräftigen Publikum vorbehalten waren, folgten dem Schema neubarocker Grundrißfiguren: Die Villenkolonie Grunewald, am westlichen Endpunkt des Kurfürstendammes gelegen,

91 Villenkolonie Grunewald; Hugo Hanke und Heinrich Höhmann, 1890.

Das seit den späten achtziger Jahren des 19. Jahrhunderts in ersten Ansätzen erkennbar werdende Eingehen von Stadtgrundrissen auf die natürliche Topographie eines Gebietes war zwar mit der Einbindung der renaturierten Grunewaldseen aufgegriffen, aber noch nicht zugunsten kurviger Straßenführungen der die Seen begleitenden Randstraßen auch gestalterisch ausformuliert worden. Die Geradlinigkeit einer Grundrißgeometrie, wie sie sich besonders in den die Kolonie beherrschenden beiden Sternenplätzen ausdrückte, war noch übermächtig. Die Sternenplätze machten ihrerseits den angestrebten Rang der Kolonie deutlich, denn diese wollte sich ganz offensichtlich von dem sich von Wilmersdorf her vorschiebenden Blockraster abheben. Der größere Johanna-Platz ließ erkennen, daß er der eigentliche, ruhige Mittelpunkt der Kolonie sein sollte, zumal über Bismarck-Allee und Joachim-Platz (Bismarck-Platz) der Durchgangsverkehr vom Kurfürstendamm in den Grunewald zur Hundekehle lief.

am 1. April 1889 als eigener Amtsbezirk ins Leben gerufen,[77] ging in einer ersten Planungsphase mit dem Entwurf des Baumeisters Hugo Hanke von zwei Sternenplätzen aus: dem Bismarckplatz und dem Johannaplatz, entlang der Haupterschließungsachse der Kolonie, der Bismarckallee. Offensichtlich nach der Ablösung Hankes 1888 durch den Regierungsbaumeister Heinrich Höhmann mußte bis 1891 die Planung zur Anlage der künstlichen Seenkette erfolgt sein, wobei jetzt die Straßenrichtungen von den Uferlinien der wiederbelebten Seen bestimmt wurden (Abb. 91).[78]
Selbst die kleine, vor Spandau gelegene Arbeiterkolonie Haselhorst erhielt 1892 einen sternenförmigen Grundriß. Der 1898 von der Berlinischen Boden-Gesellschaft für das Bayerische Viertel in Schöneberg erarbeitete Bebauungsplan und die 1900 durch Walter Kyllmann für die Kolonie Dahlem entworfene Bebauung gingen ebenfalls noch von einem vergleichbaren Schema gerade geführter und durch Sternenplätze unterbrochener

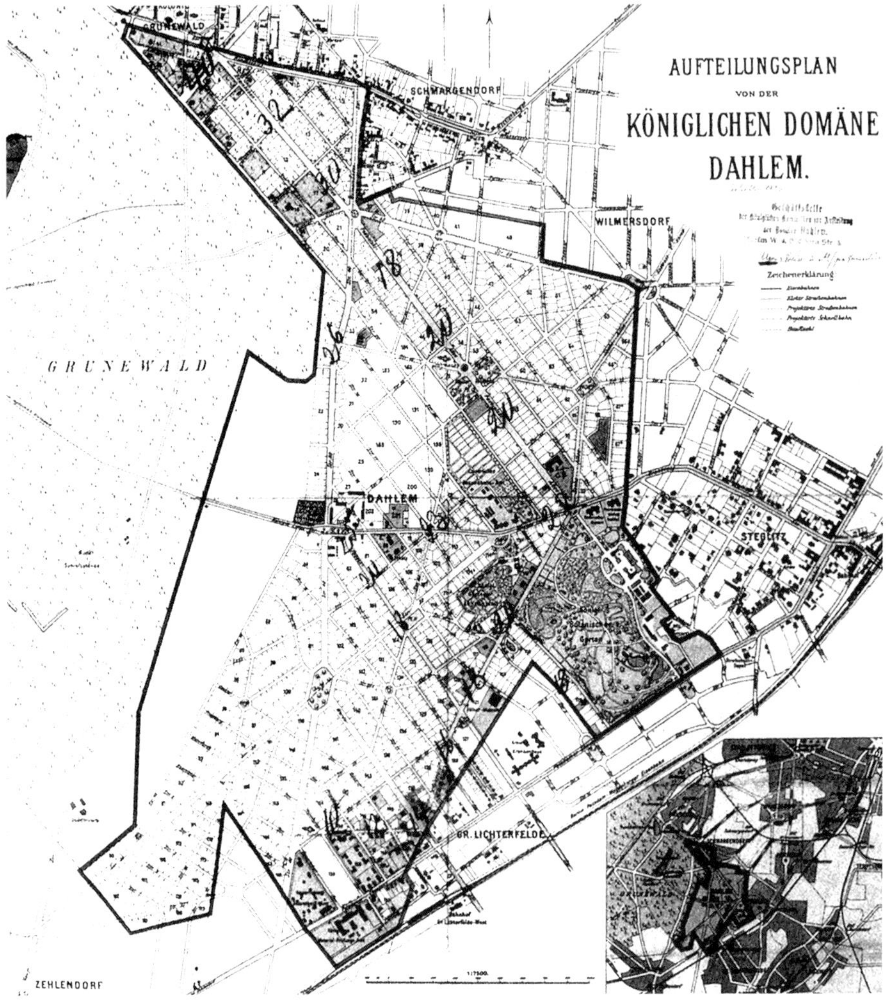

92 Aufteilungsplan von der königlichen Domäne Dahlem; Walter Kyllmann, 1900 (mit Stand der Bebauung 1906).

Die kleinteilige Parzellierung, die dem Architekten wahrscheinlich vorgegeben wurde, war wohl einer der Gründe, der Planung einen engmaschigen Straßenraster zugrunde zu legen. Um das aufzusiedelnde Gebiet trotzdem zu strukturieren, führte Kyllmann als neue große Achse fast in den Dimensionen einer Charlottenburger Bismarck-Allee den Straßenzug Rheinbaben-Allee – Podbielski-Allee von der Kolonie Grunewald bis zum Botanischen Garten, zusätzlich zu den alten überörtlichen Verbindungen zwischen den um Dahlem herum liegenden mittelalterlichen Dörfern ein. Räumliche Mittelpunkte der Domänenflächen wurden unterschiedlich große Plätze mit geometrisierenden Grundrissen. Die neue, zum Botanischen Garten führende Gebietsachse muß so attraktiv gewesen sein, daß sie einschließlich ihrer Parallelstraßen zuerst bebaut wurden.

Straßen aus (Abb. 92).[79] Luisenplatz und Bayerischer Platz im Schöneberger Stadterweiterungsgebiet hatten aber bereits durch Längsstreckung die starre und zentralistische Form etwa eines Bismarck- oder Johannaplatzes verloren.

Die Reformsiedlungen

Die Reformsiedlungen, die wegen des Bodenpreises nur weit draußen vor der Stadt gegründet werden konnten und die folglich auf den Vorortverkehr der Eisenbahn angewiesen waren, lehnten sich dagegen an die durch die zeitgenössische Städtebauliteratur propagierte Entwicklung an. Gegen die staatlich beförderten Siedlungen stellten sich aber auch die selbständigen genossenschaftlichen Gründungen.
Die an der Eisenbahnstrecke von Berlin nach Frankfurt/Oder angelegte Kolonie Neu-Rahnsdorf, ab 1902 Wilhelmshagen, deren Bebauungsplan 1892 durch den Landkreis Niederbarnim ausgelegt worden war (Abb. 93), entstand durch die Deutsche Volksbaugesellschaft, die wahrscheinlich ähnlich wie der am 15. Mai 1890 gegründete Evangelische Kirchenbau-Verein[80] durch Verbesserung der Wohnraumbeschaffung für untere Einkommensschichten zum »besten Schutzwall gegen die Sozialdemokratie«[81]

im Sinne Wilhelms II. werden sollte. Träger der Volksbaugesellschaft war der hohe Adel: Den Vorsitz führte ein Graf Moltke, ein Fürst Stolberg und ein Fürst Pleß gehörten zur Gesellschaft.[82] Errichtet wurden in Wilhelmshagen unmittelbar nach der Gründung bescheidene zweigeschossige Doppelhäuser in einem herkömmlichen Bautypus und in sehr zurückgenommenen Formen der Renaissance. Die Organisation des Kolonie-Grundrisses, entwickelt über dem Segment eines Kreises und ausgerichtet zwischen Bahnhof und Kirche, belegte dagegen ungemein modern die Nähe zu zeitgenössischen theoretischen Überlegungen zum Städtebau,[83] wenn auch der Sternenplatz als Standort der Kirche weiterhin traditionellen Vorstellungen folgte.

Für die 1895 gegründete und spätestens seit 1893 in Planung befindliche Kolonie Karlshorst[84] stifteten Kaiser und Kaiserin für Familien mit geringem Einkommen in der Kaiser-Wilhelm-Straße (später: Lehndorffstraße) als Modellbeispiel drei eingeschossige Häuser mit ausgebautem Dach im gleichen Gebäudetypus wie in Wilhelmshagen, wobei jedoch das Fachwerk im Dachobergeschoß gleichsam die vaterländische Absicht betonte. Diese Stiftung des Kaiserpaares nahm direkten Bezug auf die um 1890 ausgebrochene Diskussion über die katastrophalen Lebensverhältnisse in der Mietskasernenstadt Berlin und »Seiner Majestät des Kaisers und Königs Kundgebung im Reichsanzeiger vom 27. Oktober 1891, betreffend die Schaffung von Eigenhäusern ... .«[85]

Als Gegenbeispiele zu solchen staatlich gesetzten Stiftungen wurden genossenschaftliche Siedlungen wie die Freie Scholle in Tegel von 1895 durch 14 Gründungsmitglieder mit dem Ziel ins Leben gerufen, »dem kapitallosen Arbeiter die Vorteile der Kapital besitzenden Mitbürger zu verschaffen, ihm ein freundliches, unkündbares Heim und eine wohlfeile Hauswirtschaft zu sichern.«[86] Nach erheblichen Anlaufschwierigkeiten wurde 1898 entlang einer geraden Straße mit dem Bau der ersten vier Häuser begonnen. Selbst Anlagen des staatlichen Werkswohnungsbaus wie die Arbeitersiedlung Haselhorst von 1892[87] waren zunächst bescheidene Gründungen mit Cottages als Hausform weit unterhalb des Zuschnittes einer herkömmlichen bürgerlich-spekulativen Kolonie. Über ihren unmittelbaren Siedlungszweck hinaus verfolgte die oppositionelle Genossenschaft – nicht umsonst Freie Scholle benannt – einen sozialreformerischen Ansatz, indem sie folgende weitere Ziele verfolgte: »Gleichzeitig mit der Herstellung der Wohnstätte ist in Aussicht genommen, von dem zu erwerbenden Stück Land eine Parzelle entsprechender Größe zu Wohlfahrtszwecken zu reservieren, als da sind: 1. ein Kinderheim, in dem die Kleinen in Obhut sind während der Abwesenheit der Eltern; 2. ein Lokal zur Unterhaltung und Belehrung; 3. ein Verkaufslokal für den zu errichtenden Konsumverein; 4. Werkstätten, in denen zeitweise beschäftigungslose Genossen Gelegenheit haben, ihre Arbeitskraft in entsprechender Weise nützlich zu verwenden, bis durch den zu errichtenden Arbeitsnachweis eine lohnende Tätigkeit ausfindig gemacht worden ist.«[88] Zu den Mitgliedern der Genossenschaft zählten folglich »Sozialisten, Anarchisten, Syndikalisten ... Dann aber auch eine große Gruppe von Reformern: Bodenreformern, Wohnungsreformer.«[89]

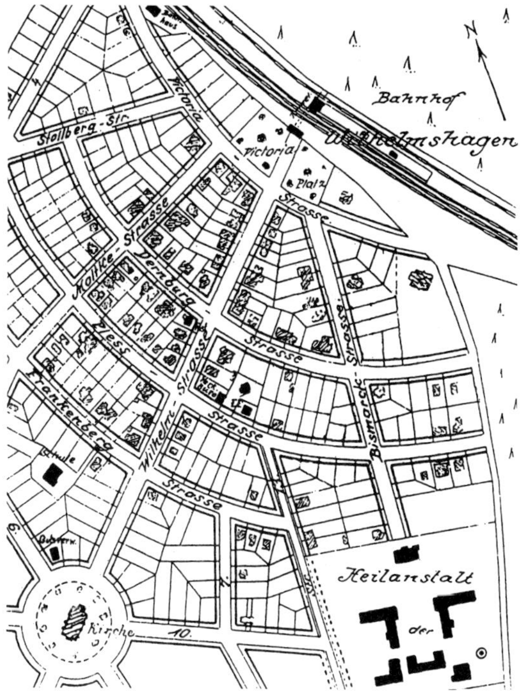

93 Kolonie Neu-Rahnsdorf (Wilhelmshagen); 1892.

Von den zeitgleichen Planungen hob sich der Grundriß von Neu-Rahnsdorf (Wilhelmshagen) grundsätzlich ab. Ebenso wie der große Sternplatz des Johannaplatzes ästhetisches und soziales Programm war, sollte der Wilhelmshagener Grundriß einen bestimmten Anspruch an Reform und Modernität in Verbindung mit der Wohnraumversorgung für bestimmte soziale Schichten kundtun. »Die Deutsche Volksbau-Gesellschaft verschafft demjenigen, der sich mit dem vollen Erwerbspreis bei einer von der Gesellschaft zu bestimmenden Lebensversicherung einkauft, ein eigenes Haus nach Auswahl. Sie hat zu dem Zwecke Colonien in Neu-Rahnsdorf, Gross-Lichterfelde (Anhalter Bahn) und Hermsdorf angelegt.« (Berlin und seine Bauten, 1896)

Die Stadtflucht

Die seit der Reichsgründung eingetretenen Veränderungen im Habitus der Stadt führten um 1890 unter den Vertretern des literarischen Naturalismus zu einer Art Stadtflucht. Gerhard Hauptmann äußerte sich über Berlin bei seinem ersten Besuch 1881 so: »Die Stadt machte den gewaltigsten Eindruck auf mich. ... Zum erstenmal empfand ich Rhythmus, Rausch und Wogengärung einer größeren Stadt. Die Wirkung war sinnbetäubend und fortreißend. ... Man wurde nicht müde, man redete laut, man war immerwährend aufgepeitscht.«[90] 1888 zog Hauptmann nach Erkner. »Hinter seiner Wohnung dehnte sich der Wald, ab und zu durchbrochen vom blanken weißen Spiegel eines flachen Schilfsees, zu dem der Ufersand gelb wie Dukatengold niederquoll und aus dessen Moorboden die Ruderstange das Sumpfgas wie Selterswasserperlen stieß. Wachholder und Heidelbeeren und dürres Farnkraut. Libellen und Schmetterlinge. Ein Spechtruf und zwei sich jagende Eichkätzchen. Das war nun keine berauschende Landschaft, die man sehen mußte, ehe man starb. Aber immer doch eine Landschaft.« – so Wilhelm Bölsche, mit dem sich an der Stadtbahnstrecke nach Erkner in Friedrichshagen ein Kreis von Literaten, Architekten und auch Malern sammelte: Bruno Wille, Wilhelm Bölsche, Julius Hart, Gustav Landauer, Walter Leistikow, Fidus, Bernhard Kampffmeyer, Ernst Rossius-Rhyn, den rauchgeschwängerten Moloch Berlin fliehend, trotzdem aber über die Vorortbahn an seinem literarischen Leben teilnehmend. Der Grund für die Flucht an den Stadtrand war nicht nur Folge der Besuche bei Gerhardt Hauptmann: »... aber es entwickelte sich plötzlich in beiden [d. h. Wille und Bölsche] ein ganz neuer und zwar schlechterdings unstillbarer Heißhunger, – nämlich nach einer nicht gekochten, sondern in natura blühenden Kartoffel, nach der dürrsten Heidekiefer, sintemalen solche immer noch hübscher ist als die Laternenpfähle der Friedrichstraße, und nach einem unverfälschten Riß Himmelsblau ohne Telegraphendrähte und Schlotruß.«[91] Diesen schlechterdings unstillbaren Heißhunger nach einer einfachen, unverfälschten Natur hielt Leistikow in seinen Bildern der märkischen Landschaft fest, Fidus gab ihm nahezu programmatischen Ausdruck mit seinem Lichtgebet.[92] Im Jahre 1901 wird Wilhelm Bölsche einen Sammelband mit dem kennzeichnenden Titel »Hinter der Weltstadt« und mit dem Untertitel »Friedrichshagener Gedanken zur ästhetischen Kultur« veröffentlichen: »›Die Kunst, o Mensch, hast du allein.‹ Das Wort ist nachgerade hundertundzwölf Jahre alt, und ich meine, es ist nachgerade Anlaß, es etwas nach der Rumpelkammer hin zu schieben. ... Wenn wir sehen, daß im Menschengeiste Freude am Ästhetischen, an künstlerischen Harmonien hervorbricht mit elementarer Gewalt, so dürfen wir ohne Skrupel annehmen, daß uns hier ein Grundstreben, ein Grundgefühl aller Natur begegne, ein ästhetisches Naturgesetz gleichsam, das ... folgerichtig zur ästhetischen Harmonie treibt, ... So gebiert das, was in unserem reflektierenden Bewußtsein Ästhetik genannt wird, im tiefen Schacht des Planeten köstliche Krystallformen, es baut die Eisblumen hier auf dem See, es malt dem Schmetterling seinen bunten Flügel und zimmert aus der kleinen Individualität des Radiolars heraus das wundervolle Filigranschälchen, wie aus der des Gürteltieres die elegante Zeichnung seiner Ringe und Sättel. ... Meine Natur ist einig mit meiner Kunst.«[93] Damit hob Bölsche in seiner Philosophie den Widerspruch zwischen Kunst und Natur auf.

Zu den Stadtflüchtlingen gehörten auch Architekten wie Ernst Rossius-Rhyn, der zu den Friedrichshagenern stieß.[94] Das Erschließen von Architektur für das Gemüt, das Einbetten der kleinen und einfachen Häuser in die Natur, Bodenständigkeit und Tradition im Bauen – Behaglichkeit, Ruhe und Frieden wollten sie vermitteln. Der Architekt solle weder Granittragöde noch Backsteinlyriker sein.[95] Diese Haltung griff über die Friedrichshagener hinaus. Über eine Reise im April 1897 nach Bozen notierte Ludwig Hoffmann in seinen Lebenserinnerungen ähnliche Erwartungen: »Und alles Bauliche, was hier früher entstanden, war der Schönheit und Eigenart seiner landschaftlichen Umgebung angepaßt, als ob es mit den Bäumen aus dem Boden heraus gewachsen wäre.«[96] 1913 kennzeichnete Karl Scheffler[97] noch mit einem solchen Bild Alfred Messel als einen Architekten, der »Natürlichkeit, Bodenständigkeit und Modernität innerhalb einer sicheren, historisch gewachsenen Form« anstrebe. Die Abwehrhaltung der Moderne gegen den formalistischen Akademismus begann sich mit Begriffen wie Natürlichkeit, Bodenständigkeit und Eigenart neuen Sinnstiftungen zu öffnen.

Mit dem letzten Jahrzehnt des Jahrhunderts begann sich als Folge der Stadtflucht die Forderung nach einer Heimatarchitektur zu entwickeln. 1897 begründete Ernst Rudorff den Gedanken an Heimatschutz.[98] Diese Bestrebungen mündeten in die Ziele des 1904 gegründeten Deutschen Heimatschutzbundes, »deutsches Volkstum ungeschädigt und unverdorben zu erhalten und was davon unzertrennlich ist: die deutsche Heimat mit ihren Denkmälern und der Poesie der Natur vor weiterer Verunglimpfung zu schützen.«[99]

1 Zit. nach Jürgen Schutte und Peter Sprengel (Hrsg.): Die Berliner Moderne 1885–1914, Stuttgart 1987, S. 571 (Universal Bibliothek Nr. 8359).
2 Zit. nach Vera Frowein-Zieroff: Die Kaiser-Wilhelm-Gedächtniskirche. Entstehung und Bedeutung, Berlin 1982, S. 36 (Die Bauwerke und Kunstdenkmäler von Berlin, hrsg. v. Senator für Stadtentwicklung und Umweltschutz – Landeskonservator, Beih. 9).
3 Zit. nach Jürgen Schutte und Peter Sprengel (Hrsg.): Die Berliner Moderne a.a.O., S. 572 f.
4 Maximilian Harden: Die Ideale, in: Die Zukunft 38. 1902, S. 1–10; zit. nach Vera Frowein-Ziroff: Die Kaiser-Wilhelm-Gedächtniskirche a.a.O., S. 39.
5 Zit. nach Jan Feustel: Wilhelminisches Lächeln. Bauten von Hoffmann und Messel im Bezirk Friedrichshain. Begleitmaterial zur Ausstellung, Berlin 1994, S. 5.
6 M. Rapsilber: Die neuen Hochbauten der Stadt Berlin, in: Berliner Architekturwelt. Zeitschrift für Baukunst, Malerei, Plastik und Kunstgewerbe der Gegenwart, 2. Jg., Berlin 1900, S. 429.
7 Zit. nach Julius Posener mit Christine Becker und Brigitte Jacob: 1888–1918. Die Zeit Wilhelms des Zweiten, in: 750 Jahre Architektur und Städtebau in Berlin. Die Internationale Bauausstellung im Kontext der Baugeschichte Berlins, hrsg. v. Josef Paul Kleihues, Stuttgart 1987, S. 126.
8 Zit. nach Emil Ludwig: Wilhelm der Zweite, Berlin 1926, S. 55.
9 Zit. nach Vera Frowein-Zieroff: Die Kaiser-Wilhelm-Gedächtniskirche a.a.O., S. 27.
10 Elisabeth Noelle: Der Kaiser im Atelier. Ein Berliner Künstlerhaus um 1900, in: Das Reich, Nr. 29 vom 20. 7. 41.
11 Andreas Bekiers: Die »Villa VI« – das Wohn- und Atelierhaus Anton von Werners. Geschichte und Wiederentdeckung, in: Anton von Werner a.a.O., S. 139 ff.
12 Stefan Pucks: »Hier wohnte und wirkte Max Liebermann.« Die Stadtwohnung des Künstlers am Pariser Platz und sein Landhaus am Wannsee, in: Eine Liebe zu Berlin. Künstlersalon und Gartenatelier von Max Liebermann, München 1995, S. 12 ff.
13 Samuel Lublinski: Geistige Struktur um 1890, zit. nach Jürgen Schutte und Peter Sprengel (Hrsg.): Die Berliner Moderne a.a.O., S. 111.
14 Zit. nach Karl-Heinz Hüter: Architektur in Berlin 1900–1933, Dresden 1988, S. 24.
15 F.(ritsch): Berliner Neubauten. 55. Das »Künstlerhaus zum St. Lucas« in Charlottenburg, Fasanenstr. 11. Architekt Bernhard Sehring, in: Deutsche Bauzeitung 25. Jg., Berlin 1891, S. 377 ff.
16 Zit. nach Andreas Bekiers: Bodo Ebhardt 1865–1945. Architekt, Burgenforscher, Restaurator – Leben und Frühwerk bis 1900, Diss. TU Berlin 1984, S. 114.
17 Architekten- und Ingenieur-Verein (Hrsg.): Festreden. Schinkel zu Ehren a.a.O., S. 239.
18 Berliner Miethshäuser, in: Centralblatt der Bauverwaltung, hrsg. im Ministerium der öffentlichen Arbeiten, 13. Jg., Berlin 1893, S. 217 f.
19 Peter-Klaus Schuster: Die moderne Angst vor der Moderne. Der Tagesspiegel vom 22. September 1996, Nr. 15 753.
20 Zit. nach Bernd Nicolai: Das National-Denkmal a.a.O., S. 53.
21 Albert Geyer: Geschichte des Schlosses zu Berlin, Zweiter Band: Vom Königsschloß zum Schloß des Kaisers (1698–1918), bearb. v. Sepp-Gustav Gröschel, Berlin 1992, S. 123.
22 Albert Geyer: Geschichte a.a.O., S. 123.
23 Andreas Schlüter, in: Centralblatt der Bauverwaltung, XIV. Jg. Berlin 1894, S. 317.
24 Neue Erscheinungen in der Architektur Berlins, in: Berliner Architekturwelt, Berlin 1898, S. 1.
25 Zit. nach Oliver Sander: Bauzeichnungen im Archiv zur Geschichte der Max-Planck-Gesellschaft am Beispiel von Werken des Architekten Ernst Eberhard von Ihne (1848–1917), Berlin 1996, S. 48 (Diplomarbeit Humboldt-Universität zu Berlin, Ms.).
26 Die Auswahl der drei Gutachter läßt sich durch ihre Mitgliedschaft in den Behörden und Organisationen erklären, dazu vgl. Uwe Kieling: Berliner Privatarchitekten und Eisenbahnbaumeister a.a.O. sowie Uwe Kieling: Berliner Baubeamte und Staatsarchitekten a.a.O.
27 Winfried Löschburg: Ein Kaiserportrait für Paris, in: Der Bär von Berlin. Jahrbuch des Vereins für die Geschichte Berlins, 44. F. 1995, hrsg. v. Sibylle Einholz und Jürgen Wetzel, Berlin-Bonn 1995, S. 91.
28 Ludwig Pietsch: Von der Jubilaeums-Kunst-Ausstellung in München. Der Kunstverein für Hannover seinen Mitgliedern 1892–93, München o. J. (1893), S. 7 f.
29 Carl-Wolfgang Schümann: Der Berliner Dom a.a.O., S. 245 f.
30 Carl-Wolfgang Schümann: Der Berliner Dom a.a.O., S. 251.
31 Albert Geyer: Geschichte a.a.O., S. 107.
32 Zur möglichen Vorbildwirkung vgl. Potsdam Stadtschloß, Marmorsaal im Mittelbau von 1749–1751.
33 Christoph Stölzl (Hrsg.): Bilder und Zeugnisse der deutschen Geschichte. Aus den Sammlungen des Deutschen Historischen Museums, Berlin 1995, S. 333.
34 Goerd Peschken und Hans-Werner Klünner: Das Berliner Schloß, Berlin 1982, S. 530 (Das klassische Berlin).
35 Zit. nach Bernd Nicolai: Das National-Denkmal a.a.O., S. 30.
36 Zit. nach Bernd Nicolai: Das National-Denkmal a.a.O., S. 4.
37 Die Umgestaltung des Schloßplatzes und der Königstraße in Berlin, in: Centralblatt der Bauverwaltung, XIV. Jg., Berlin 1894, S. 122.
38 Deutsche Kunst und Dekoration 34 (1914), S. 140 ff., hier zit. nach Ingo Kolasa: Der Bibliotheksbau Unter den Linden. Geschichte und Entwicklung, in: Roswitha Poll und Bertram Haller: Bibliotheksbauten in der Praxis. Erfahrungen und Bewertungen, Wiesbaden 1994, S. 49.
39 Karl Scheffler: Kunst und Technik. Der Neubau der Königlichen Bibliothek, in: Tägliche Rundschau. Erste Beilage. 21. März 1914; hier zit. nach : Ingo Kolasa: Der Bibliotheksbau a.a.O., S. 49.
40 BusB 1896, T. III, S. 335.
41 Berlin und seine Bauten. Teil III: Bauwerke für Regierung und Verwaltung, Berlin München 1966, S. 65 ff.
42 BusB 1896, T. III, S. 74.
43 BusB 1896, T. III, S. 78 ff.
44 Neue Erscheinungen in der Architektur Berlins, in: Berliner Architektur-Welt, Berlin 1898, S. 7.
45 Zu unseren Bildern, in: Berliner Architekturwelt. Zeitschrift für Baukunst, Malerei, Plastik und Kunstgewerbe der Gegenwart, 3. Jg. Berlin 1901, S. 321.
46 Berliner Architekturwelt a.a.O., S. 322.
47 Peter Stürzebecher: Das Berliner Warenhaus. Bautypus, Element der Stadtorganisation, Raumsphäre der Warenwelt, Berlin 1979, S. 19.
48 BusB 1896, T. III, S. 368.
49 BusB 1896, T. III, S. 366.
50 BusB 1896, T. III, S. 369.

51 BusB 1896, T. III, S. 363.
52 BusB 1896, T. III, S. 367.
53 BusB 1896, T. III, S. 367.
54 BusB 1896, T. III, S. 370.
55 BusB 1896, T. III, S. 365.
56 BusB 1896, T. III, S. 357.
57 BusB 1896, T. III, S. 370.
58 Georg Dehio: Handbuch der Deutschen Kunstdenkmäler. Berlin, bearb. v. Sibylle Badstübner-Gröger, Michael Bollé, Ralph Paschke u. a., München 1994, S. 127.
59 Dehio Berlin a.a.O., S. 126.
60 M. Rapsilber: Das Werk Alfred Messels, Berlin o. J., S. 6.
61 BusB 1896, T. III, S. 62.
62 BusB 1896, T. III, S. 68.
63 BusB 1896, T. II, S. 273.
64 BusB 1896, T. II, S. 258.
65 Klaus-Dietrich Gandert: Vom Prinzenpalais zur Humboldt-Universität, Berlin 1985, S. 86 f.
66 Vera Frowein-Zieroff: Die Kaiser-Wilhelm-Gedächtniskirche a.a.O., S. 29 ff.
67 zur Kaiser-Wilhelm-Gedächtniskirche insgesamt vgl. Vera Frowein-Zieroff: Die Kaiser-Wilhelm-Gedächtniskirche a.a.O.
68 Die Trinitatiskirche in Charlottenburg, in: Berliner Architektur-Welt, Berlin 1898, S. 343.
69 Die Trinitatiskirche a.a.O., S. 343.
70 Iselin Gundermann: Hundert Jahre Kaiser-Friedrich-Gedächtniskirche, in: Der Bär von Berlin. Jahrbuch des Vereins für die Geschichte Berlins, 44. F. 1995, hrsg. v. Sibylle Einholz und Jürgen Wetzel, Berlin-Bonn 1995, S. 80.
71 Elke Herden: Kirchen für die moderne Großstadt a.a.O.
72 Andreas Tacke: Kirchen für die Diaspora. Christoph Hehls Berliner Bauten und Hochschultätigkeit (1894–1911), Berlin 1993, S. 28 f. (Die Bauwerke und Kunstdenkmäler von Berlin, hrsg. v. d. Senatsverwaltung für Stadtentwicklung und Umweltschutz – Landeskonservator, Beih. 24).
73 Steglitzer Anzeiger vom 31. Mai 1900, zit. nach Andreas Tacke: Kirchen a.a.O., S. 42.
74 BusB 1896, T. II, S. 507.
75 BusB 1896, T. II, S. 503.
76 Wilhelm Gundlach: Geschichte der Stadt Charlottenburg, Berlin 1905, Bd. 1., S. 550.
77 Senatsverwaltung für Stadtentwicklung und Umweltschutz, Berlin (Hrsg.): Baudenkmale in Berlin – Bezirk Wilmersdorf, Ortsteil Grunewald, bearb. v. Werner Hildebrand, Peter Lemburg u. a., Berlin 1993, S. 18 (Denkmaltopographie Bundesrepublik Deutschland).
78 Denkmaltopographie Grunewald a.a.O., S. 20 f.
79 Dahlem – St. Annen. Zeiten eines Dorfes und seiner Kirche, Berlin 1989, S. 104 (Dahlemer Materialien 2, Schriftenreihe der Domäne Dahlem, Landgut und Museum, hrsg. v. Karl-Robert Schütze).
80 Vera Frowein-Zieroff: Die Kaiser-Wilhelm-Gedächtniskirche a.a.O., S. 32.
81 Vera Frowein-Zieroff: Die Kaiser-Wilhelm-Gedächtniskirche a.a.O., S. 29.
82 Helmut Lehmann: Vom Fischerdorf zur Gemeinde Rahnsdorf. Geschichte und Geschichten zwischen Dämeritzsee und Müggelsee, Fürstenwalde o. J. (1995), S. 47.
83 Vgl. Theodor Fritsch: Die Stadt der Zukunft, Leipzig 1896; dazu: Julius Posener : Berlin auf dem Wege zu einer neuen Architektur. Das Zeitalter Wilhelms II., München 1979, S. 283, Fig. 6.
84 100 Jahre Karlshorst a.a.O., S. 25.
85 100 Jahre Karlshorst a.a.O., S. 28.
86 Zit. nach Helmut Engel: Geschichte Reinickendorfs – Dörfer im Niederbarnim, Stadtlandschaft in Berlin, in: Die Humboldt-Mühle. Mittelalterliche Wassermühle – Großmühle – Büro- und Hotel-Centrum, hrsg. v. Helmut Engel, Berlin 1993, S. 64.
87 Gunther Jahn: Die Bauwerke und Kunstdenkmäler von Berlin. Stadt und Bezirk Spandau, Berlin 1971, S. 291 f. (Die Bauwerke und Kunstdenkmäler von Berlin, i. A. d. Senators für Bau- und Wohnungswesen hrsg. v. Amt für Denkmalpflege).
88 Klaus Novy und Michael Prinz: Illustrierte Geschichte der Gemeinwirtschaft. Wirtschaftliche Selbsthilfe in der Arbeiterbewegung von den Anfängen bis 1945, Berlin-Bonn 1985, S. 38.
89 Klaus Novy und Michael Prinz: Illustrierte Geschichte a.a.O., S. 38.
90 Zit. nach Karl Voss: Auf Gerhardt Hauptmanns Spuren in Berlin, in: Der Bär von Berlin. Jahrbuch des Vereins für die Geschichte Berlins, 38. u. 39. F 1989/1990, hrsg. v. Gerhardt Kutzsch, Berlin-Bonn 1989–1990, S. 33.
91 Wilhelm Bölsche: Hinter der Weltstadt, in: Günter de Bruyn (Hrsg.): Friedrichshagen und seine Dichter. Arkadien in Preußen, Berlin 1992, S. 189 f.
92 Christoph Stölzl (Hrsg.): Bilder und Zeugnisse a.a.O., S. 341.
93 Kunst und Natur, in: Wilhelm Bölsche: Hinter der Weltstadt. Friedrichshagener Gedanken zur ästhetischen Kultur, Jena und Leipzig 1901, S. 178 ff.
94 Felix Lorenz: Ernst Rossius-Rhyn. Ein deutscher Baumeister, Dresden 1922, S. 13.
95 Felix Lorenz: Ernst Rossius-Rhyn. a.a.O., S. 12.
96 Ludwig Hoffmann, Stadtbaurat von Berlin a.a.O., S. 127.
97 Karl Scheffler: Die Architektur der Großstadt, Berlin 1913, S. 144.
98 Lexikon der Kunst, Bd. III., Leipzig 1991, S. 193.
99 Gründung eines Heimatschutz-Bundes, in: Die Denkmalpflege, hrsg. v. d. Schriftleitung des Zentralblattes der Bauverwaltung, VI. Jg., Berlin 1904.

Die Reformer, die jungen Modernen

Die Reformer

Das preußische Dreiklassenwahlrecht hatte seit der Mitte des Jahrhunderts alle Ansätze einer den Mißständen entgegenwirkenden staatlichen oder genossenschaftlichen Wohnungsbaupolitik unterbunden. Neue Entwicklungen konnten erst eintreten, als das Genossenschaftsgesetz von 1868 im Jahre 1889 mit der Einführung der beschränkten Haftung novelliert wurde und es das Reichsversicherungsgesetz von 1890 ermöglichte, die Rücklagen der gesetzlichen Altersversicherung als zinsgünstige Kredite für den Arbeiterwohnungsbau zur Verfügung zu stellen.[1] Erst jetzt konnten der Berliner Spar- und Bauverein, gegründet am 9. März 1892, und der Unternehmer Weisbach zu Vorreitern der Bewegung für einen genossenschaftlichen Wohnungsbau werden. Das erste Bauvorhaben der Genossenschaft von 1892 wurde die von Alfred Messel entworfene und 1893–1894 errichtete Wohnanlage Sickingenstraße 7 in Moabit. Ziel der Genossenschaft, die im Gründungsjahr 65 % Arbeiter und Gesellen und 11 % selbständige Handwerker und Gewerbetreibende unter ihren Mitgliedern aufwies,[2] war nicht vorrangig das Schaffen preiswerten Wohnraumes, sondern gesundes Leben im eigenen Heim und in einer Gemeinschaft zu ermöglichen. Der Regelgrundriß der Wohnungen umfaßte denn auch nur den üblichen Standard von Küche sowie ein, zwei oder maximal drei Zimmern, aber mit einem innenliegenden WC. Neu waren ein begrünter großer Innenhof und Gemeinschaftseinrichtungen im zweiten Hof an der Bahn. Neu war auch der Versuch, krasse Unterschiede zwischen Vorder- und Hinterhauswohnungen mit ihrem unausweichlichen sozialen Gefälle zu vermeiden, womit das Hobrechtsche Modell der Mischung unterschiedlicher sozialer Stände in einer Mietskaserne überwunden wurde. Der Geschäftsbericht von 1895 führte die Ziele der Genossenschaft deutlich vor Augen: »... wer ein eigenes Klosett in der Wohnung für überflüssig hält, wem schlecht schließende Türen und Fenster genügen, trotzdem er in einem kalten Winter ein kleines Vermögen verfeuern muß ..., wem ein schmutziger Hof genügend Licht und Luft für seine Wohnung giebt, wer diesen Hof und die Straße für einen geeigneten Spielplatz für seine Kinder hält, wer lieber zehn Thaler an Arzt und Apotheker als einen Thaler mehr Miete giebt, wem das Gedeihen seiner Familie gleichgültig ist, wer in der Wohnung nichts anderes als eine Schlafstelle sieht und nach des Tages Last und Mühen sich lieber im Wirtshaus als in seinem eigenen Heim erholt, ... – ein solcher bemitleidenswerter Mitbürger wird freilich seine Rechnung nicht bei uns finden.«[3] Ziel war Lebensreform.

94 Wohnanlage Sickingenstraße 7, Fassade; Alfred Messel, 1893–1894.
95 Wohnanlage Sickingenstraße 7, Grundriß.

Die mit ihren Geländern vor der Fassade liegenden Balkone schufen zur eigentlichen Front des Hauses einen wahrnehmbaren räumlichen Abstand und überdeckten, noch dazu wenn die Balkone im Sommer mit Blumenkästen begrünt waren, deren Aufbau. Die unterschiedliche Ausbildung der Balkone einmal als ein nahezu über die gesamte Straßenfront laufendes Element, dann auch als einzeln auf eine Wohnung ausgerichtete Freisitze, ferner die gegeneinander versetzten Erker und Giebel, die kleiner ausgefallenen Fenster der Nebenräume und das Aufheben konsequenter Achsenbezüge in der Anordnung der Fenster übereinander folgten dem Bedürfnis nach einem malerischen Erscheinungsbild, das aber nicht durch vordergründige Kompositionsmittel, sondern eher durch die Vielfalt und Buntheit des Gesamteindrucks und die räumliche Tiefe der Fassade bewirkt wurde.
Die Häuser wurden als Drei- und Zweispänner sowie im Gartenhaus als Vierspänner ausgebildet. Im Übergang vom Vorderhaus zum Seitenflügel mußte ein Berliner Zimmer in Kauf genommen werden. Wichtig aber für das räumliche Empfinden: der freie Hof und der von den Seitenflügel durch eine Baulücke abgesetzte Gartenflügel, dem auf diese Weise das Berliner Zimmer erspart bleiben konnte.

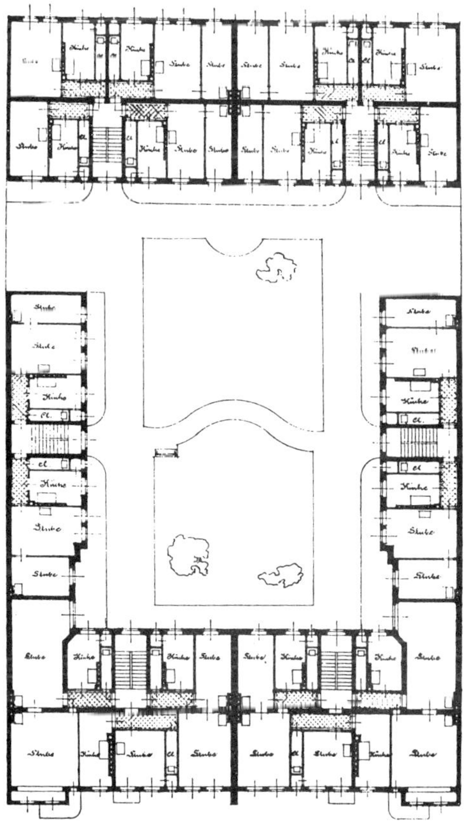

»Heute gibt der Berliner Spar- und Bauverein schon eine kleine Zeitung, die Hausblätter, heraus. ... Und ein begeisterungsvolles Streben, aus den Niederungen des Alltagslebens zum geistigen Lichte emporzusteigen, durchglüht den Schreiber dieser Hausblätter. ›Nicht das ist die eigentliche Bedeutung unseres Thuns‹, so führt er aus, ›daß wir gesunde und wohnliche Häuser bauen, sondern daß wir sie zugleich zu Pflanzstätten eines gemeinschaftlichen Lebens gestalten, das zu den Höhen des Daseins strebt.‹«[4]
Revolutionär war auch der künstlerische Anspruch, der mit der Gestaltung der Fassade gesetzt wurde. Messel wich vom bis dahin vorherrschenden Schema der Mietshausfassade ab – der übliche axialsymmetrische Bezug im Aufbau jeweils einer Fassadenhälfte wurde vermieden und die unterschiedlichen Wohnungsgrundrisse einschließlich der WC-Fenster erkennbar in der Fassade wiedergespiegelt. Spätestens die umfangreiche Verwendung von Balkonen verriet die Absicht, eine malerische, Heimat verkündende Architektur zu schaffen (Abb. 94).
Messel blieb auch mit einem zweiten, zeitlich parallel zur Sickingenstraße betriebenen, wenn auch erst später ausgeführten Projekt für das sog. Weisbachviertel der architektonische Pionier der Wohnungsbaureformbewegung.[5] Der Architekt der Moderne ergriff deutlich Partei der Lebensreformbewegung.

Die jungen Modernen

Die Weiterentwicklung der Architektur ging nicht mehr, wie noch zu Schinkels Zeiten, von einem Staatsarchitekten aus, sondern sie wurde von jungen, unter Einschluß der Industrie- und der Handelsherren für private Bauherren arbeitenden Architekten bewirkt: Alfred Messel, geboren 1853, Bernhard Sehring, geboren 1855, Hermann Solf, geboren 1856.
Die Ausbildung des 1852 geborenen Ludwig Hoffmann war kennzeichnend für die baukünstlerische Entwicklung dieser Generation. Hoffmann und Messel, seit ihrer Jugendzeit eng befreundet, studierten in den Aufbruchjahren des Liberalismus nach der Reichsgründung und machten ihre Examen 1878–1879. An der Berliner Bauakademie wurden sie Schüler von Strack, Adler, Lucae und Raschdorff – Raschdorff als »Lehrer für die Renaissance«. »Er ließ Fassaden älterer römischer Paläste im großen Maßstabe zeichnen, auch aus einzelnen Teilen solcher Paläste neue Fassaden zusammenstellen. So entstanden aus Teilen alter charaktervoller Fassaden in willkürlicher Zusammenstellung der Einzelheiten neue charakterlose. Daß ein Werk nur dann ein Kunstwerk ist, wenn es bestimmte künstlerische Empfindungen zum Ausdruck bringt, und damit die Eigenart seines Schöpfers zur Erscheinung kommt, das wußte er nicht.«[6] Eingeschränkte Bevorzugung einer Stilhaltung wurde ebenfalls im späteren Rückblick als Mangel empfunden: »Bei dem Unterricht an der Akademie ging die Beschränkung auf die antikisierende Schinkel'sche Richtung so weit, daß selbst ein so großer und so fein empfindender Künstler wie Strack an den besten Werken anderer Stile keine Freude empfand. ›Ach, die Gotik ist ja gar keine Kunst‹ sagte er wiederholt und riet uns, auch die barocken Turmbauten auf dem Gendarmenmarkt in Berlin nicht zu beachten.«[7] Die Jungen wollten dagegen die Architektur in ihrem Wesen als künstlerische Aufgabe begreifen, die Empfindungen gerecht werden mußte.
Bereits mit einem seiner ersten Bauten, dem 1889–1890 entstandenen Künstlerhaus St. Lukas in der Fasanenstraße 13, brach der gerade fünfunddreißigjährige Bernhard Sehring mit dem Akademismus herkömmlicher Fassadengliederungen: das Zurückweichen mit einem Teil des Baukörpers von der Bauflucht und damit die Staffelung des straßenseitigen Wohnhauses und folglich das Fehlen eines axialsymmetrischen Fassadenaufbaus, das Hineinstellen eines Turmes in diesen Versatz gleichsam als eine Art Gelenk, das Wiederspiegeln des Wohnungsgrundrisses mit den großen Atelierfenstern, das deutliche Betonen der Flächenwirkung in der Fassade, der Verzicht auf ein vielfältiges Detail und das Rückführen des tatsächlich verwendeten Dekors auf einfache Grundformen. Der Ziegelrohbau mit seinen derberen Ziegelformaten und deutlichem Fugenbild gab bereits im äußeren Erscheinungsbild die Modernität des Hauses zu erkennen, zu dem die Gestaltung eines malerischen Innenhofes ebenso hinzutrat wie die in einer Gemeinschaft lebende Künstlerwelt, die sich allmorgentlich, von der Glocke zusammengerufen, zum Frühstück traf.[8] Die Ideale des Messelschen Genossenschaftshauses in der Sickingenstraße schienen selbst hier durch (Abb. 95).

96 Villa Lilly Kalisch-Lehmann, Herbertstraße 20; Hermann Solf, 1890–1891.
97 Villa Arons, Bismarckallee 10, Johannaplatz; Hermann Solf, 1890–1891.

Der offensichtlich von Sehring in Berlin eingeführte Typus einer gestaffelten asymmetrischen Fassade fand mit dem Haus von Hans Grisebach Fasanenstraße 25 sofort Verbreitung.
Das von dem mit Sehring fast gleichaltrigen Hermann Solf 1890–1891 für die Sängerin Lilly Kalisch-Lehmann in der gerade gegründeten Villenkolonie Grunewald errichtete Landhaus folgte zwar auf Wunsch der Bauherrin »nach seiner Anlage wie in manchen Einzelheiten der Einrichtung amerikanischen Vorbildern«[9] (Abb. 96), doch bleibt auch in diesem Haus bei allen amerikanischen Einflüssen die moderne architektonisch-künstlerische Auffassung einer sich von Historismen befreienden neuen Baukunst erkennbar. Das nur wenige Schritte entfernte, vom gleichen Architekten entworfene und zur gleichen Zeit gebaute Landhaus für den Bankier Arons[10] folgte in seinem klaren Baukörper mit dem beherrschenden Dach einem anderen Beginn einer neuen Entwicklung – Baukörper und Dach sollten als Handschrift des Architekten heimelige Wirkung ausdrücken, während der Geschmack des Bauherren sicherlich in der renaissancistischen Dekoration zum Ausdruck kam (Abb. 97). Die Architekten hatten den Wünschen ihrer Bauherrschaft zu folgen.
Der älteste dieser in den fünfziger Jahren geborenen Architekten, Alfred Messel, hatte eine malerischen Architektur erst 1893 mit dem Haus Sickingenstraße 7 in vollem Umfang ausgebildet, denn sein Volkskaffeehaus von 1890 in der Neuen Schönhauser Straße wies bei allen Ansätzen einer gestaffelten Fassadengruppierung im Detail noch allzu deutlich eine Abhängigkeit von konventionellen Gestaltungsvorstellungen auf. Das Werk Messels ließ am ehesten erkennen, wann und unter welchen Umständen bereits gestandene Architekten die neue Architektur aufnahmen oder je nach der Bereitschaft ihrer Bauherren aufnehmen konnten. Der Wechsel trat augenscheinlich 1892–1893 vor dem Entwurf für die Sickingenstraße 7 ein. Zu diesem Zeitpunkt erwarb sich Messel das Renommee eines zu-

Daß der Architekt bei allem Eingehen auf die individuellen Wünsche der Bauherrschaft trotzdem eigenen Vorstellungen in der Gliederung eines Baukörpers folgen konnte, machten die beiden zeitgleich entstandenen und in unmittelbarer räumlicher Nachbarschaft zueinander liegenden Villen deutlich: an der von der Straße her gesehen linken Ecke des Baukörpers die Loggia im Erdgeschoß mit folglich gestalterisch notwendig breitem Fenster im Obergeschoß sowie im Dach nachfolgendem Giebel bzw. Dachausbau, an der rechten Hauskante ein schlanker Turm, die Stirnfront des Hauses belebt mit Erkern und Austritten, der Eingang auf der Gartenseite des Hauses. Die Wohnräume lagen zur Straße. Die Bauherren veranlaßten zum einen ein großes Satteldach auf einem gestreckten Baukörper, zum andern einen eher kubischen Baukörper über annähernd quadratischem Grundriß mit weniger deutlich ausgebildeter Dachform.

98 Wohnhaus Dohme, Händelallee Ecke Brücken-Allee; Ernst v. Ihne, 1888.

Selbst wenn das Wohnhaus mit seinem mit einem Giebel verschnittenen Dach sowie dem unterhalb des Giebels angesetzten Erker den Merkmalen malerischer Architekturkomposition zu folgen schien, der Augenschein verriet ein Haus von bestechender Klarheit der Fassadenwirkung und von ungewöhnlichen Detaillösungen. Das Fachwerk im Giebeldreieck war aus Ziegelsteinen gemauert, die Kranzgesimszone unterhalb der Traufe durch eine einfach verputzte waagerechte Blende ersetzt, das Oberlicht der Fenster kleinteilig versproßt.

kunftweisenden Architekten.[11] Aber erst der Wertheim-Bau von 1896 brachte ihm den uneingeschränkten Ruf ein, ein Moderner zu sein.

Der Umbruch in die Moderne geschah nicht plötzlich und einheitlich, er entwickelte sich zwischen 1890 und 1896, und er vollzog sich nicht ohne ausländische – amerikanische und englische – Einflüsse. So wurde beispielsweise das innerstädtische Wohnhaus Dohme in der Händelstraße 1 Ecke Brücken-Allee, in den frühen neunziger Jahren durch Ernst von Ihne entworfen – durch seinen Abstand vom linken Grundstücksnachbarn fast eine Stadtvilla – »in absichtlicher Anlehnung an englische Vorbilder errichtet.«[12] (Abb. 98)

Die Bauten der Stadt Berlin – Ludwig Hoffmann

In diesen Beginn einer neuen Architekturentwicklung hinein wurde 1896 der Jugend- und Studienfreund Alfred Messels, Ludwig Hoffmann, als Stadtbaurat nach Berlin berufen und mit umfangreichen öffentlichen Bauvorhaben betraut: dem Märkischen Museum, dem Klinikum Buch und dem Rudolf-Virchow-Krankenhaus. Hoffmann hatte in jungen Jahren den Wettbewerb für das Reichsgericht in Leipzig gewonnen, welches nach seiner Fertigstellung das uneingeschränkte Lob des Kaisers erfahren hatte. Mit der Wahl dieses Architekten konnte der Magistrat der Reichshauptstadt also sicher sein, keine Allerhöchste Abneigung hervorzurufen.

Das Märkische Museum (Abb. 99) geriet Ludwig Hoffmann zum Meisterwerk einer sachlichen und zugleich malerischen Architektur. Hoffmann brach mit dem überkommenen Typus des Museums, wie er durch Gropius & Schmieden mit dem Kunstgewerbemuseum als würfelförmigem Baukörper mit innenliegendem Lichthof beispielhaft vorgeprägt worden war. Für den 1893 abgeschlossenen Wettbewerb[13] um das Märkische Provincial-Museum in Berlin war der Typus noch als Bedingung selbst bei dem spitzwinkligen Baugrundstück gefordert worden. Hoffmann bewältigte den schwierigen Bauplatz mit höchster städtebaulicher Wirksamkeit, indem er eine in sich stark gegliederte Bautengruppe an den Märkischen Platz stellte. Deren Architektur spiegelte nun kein akademisch-historisches Mittelalter mehr, sondern eine heimische märkische Baukunst, für die sich Hoffmann durch eine Studienreise bis nach Lübeck inspirieren ließ. Über den Leitgedanken für seinen Entwurf bemerkte er in seinen Lebenserinnerungen: »Daß der Bau in allen seinen Räumen den jeweiligen Gegenständen in der Stimmung sich eng anschließen, daß es ein Stimmungsmuseum werden müsse, darüber war ich mir bald klar geworden. Wer es später besuchen würde, sollte sich als in Alt-Berlin fühlen.« Seiner Frau schrieb Hoffmann aus Rostock: »Wenn ich noch Stendal, Tangermünde und Brandenburg/Havel gesehen habe, werde ich mich bei der Arbeit in der Stimmung der alten märkischen Zeit sicher fühlen.« Und im Angesicht der märkischen Gotik klagte der junge Stadtbaurat: »Es ist eigentümlich, wie wenig Gefühl unsere Zeit für das Malerische in der Architektur hat.«[14]

So funktional das Märkische Museum aus den gewünschten Wirkungsweisen des Ausstellungsgutes heraus mit dem Ergebnis eines malerischen Gebäudeensembles entwickelt worden war, nach dem gleichen Grundsatz

99 Märkisches Museum, Am Köllnischen Park; Ludwig Hoffmann, 1896.

Der vielgliederige Bau des Märkischen Museums, der auch eine Vielzahl zum Teil getreu kopierter Details vorführte, wurde mit großer Einfühlsamkeit in das Stadtbild hineinkomponiert. Ausgehend von der Waisenbrücke entwickelte sich der Bau hinter dem den Standort des Museums bestimmenden Turm gestaffelt fächerförmig in die anschließenden Straßen – die Wallstraße und die Straße Am Köllnischen Park, zum Teil mit seinen in den Raum einspringenden Baukörpern auf Silhouettenwirkung berechnet, so daß sich die Giebel und ihr Maßwerk gegen den Himmel abheben konnten. Vermieden wurde dabei generell, die Bauteile an die Bauflucht heranzurücken. Der gesamte Gebäudekomplex konnte so schließlich die Qualität einer frei stehenden malerischen Plastik annehmen.

legte Hoffmann auch das anderen Erfordernissen folgende Rudolf-Virchow-Krankenhaus an (Abb. 100). Vertrug das kleine Museum bei seiner inneren zweckmäßigen Organisation eine pittoreske Gebäudegruppierung, so verlangte allein schon die schiere Größe des Krankenhauses und sein vielfältiger Betrieb von der Geburtshilfe bis zur Pathologie ein anderes, der klaren Übersichtlichkeit dienendes und damit axiales und lineares Ordnungssystem, damit man sich in dieser Anlage, die fast so groß war wie das alte Berlin, als Patient und auch als Besucher überhaupt zurechtfinden konnte. Das Grundempfinden der Zeit nach moderner Funktionalität konnte sich somit sowohl in malerischen wie streng geordneten Anlagen wiederfinden.

100 Rudolf-Virchow-Krankenhaus, Augustenburger Platz; Ludwig Hoffmann, 1898.

Die Überzeugung, eine jeweils der Bauaufgabe und ihren Erfordernissen angemessene funktionale Grundrißlösung sowie eine in Abhängigkeit von ihr stehende eigene Gestalt zu entwickeln, konnte nur scheinbar zu unvereinbaren Lösungen innerhalb des Werkes eines Architekten führen. Die vermeintliche Willkürlichkeit in der Wahl der Formen wurde durch den Zweck der Entwurfslösung im Einzelfall begründet. Die Rationalität in der Organisation des Krankenhauses hatte andere Folgen als ein Museum, das das Empfinden des Besuchers ansprechen sollte. Das Innere eines Krankenhauspavillons sollte auf den Patienten andere Wirkungen ausüben als das Innere eines Museums auf seinen bildungsbeflissenen Besucher.

Die Bauten der Industrie

Die Industrie fing erst an, neue Standorte überwiegend in Randlagen der Stadt zu erschließen und zu bebauen, als die wirtschaftliche Konjunktur 1895 ihren Höhepunkt erreicht hatte. Die Randwanderung nach Spandau, Tegel und Oberschöneweide setzte gegen 1896 ein.
Von Frühjahr 1896 bis Herbst 1898 wurde in Abhängigkeit vom Wasser- und Schienenweg in Tegel unter der persönlichen Leitung von Ernst Borsig und nach umfangreichen Studien vergleichbarer Anlagen im Ausland das aus Moabit weit an die Peripherie der Stadt ausgelagerte, 22 ha große neue Borsig-Werk errichtet (Abb. 101)[15], zu beiden Seiten einer axialen Hauptstraße genau so rationell organisiert wie das zeitgleiche Rudolf-Virchow-Krankenhaus. Den Betriebsablauf und die Ingenieurskonstruktionen der Hallen entwickelte der dem Betrieb angehörende Oberingenieur Carl Metzmacher; die zur Werksstraße gerichteten Hallen wurden nach dem Entwurf der Architekten Reimer & Körte mit fast nur noch wie

101 Borsig Tegel, Berliner Straße – Hauptstraße im Werk; Reimer & Körte, 1896–1898.

Mutmaßlich mit dem Fortschreiten des Aufbaus der einzelnen Hallen wurden für deren zur »Hauptstraße« des Fabrikgeländes gerichtete Stirnfronten jeweils individuelle Giebel entworfen, die sich in ihrem Duktus mit märkischer Gotik auseinandersetzten, als ob gerade das Bauen der Industrie am Rande der Stadt im Übergang in die Landschaft nur so angemessen stattfinden könne, als habe es ein Gefühl für die Bodenständigkeit des Ortes zu vermitteln. Eine zeitlich frühere Demonstration der gleichen Haltung war bereits mit dem Wasserwerk Friedrichshagen vorgeführt worden.

Wandscheiben wirkenden, in ihrem Dekor auf geometrische Grundformen zurückgeführten, märkischen Backsteingiebeln verkleidet.[16] Die Ingenieurskonstruktionen der Schwermaschinenhallen mit ihren genieteten Gitterstützen sowie den umfangreichen Oberlichtverglasungen vermittelten den zusammenhängend überdachten Werkflächen den Eindruck einer großen, lichten Weite.
Zu »dem« Beispiel kompromißloser Modernität auch in der Architektur wurde ein Jahr später die Werkzeugmaschinen- und Werkzeugfabrik von Ludwig Loewe (Abb. 102) an der Huttenstraße in Moabit[17], entworfen von Arnold Vogt und gebaut 1897–1898 – eine Anlage, in der entwicklungsgeschichtlichen Bedeutung vergleichbar Messels Wertheim in der Leipziger Straße. Die in Ziegel errichteten Fassaden erschienen ohne jede Anspielung auf einen heimischen Stil als reiner Raster aus schlanken, nur noch entfernt an die Gotik erinnernden Strebepfeilern und knappen, leicht zurückgesetzten Brüstungen ausgebildet, die Fensterstürze bestehend aus von der Fensterebene vortreppenden Lagen von Stahlprofilen, so daß die Fenstergewände eine nahezu graphische Schärfe erhielten. Im Inneren der dreischiffigen Grundrißeinteilung herrschte ein klarer Raster einfacher gußeiserner Stützen und Geschoßdecken mit preußischen Kappen, an die jederzeit auswechselbar die genormten Transmissionen angeklemmt werden konnten. Mit den breiten und hohen Fenstern wurde eine maximale Ausbeutung des Tageslichtes erreicht. Dieses bei Loewe eingeführte System des Fassadenrasters ging fortan in die Berliner Industriearchitektur ein. Fast zwangsläufig wurde diese Fabrik mit Georg Schlesinger, der 1897 dreiundzwanzigjährig als Assistent eines amerikanischen Oberingenieurs in den Betrieb eintrat, zur Wiege des industriellen Rationalisierungswesens.[18]
Die absolute Modernität der Fabrik von Ludwig Loewe trat spätestens nach Fertigstellung des 1898–1899 errichteten Kabelwerkes vor Augen, mit dem Siemens seine Betriebsauslagerungen von Charlottenburg auf die Nonnenwiesen nach Spandau eingeleitet hatte.[19] Zwar wiesen im Inneren des Kabelwerkes die Produktionsgeschosse in den fünfgeschossigen und zweischiffigen Stockwerksbauten die gleiche klare Übersichtlichkeit wie bei Ludwig Loewe auf, die durch den Architekten Fritz Gottlob entworfene

102 Werkzeugmaschinenfabrik Ludwig Loewe, Huttenstraße; Arnold Vogt, 1897–1898.

Anstelle einer bodenständigen Heimatarchitektur entstand in Moabit eine gänzlich andere Welt: Der Unterschied von Loewe zu Borsig war nicht einfach nur der architektonisch typenbedingte Unterschied zwischen einer Großmaschinenhalle und einem Stockwerksgewerbebau (denn bei Loewe sahen auch die Stirnfronten der Hallen anders aus), sondern es war ein Unterschied aus dem Selbstverständnis und der Haltung des Unternehmens – bei Ludwig Loewe wollte man augenscheinlich modern im progressiven Sinne sein.

103 Apparatefabrik der AEG, Ackerstraße; Franz Schwechten, 1888.

An der Schwelle zu den neunziger Jahren hatte sich vergleichbar dem sonstigen Hochbau auch im Stockwerksgewerbebau die Entwicklung zu geschoßübergreifenden Vertikalgliederungen herausgebildet. Bei der Apparatefabrik der AEG blieben sie jedoch zunächst noch in einen herkömmlichen Fassadenaufbau mit Erdgeschoß, zwei zusammengefaßten Obergeschossen und einem obersten Geschoß mit Doppelfenstern ebenso wie Risalitbildungen und mächtigem Kranzgesims eingebunden. Aber bereits in den Eckrisaliten erstreckte sich die Großgliederung auf alle drei Obergeschosse und waren mit den Fensterabschlüssen Bestrebungen einer vereinheitlichenden Formengebung über alle Stockwerke erkennbar. Spürbar wurde im Entwurf Schwechtens auch eine Vernachlässigung historisch akademischer Detailausbildung.

Fassade blieb indessen älteren Fassadenmustern verpflichtet, zu deren Entwicklung Franz Schwechten mit der AEG-Armaturenfabrik von 1888 in der Ackerstraße wesentlich beigetragen hatte (Abb. 103). Siemens lag somit auf der Linie eher traditioneller Gestaltungsmuster, sogar ohne die bei dieser Entwurfshaltung in der Entwicklung begriffene Reihung möglichst gleichwertiger Fenster in allen Geschossen aufzugreifen, wie sie zeitgleich 1897 die Optischen Werke von C. P. Goerz in der Friedenauer Rheinstraße aufwiesen.[20]

Franz Schwechten selbst war zum Zeitpunkt der Errichtung des Kabelwerkes in die Gruppe der Modernen vorgestoßen: Sein vom 10. August 1899 datierter Entwurf für die Hauptfassade der Centrale Moabit der Berliner Elektricitäts-Werke[21] ließ zwar in der kompositorischen Verschränkung der einzelnen Bauteile – Eckturm und Schornsteine, die verschiedenen Frontlängen der die Halle begleitenden Nebenanlagen und Grundstücksbegrenzungen, die unterschiedlichen Eckeinfassungen, bei der großen Halle in der Unterscheidung zwischen Stirnfront und Trauffassade – noch zeitgemäße Elemente einer rhythmisierenden Gruppierung der Bauteile erkennen, die Bauteile selbst waren mit ihrer wandhaltigen Flächigkeit aber in einer zu dieser Zeit unübertreffbaren sachlichen Schlichtheit entworfen worden. Und vor allem löste sich die Stirnfront der Schwermaschinenhalle von allen Formen herkömmlich historisierender Giebelgestaltung (Abb. 104).

Neue Bautypen

Im innerstädtischen Mietshausbau gelang Solf & Wichards mit dem Eckhaus Lessingstraße Ecke Flensburger Straße, dessen Lage »zu einer malerischen Architektur« einlud, 1892–1893 »ein überaus glücklicher Wurf.«[22] (Abb. 105) Die Architektur dieses Hauses »trägt urdeutsches Gepräge und heimelt so an, daß man vergißt, das Miethshaus einer Millionenstadt vor sich zu haben.« Der wegen der hohen, sichtbar in das Straßenbild einwir-

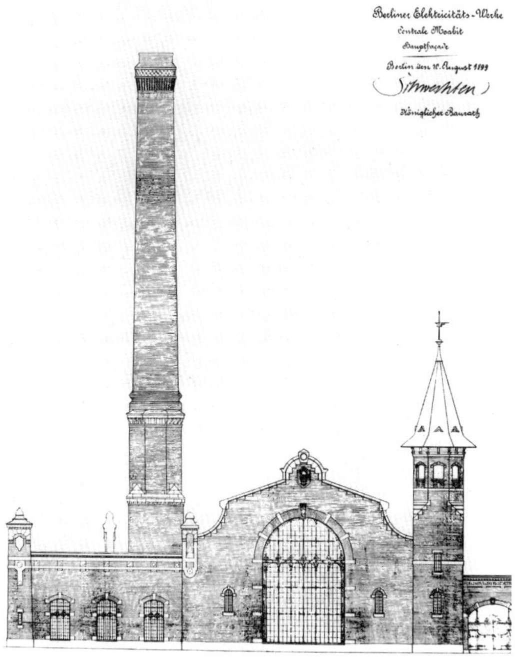

104 Centrale Moabit, Friedrich-Krause-Ufer; Franz Schwechten, 1900.

Die Giebelscheibe der mächtigen Maschinenhalle wurde in der Sachlichkeit ihrer einfachen Ziegelarchitektur bis in das Detail der aus Sandstein bestehenden Giebelabdeckung ein Beispiel von gleicher zwingender Modernität wie die Bauten von Ludwig Loewe. Gesimsunterteilungen in den Ansichtsflächen fanden ebensowenig noch Verwendung wie Gewändeprofilierungen für das große, die Front beherrschende Fenster. Der Bildhauerschmuck wurde nur noch als für sich stehende Brosche im Scheitelpunkt des großen Fensters und in dem knappen Giebelabschluß eingesetzt und nicht mehr in architektonische Gliederungselemente eingebunden. Kennzeichnendes Merkmal der Front war insgesamt die Hinwendung zur Großform zu einer großen Mauerwerksscheibe, zu einem großen Fenster, in der Haltung vergleichbar dem Kaufhaus Koeln in der Rosenstraße von Otto March.

kenden Dachflächen in seinem kubischen Volumen erlebbare Baukörper wurde als »schlicht« empfunden; die »weiß geputzten Fronten ... sind im Gegensatz zu den mehrfach gegürteten Vorbauten nahezu gesimslos und fast nur durch die Fenster belebt, die mit schlichter Gewändearchitektur eingeschnitten ... sind.« Die beiden Architekten hatten auf das innerstädtische Mietshaus alle Entwurfsmerkmale ihrer zuvor in der Villenkolonie Grunewald gebauten Häuser, etwa die des Hauses für den Bankier Arons am Johannaplatz, übertragen. Bedeutsam war, daß in der Besprechung dieses Werkes bereits alle Kennzeichnungen verwendet wurden, die später die Architektur des Heimatstils charakterisierten: das anheimelnde urdeutsche Gepräge, das hohe Dach in Verbindung mit einer durch die Verwendung von Giebeln und Erkern malerisch wirkenden Architektur, die schlichte Form des fast gesimslosen Baukörpers, der nur noch einfach verputzt war.

105 Wohnhaus, Lessingstraße Ecke Flensburger Straße; Solf & Wichards, 1892–1893.

Das Eckhaus, das sich in seinem Formenvorrat und in der entwurflichen Handschrift sehr eng an die Grunewalder Villa Arons anlehnte, verzichtete für ein Innenstadtwohnhaus überraschend auf den seit den achtziger Jahren eigentlich obligatorischen Eckturm. Die Kennzeichnung der über Eck gegeneinander gestellten Baukörper mit Hilfe des Giebels an der Straßenecke, das Durchbrechen der Trauflinie mit seiner Auswirkung für die Dachlandschaft, das motivische Zusammenfassen von Loggia und benachbartem Erker mit den drei zwischen ihnen liegenden Fensterachsen zu einer Motivgruppe, die jeweils unterschiedliche Ausbildung gleicher Bauteile, vor allem der Giebel, Erker und Loggien führten zu einer in der Zeitmeinung anheimelnden Bautengruppe.

Die Grunewalder Villa Dotti (Abb. 106) von Alfred Messel aus dem Jahr 1898 führte einen vergleichbaren, von einem mächtigen Dach beherrschten längsgestreckten Grundbaukörper vor, in den die Fenster nicht mehr in vertikal axialer Ordnung, sondern nach Lage und Bedeutung der hinter ihnen liegenden Räume angeordnet und ausgebildet wurden. Die Detailformen nahm Messel in ihrer stilgeschichtlichen Erkennbarkeit weiter zurück, als es Solf & Wichards noch zu Anfang der neunziger Jahre getan hatten. Aber bereits vor Messels Villa Dotti hatte Solf mit dem Landhaus Arons[23] in der Villenkolonie Grunewald einen solchen einfachen Baukörper mit einem sichtbaren Dach an den Johannaplatz gestellt. Wie bedeutungsvoll das mächtige Satteldach im Erscheinungsbild eines Hauses angesehen wurde, belegte auch das Haus der Rudersportlichen Vereinigung Viking in Niederschöneweide aus dem Jahr 1897 von W. Rettig.[24]
Der aus dem Atelier Alfred Messels stammende Alfred Breslauer schuf 1897–1898 mit dem Wohnhaus Dorotheenstraße 6[25] bei einer ähnlichen städtebaulichen Situation, wie sie Solf & Wichards fünf Jahre zuvor ebenfalls bearbeitet hatten, das Gegenstück zu einem malerischen Mietshaus: Die Blockecke wurde nicht geschlossen, die axialen Gliederungen des Baukörpers mit Hilfe von Erker, Balkonen und einer Fensterachse in der Nebenstraße der Wirkung des kubischen Baukörpers untergeordnet und die Traufenlinie mit dem flach auskragenden Gesims deutlich horizontal markiert, wobei das flache Walmdach nahezu seiner Wirkung beraubt wurde; der unauffällig an eine Außenachse verlegte Hauseingang nahm dem Baukörper noch weiter die Möglichkeit zur Betonung einer auffälligen Binnengliederung.

106 Villa Dotti, Winkler Straße 18; Alfred Messel, 1898.

So sehr der klare Baukörper mit seinem sichtbaren Dach, wie er auch in den Arbeiten von Solf & Wichards auftrat, die neunziger Jahre prägte, Messels Villa Dotti unterschied sich grundlegend durch Ausbildung und Anordnung der Fenster. Die Fenster waren neben den die malerische Komposition kennzeichnenden Bauteile eben nicht mehr in eine axiale Ordnung wie noch bei der Villa Arons gebracht. Wo sie wie im Obergeschoß der Traufseite gereiht aufgeführt wurden, sollten sie die Lagerhaftigkeit des Baukörpers unterstreichen helfen. Auch das Detail hatte eigentlich bereits seine Bindung an historische Vorbilder verloren, selbst wenn der Fachwerkgiebel, die Brustungen der Loggia oder die Haube des Erkers über dem Hauseingang solche Abhängigkeiten noch nahelegten.

1 Klaus Novy und Barbara von Neumann-Cosel (Hrsg.): Zwischen Tradition und Innovation. 100 Jahre Berliner Bau- und Wohnungsgenossenschaft von 1892, Berlin 1992, S. 9 f.

2 60 Jahre Berliner Bau- und Wohnungsgenossenschaft von 1892. Festschrift der Berliner Bau- und Wohnungsgenossenschaft von 1892. Gemeinnütziges Wohnungsunternehmen e.G.m.b.H. anläßlich der 60. Wiederkehr des Gründungstages am 9. März. 1892–1952, Berlin o. J. (1952), S. 11.

3 60 Jahre Berliner Bau- und Wohnungsgenossenschaft a.a.O., S. 9.

4 Paul Kampffmeyer, zit. nach Klaus Novy und Michael Prinz: Illustrierte Geschichte der Gemeinwirtschaft. Wirtschaftliche Selbsthilfe in der Arbeiterbewegung von den Anfängen bis 1945, Berlin-Bonn 1985, S. 42.

5 Jan Feustel: Wilhelminisches Lächeln a.a.O.

6 Ludwig Hoffmann: Stadtbaurat von Berlin a.a.O., S. 55.

7 Ludwig Hoffmann: Stadtbaurat von Berlin a.a.O., S. 55.

8 Andrea Mesecke und Thorsten Scheer: Das Kantdreieck. Josef Paul Kleihues, Berlin 1995, S. 29 ff.

9 BusB 1896, T. III, S. 157.

10 BusB 1896, T. III, S. 157.

11 Berliner Miethshäuser, in: Centralblatt der Bauverwaltung, XIII. Jg., Berlin 1893, S. 218.

12 BusB 1896, T. III, S. 150.

13 Die Preisbewerbung um das Märkische Provincial-Museum in Berlin, in: Centralblatt der Bauverwaltung, XIII. Jg., Berlin 1893, S. 113 ff., 124 f.

14 Ludwig Hoffmann: Stadtbaurat von Berlin a.a.O., S. 115–117.

15 M. Krause: A. Borsig, Berlin, in: Ingenieurwerke in und bei Berlin. Festschrift zum 50jährigen Bestehen des Vereines Deutscher Ingenieure, Berlin 1906, S. 495 ff.

16 Der Marsch in die Heimat. Ein Heimatbuch des Bezirks Berlin-Reinickendorf, hrsg. v. Walter Pauls und Wilhelm Tessendorf, Frankfurt am Main 1937, S. 444.

17 Werner Hildebrandt, Peter Lemburg und Jörg Wewel: Historische Bauwerke der Berliner Industrie, Berlin 1988, S. 135 (Beiträge zur Denkmalpflege in Berlin, H. 1).

18 Volker Benad-Wagenhoff: Georg Schlesinger, in: Berlinische Lebensbilder. Techniker, hrsg. v. Wilhelm Treue und Wolfgang König, Berlin 1990, S. 111 ff. (Einzelveröffentlichungen der Historischen Kommission zu Berlin, Bd. 60. Berlinische Lebensbilder, hrsg. v. Wolfgang Ribbe).

19 Wolfgang Ribbe und Wolfgang Schache: Die Siemensstadt. Geschichte und Architektur eines Industriestandortes, Berlin 1985, S. 277 ff.

20 Werner Hildebrand, Peter Lemburg und Jörg Wewel: Historische Bauwerke a.a.O., S. 242 ff.

21 Berliner Kraft und Licht (Bewag)-Aktiengesellschaft Berlin (Hrsg.): Kraftwerk Moabit – Architektur und Kunst. 1900–1990, Berlin 1990, S. 31 ff.

22 Berliner Miethshäuser, in: Centralblatt der Bauverwaltung, XIII. Jg., Berlin 1893, S. 232 f.

23 BusB 1896, T. III, S. 157.

24 Berliner Architekturwelt, 2. Jg., Berlin 1900, Abb. S. 11.

25 Berliner Architektur-Welt, Berlin 1898, Abb. 339.

Nach der Jahrhundertwende – Die neue Moderne

Die Entwicklung der Warenhäuser

Eigentlich vollzog sich bei den Warenhäusern, bislang mit den Bauten der Industrie Speerspitze der Moderne, zur Jahrhundertwende ein charakteristischer Wechsel: Mit dem 2. Bauabschnitt seines Warenhauses hatte Wertheim in der Leipziger Straße 1899–1900 die Pfeilerfassade des 1. Bauabschnittes fortgesetzt. Aber wie Sehring bei Tietz in der Krausenstraße hatte Messel bei Wertheim in der Voßstraße die weniger wichtige Fassade nicht mit dem Anspruch auf herausgehobene Moderne gestaltet. Die Fassade in der Voßstraße aus dem Jahr 1899 geriet zum Vorläufer des 3. Bauabschnittes am Leipziger Platz: An der Voßstraße trat ein mächtiges Dach mit einem erheblichen Überstand in der Traufe in Erscheinung, die Pfeilerfassade war trotz Vorherrschen der Vertikale einer Rasterfassade gewichen, und deren dekoratives Beiwerk nahm zu, nicht mehr als metallische Applikation in Zwickeln und Stirnflächen, Bekrönungen, Nischen und Konsolen, sondern als organhafter Bestandteil der Architektur. Das neue Ornament wurde nicht mehr als Entlehnung aus dem historischen Formenvorrat vereinfacht und geometrisiert, sondern abstrahiert und umge-

107 Warenhaus Wertheim, Rosenthaler Straße; Alfred Messel, 1903.

Die Fassade war im Prinzip nach den Gestaltungsmerkmalen der achtziger Jahre etwa eines Franz Schwechten mit seiner Weddinger Apparatefabrik fast »klassisch« entwickelt worden: Erdgeschoß mit nicht unterteilten Schaufenstern, darüber zwei mit einer Arkade zusammengefaßte Obergeschosse und abschließend ein Mezzanin unter einem weit vorstehenden Dach. Der Rückgriff auf ein älteres Fassadenschema war bei aller Verbindlichkeit auch des Pfeilerbaus augenscheinlich deshalb notwendig geworden, um das eigentliche künstlerische Anliegen Messels – die gewissermaßen impressionistische Auflösung von Oberfläche durch ein dichtes Rippenwerk in den Pfeileroberflächen und im Mezzaningeschoß sowie durch die differenzierte Sprossenunterteilung in den Obergeschoßfenstern – erreichen zu können.

deutet. Die Zwerchhäuser blieben zwar als aus der Renaissance abgeleiteter Typus erkennbar, ihre gestalterische Ausformulierung im Detail verleugnete dagegen nahezu gänzlich den Ursprung.
Dem Messelschen Warenhaus in der Rosenthaler Straße von 1903 war noch im Bild der Lichtwarkschen Besprechung im »Pan« vergleichbar bescheinigt worden: »... die Schöpfungen Messels« bedeuten »Freiheit der architektonischen Intelligenz.« Und als deren Folge: »Die Palastfassade und ihre dekorativ plastische Ueberladung ist überwunden.« Das Neue dieser Fassade aber war: »Die plastische Belebung beschränkt sich auf stark impressionistisch behandelte Einzelheiten, die sich der Architektur trefflich einfügen.« [1] Wohl wegen dieser impressionistischen Auflösung im Erscheinungsbild bescheinigte 1905 Karl Scheffler dem Haus in der Rosenthaler Straße »suggestive Kraft. ...: in der Rosenthaler Straße aber unterliegt man zum erstenmal ganz einer neuen Stimmung ...« [2] (Abb. 107).
Tietz zog mit seinem nächsten Warenhaus am Alexanderplatz 1904–1905 eine ebenfalls kennzeichnende Konsequenz: Bernhard Sehring wurde mit dem Entwurf dieses neuen Hauses nicht mehr beauftragt, sondern das Architekturbüro Cremer & Wolffenstein. Das nach dem Entwurf von Johann Emil Schaudt 1906 errichtete KaDeWe führte den Typus des Warenhauses sogar aus der Entwicklung heraus, mit modernen Großgliederungen zu arbeiten – die Fassade des KaDeWe griff auf die Gestaltprinzipien traditioneller, monumentaler Fassaden zurück. Der nach dem Entwurf von Cremer & Wolffenstein ausgeführte Erweiterungsbau des Warenhauses Tietz am Dönhoffplatz von 1912 würde den Typus Warenhaus sogar dem konservativen Geschmack preisgegeben haben (Abb. 109), hätte nicht Wertheim mit Eugen Schmohl am Moritzplatz 1913 die Linie der Moderne fortgesetzt – der Hausarchitekt Messel war inzwischen verstorben.
Mit dem Kopfbau am Leipziger Platz, dem 1904 eingeleiteten 3. Bauabschnitt des Wertheim (Abb. 108), hatte sich Messel von einer Doktrin moderner Architektur getrennt, nach der sich die Funktion des Hauses in seinem Erscheinungsbild wiederzufinden habe – die einzelnen Geschosse des Hauses traten nun in keiner Weise mehr in Erscheinung: »... man ... konstruiert nicht etwa ... irgendeine Erscheinung, sondern sie werden dem Projektierenden vielmehr von seinem Gefühle und dem plastischen Empfinden diktiert. – Takt, Geschmack, Verstand, Studium und Erfahrung sind alles schöne Dinge, die ein Architekt wohl nicht entbehren kann, aber sie kommen erst lange hinterher, um das vor dem geistigen Auge Erschaute, das Empfundene zu prüfen und zu kritisieren« [3] – so Messel an Walter Curt Behrendt. Architektur sollte aus voraussetzungslos künstlerischer Empfindung heraus geschaffen werden und nicht das Ergebnis konventioneller Tätigkeiten sein. In einem Schreiben vom 12. Oktober 1905 faßte Messel das »vor dem geistigen Augen Erschaute« mit »Einfachheit und Sachlichkeit« zusammen.[4] Ähnlich würdigte der Kunstkritiker des Berliner Tageblatts, Fritz Stahl, das Werk Ludwig Hoffmanns: »Zweierlei hat Hoffmann in immer höherem Maße erreicht: Qualität und Einfachheit.« [5]
Der neue Fassadentypus, den Messel mit dem Wertheimschen Kopfbau am Leipziger Platz gefunden hatte, wirkte fort: Das Haus Vaterland von Franz Schwechten schloß sich dem vorbildhaften Fassadenaufriß 1911–1912 an.

108 Warenhaus Wertheim, Leipziger Platz, 3. Bauabschnitt; Alfred Messel, 1904.

Der 3. Bauabschnitt des Kaufhauses am Leipziger Platz führte mit Konsequenz die Entwurfshaltung der Rosenthaler Straße weiter: Die rundbogig geschlossene Arkade ersetzte den Sockel des Hauses, wobei eine Arkade in der Leipziger Straße als Schaufenster die Überleitung zu den älteren Bauabschnitten bildete. In den oberen Stockwerken trat eine dicht gestellte Verstäbung der Fenster- und Pfeileroberflächen auf, wobei die Pfeiler der Fensterebene auch durch weiche Übergänge so stark angenähert wurden, daß die Vertikalisierung ohne eigene tektonische Strukturierung unterschiedslos über die Fassade zu laufen schien. Der Bildschmuck war vollends aus der Tektonik des Fassadenaufbaus herausgenommen und nach eigenen kompositorischen Gesichtspunkten angebracht worden.

109 Warenhaus Tietz, Leipziger Straße Ecke Dönhoffplatz, 2. Bauabschnitt; Cremer & Wolffenstein, 1912.

Im Grunde genommen folgten Cremer & Wolffenstein den von Messel in der Rosenthaler Straße und am Leipziger Platz gewonnenen Schemata im Aufbau der Fassade, und übereinstimmend war auch im Vergleich mit Messel die Vertikalisierung der Fassade. Entlarvend geriet jedoch der Formenvorrat, der dem seit etwa 1907 in Mode gekommenen Neu-Klassizismus folgte. Die Architektur eines Warenhauses sollte nun wohl eher den Gestaltvorstellungen der Käuferschichten folgen, nachdem sich das Warenhaus als Bautypus durch revolutionär moderne Lösungen Messels etabliert hatte.

Die Staatsbauten

Die Befangenheit der preußischen Baubürokratie in herkömmlichen Bindungen änderte sich erst gegen 1900, als Alfred Messel längst die Moderne befördert und Stadtbaurat Ludwig Hoffmann mit seinen Bauten für die Stadt Berlin einen neuen künstlerischen Anspruch für öffentliche Bauwerke belegt hatte.
Die Jahre gegen 1900 leiteten im Staatsbauwesen ein neues Architekturverständnis ein: »... so trifft man ... heute fast ausnahmslos nur auf die Verarbeitung von Anregungen, die von draussen her aus der unmittelbaren Gegenwart gekommen sind und mit Museumsstücken und mit der gesamten Überlieferung der Vergangenheit so gut wie nichts mehr zu thun haben. Nicht nach rückwärts mehr schaut man, sondern nach vorwärts ...«[6]
Eine Besprechung der Staatsarchitektur auf der Großen Berliner Kunstausstellung von 1904 stellt unumwunden zwei Sachverhalte fest: »Mit der zunehmenden Kulturentwicklung und dem steigenden Nationalvermögen ... ist an die Stelle der früheren Zurückhaltung eine bei vielen Bauten fast medicäische Latitüde getreten ...« Und: »So läßt sich aus dieser kurzen Darstellung [d. h. der preußischen Staatsarchitektur] das eine vor allem erkennen, daß trotz der Zentralisierung des Arbeitsdienstes der preußischen Bauverwaltung doch mit Erfolg die Einförmigkeit bekämpft wird. So viele Bauten, so viele individuelle Behandlungen, nicht alle auf der gleichen künstlerischen Höhe, alle aber von dem Bestreben erfüllt, ihren Platz würdig auszufüllen und in der Baugeschichte der betreffenden Stadt die Bedeutung des Bauwerkes seiner Bestimmung auch in seiner künstlerischen Haltung zum Ausdruck zu bringen.«[7] Im Sinne einer Heimatarchitektur soll offensichtlich auf die Eigenart des Ortes, an dem der Staat baut, Rücksicht genommen werden.

Möglicherweise nahm in den späten neunziger Jahren das Civil-Kabinet des Kaisers in der Wilhelmstraße 64 eine solch eigenständige Stellung ein, errichtet 1898 und entworfen von Regierungs- und Baurat Carl Vohl[8] aus der preußischen Baubürokratie (Abb. 110). Mit der jetzt angestrebten Flächenwirkung der Fassade bestand eine stilistische Übereinstimmung mit der privaten Bautätigkeit[9], während der Typus des Gebäudes sich an die bei einem Staatsbau wohl unumgängliche Axialsymmetrie hielt.
Paul Kieschke, der wenige Jahre zuvor den Erweiterungsbau des Ministeriums für öffentliche Arbeiten an der Leipziger Straße gebaut hatte, entwarf unmittelbar an der Jahrhundertwende den 1900–1902 ausgeführten Neubau des Preußischen Staatsministeriums in der Wilhelmstraße 63 (Abb. 111). Gebaut in den Formen des in Berlin und Potsdam heimischen

110 Geheimes Zivil-Kabinett des Kaisers, Wilhelmstraße 64; Carl Vohl, 1898.
111 Preußisches Staatsministerium, Wilhelmstraße 63; Paul Kieschke, 1899–1900.

Die Fassade des Zivil-Kabinetts war in der Flächigkeit ihres Erscheinungsbildes modern, unschwer war auch die Neigung zur additiven, gleichwertigen Reihung der Fenster zu erkennen, während die ornamentalen Details und die Außenrisalite andererseits sehr akademisch blieben.
Das Staatsministerium entstand dagegen wohl aus einer anderen Grundauffassung. Bei der überlieferten Berufung auf einen brandenburgischen Barock als Vorbild war sicherlich die Schwelle von einem allgemeinen akademischen Historismus zu einem in der Region wurzelnden Heimatstil überschritten. Der Abstand zum nur wenig älteren Marstall Ernst v. Ihnes war nur graduell.

112 Wohnhaus Eduard Simon, Viktoriastraße 7; Alfred Messel, 1902–1903.

Das unter gleichem Aufwand mit ähnlichem Fassadenaufbau und gleichem Dach wie beim Staatsministerium gebaute Haus offenbarte eine gänzlich andere Haltung: Die historischen Formen wurden nicht nur abstrahiert, Messel begann sie umzudeuten. Aus den Pilastern wurden Pfeiler fast schon ohne traditionelle Einzelformen wie Postamente, Sockel oder Kapitelle; Fensterrahmungen herkömmlicher Art entfielen, Brüstungen wirkten wie zwischen die Pfeiler eingehängt. Ein klassisches Gebälk fand keine Anwendung mehr.

113 Kaiser-Wilhelm-Akademie, Invalidenstraße; Cremer & Wolffenstein, 1903.

Barock, löste es die Staatsarchitektur aus der Internationalität von Renaissance- und Barockformen und führte auch im Staatsbauwesen mit der Wirkung einer legitimierenden Berufung auf die eigene Geschichte den von Wilhelm II. mit dessen Regierungsantritt propagierten Schlüterschen Barock fort. Die zeitgenössische Besprechung dieses Bauwerkes bekundete: »Die Architektur des Aeußern und Innern zeigt maßvolle barocke Formen, wie sie den Berliner und Potsdamer Bauten des Barockstils eigen sind.«[10] Gewisse Assoziationen stellen sich zu den Fassaden des Berliner

114 Kaiser-Wilhelm-Institut für Chemie, Thielallee Ecke Faradayweg; Ernst v. Ihne, 1911.

Das Fassadensystem, das Ernst v. Ihne kurz zuvor mit der Staatsbibliothek Unter den Linden entwickelt hatte, war offensichtlich nicht ohne Einfluß auf die Bautätigkeit des Staates geblieben, denn die Anlehnung des Akademiegebäudes im allgemeinen Fassadenaufbau an den der Staatsbibliothek war ebenso erkennbar, wie andererseits der Mittelrisalit, aber auch die Fensterrahmungen die Weiterentwicklung deutlich machten. An die Stelle eines plastisch voluminösen Formenapparates trat jetzt ein spürbar flacheres Fassadenrelief. Ernst v. Ihne selbst ging mit seinen Dahlemer Institutsbauten in der durch Alfred Messel vorgeprägten Entwicklung weiter, indem er in den Obergeschossen die nutzungsbedingt weiten Fensteröffnungen der Institutsräume zwischen die vertikalen Blenden setzte. Mittelrisalit und Eckturm wirkten fast schon wie Rückzugspositionen und fanden in den folgenden Institutsbauten dann auch keine Verwendung mehr.

Stadtschlosses ein. Direktere formale Annäherungen ergeben sich beispielsweise zum Palais des Generals v. Grumbkow in der Königs-(Rathaus)straße in Berlin von 1724.[11] Das dreizehnachsige neubarocke Gebäude wies mit einem giebelbekrönten Mittelrisalit, gebändertem hohen Sockel und zwei fast gleich hohen Hauptgeschossen, die achsenweise durch vertiefte Rechteckblenden in der Vertikale zusammengefaßt wurden, noch immer eine große Nähe zu historischen Vorbildern aus und machte damit den Abstand des Staatsministeriums zu zeitgleich errichteten Häusern des Großbürgertums mehr als deutlich. Das Eduard Simonsche Haus von Alfred Messel in der Victoriastraße 7 aus den Jahren 1902-1903 offenbarte im Vergleich zum Preußischen Staatsministerium den ganzen Unterschied zwischen der retardierenden Staatsarchitektur und dem progressiven Großbürgertum (Abb. 112).

Die an der Invalidenstraße gelegene Vorderfront der Kaiser-Wilhelm-Akademie (Abb. 113), ab 1905 von Cremer & Wolffenstein nach einem 1903 gewonnenen Wettbewerb errichtet,[12] entwickelte das traditionelle System öffentlicher Fassaden wie das des Staatsministeriums im Sinne einer Versachlichung des Erscheinungsbildes weiter: Die strenge Abfolge der Fensterachsen in den beiden jetzt nahezu gleichwertigen Obergeschossen und ihre Trennung durch einfach gebänderte Vorlagen, die sich im optischen Erscheinungsbild mit dem Quaderwerk des Sockelgeschosses verschliffen und damit die Fassade in eine großflächige Einheit brachten, bedeutete trotz herkömmlichen Fassadensystems eine maßvolle Modernisierung des Formenrepertoires, wie sie Ludwig Hoffmann im Eingangsbauwerk des Rudolf-Virchow-Krankenhauses bereits angewendet hatte und wie es nach der Kaiser-Wilhelm-Akademie dann 1908–1910 für das Dienstgebäude des Reichsmilitärgerichts nach dem Entwurf von Kayser & v. Groszheim fortgesetzt wurde.[13] Auf dieser Entwicklungsstufe entwarf Ernst v. Ihne die Institutsgebäude für die 1910 gegründete Kaiser-Wilhelm-Gesellschaft in

115 Landesversicherungsanstalt, Am Köllnischen Park 3; Alfred Messel, 1903.

Die Landesversicherungsanstalt brachte gegenüber der zeitgleichen Architektur einen wesentlichen Fortschritt, weil Messel wie zuvor bereits beim Warenhaus jetzt auch bei einem Verwaltungsgebäude auf ein Sockelgeschoß verzichtete, seine Pilaster knapp oberhalb des Straßenpflasters beginnen und bis unter den Dachüberstand durchgehen ließ, wobei er vier Stockwerke einband. Anstelle einer Differenzierung zwischen Pfeiler und Fensterachse durch unterschiedliche Formengebung – etwa durch Rustizieren der Vorlagen – wählte Messel eine Unterscheidung mit Hilfe verschiedener Materialien, wobei der farblich kräftigere Ziegel für die Pfeiler gegenüber den hellen Natursteinbrüstungen den Vorzug erhielt. Bei der additiven Reihung der Pfeiler fielen die nur wenig vorgezogenen Risalite optisch kaum mehr ins Gewicht.

Dahlem – die »durch hervorragende Wissenschaftsstätten bestimmte vornehme Kolonie, das deutsche Oxford« [14], eine in die Form von Villen gekleidete kleine Wissenschaftskolonie (Abb. 114).

Die preußische Staatsarchitektur brauchte nicht notwendigerweise konservativ zu sein: Als das königliche Materialprüfungsamt Unter den Linden 1902–1904 errichtet wurde, entstand ein modernes Funktionsgebäude, dessen Pfeilerarchitektur zeitgemäß war.[15] Das Reichsmarineamt von Reinhardt & Süßenguth, gebaut 1911–1914 [16], führte die Entwicklung des Systems der Pfeilerfassade so weiter, daß jetzt achsweise insgesamt vier Obergeschosse durch Pilaster gefaßt wurden. Damit kam diese Architektur den Verwaltungs- und öffentlichen Gebäuden nahe, die unter Weiterentwicklung der Pfeilerarchitektur aus den neunziger Jahren und unter Verzicht auf die Ausbildung eines Sockelgeschosses eine strenge Abfolge von Pilastern zum beherrschenden Fassadenmotiv gemacht hatten – bedeutendstes Beispiel wurde Alfred Messels Landesversicherungsanstalt Am Köllnischen Park aus dem Jahr 1903 (Abb. 115). Reinhardt & Süßenguth hatten in ihrem wenig älteren Rathaus für die Stadt Spandau von 1910 [17] dieses Fassadensystem des Reichsmarineamtes bereits zur Anwendung gebracht.

Andererseits entstand seit 1896 in dichter Folge ein geschlossener Zyklus von Bauten für die Amts- und Landgerichte, durch die Baubürokratie im Ministerium für öffentliche Arbeiten entworfen: 1896–1905 Land- und Amtsgericht I am Alexanderplatz, 1899–1901 Amtsgericht Köpenick, 1899–1901 Amtsgericht Neukölln, 1901–1906 Landgericht III Tegeler Weg, 1901–1906 Amtsgericht Schöneberg, 1901–1906 Amtsgericht Wedding, 1902–1906 Kriminalgericht in Moabit, 1903 Amtsgericht Lichtenberg, 1903 Amtsgericht Weißensee, 1903 Amtsgericht Pankow, 1903–1905 Amtsgericht Lichterfelde, 1905–1907 Preußisches Oberverwaltungsgericht und 1909–1913 Kammergericht in Schöneberg.[18] Die Kontinuität der ministeriellen Baubürokratie ließ eine Einwirkung moderner Entwicklungen so gut wie nicht zu. Weder das von Paul Kieschke 1905 entworfene Preußische Oberverwaltungsgericht noch das Kammergericht aus dem Jahr 1909, entworfen von Paul Thoemer unter Mitarbeit von Mönnich und Fasquel, hatten sich gegenüber dem Land- und Amtsgericht I von 1896 wesentlich bewegt, lediglich das Landgericht Tegeler Weg hatte sowohl in der Wahl seiner romanischen Formen als auch in der ungemein flächigen und schlichten Ausbildung seiner Hauptfassade einen Sonderweg einzuschlagen versucht, der aber offensichtlich in den zeitgleichen und nachfolgenden Bauten wieder aufgegeben wurde, denn noch 1902 wurde im Moabiter Kriminalgericht der türmereiche Duktus des Land- und Amtsgerichtes I wieder fortgesetzt.

116 Handwerkerschule, Stralauer Platz; Ludwig Hoffmann, 1898.

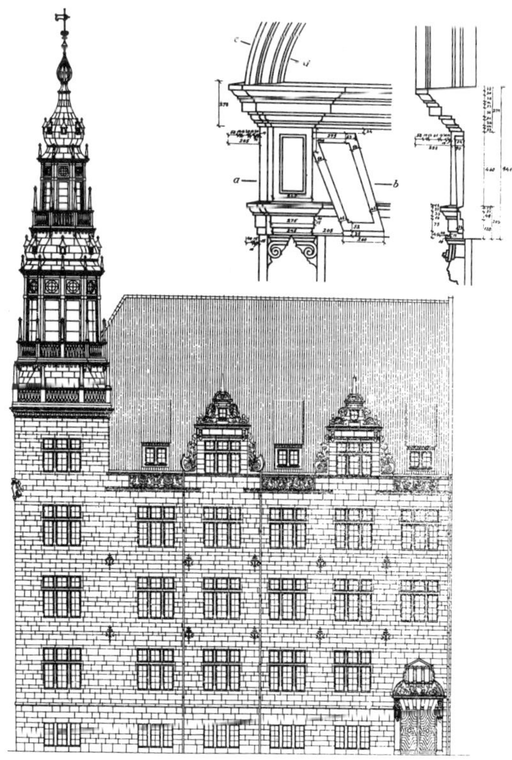

Die Bauten der Stadt Berlin

Die Bauten der Stadt Berlin waren weiterhin die Bauten Ludwig Hoffmanns mit einer bereits vor der Jahrhundertwende einsetzenden Fülle von Schulbauten – Wettbewerbe führte der Magistrat nicht mehr durch. Architektonische Gestaltungsmittel setzte Hoffmann nach der öffentlichen Bedeutung des Bauwerkes, nach dessen Anordnung im Stadtbild und dem jeweils erreichten Stand seiner eigenen künstlerischen Entwicklung ein.
Die frühen Bauten wurden noch durch die Verwendung der Formenwelt deutscher und italienischer Renaissance in Verbindung mit malerischen Gestaltungen geprägt. Das Kinderasyl an der Kürassierstraße und das Standesamt an der Fischerbrücke waren malerisch aufgefaßte Anlagen oder Baukörper. Die Handwerkerschule am Stralauer Platz in Friedrichshain, entworfen 1898 (Abb 116), wies zwar bereits die strenge Einfachheit einer mehrgeschossigen flächigen Fassade auf, in die der regelmäßige Raster mit in allen Stockwerken gleich ausgebildeten Fenstern eingeschnitten war, doch machten der schlanke Eckturm, die Zwerchhäuser und die Dachbalustrade noch die Nähe zur »Stimmungs«architektur des Märkischen Museums deutlich; das üppige Rahmenwerk des Hauptportals bekundete immer noch die akademische Auseinandersetzung mit historischen Formen der deutschen Baugeschichte.
Bereits gegen 1900–1901 hatte Hoffmann wahrscheinlich unter dem Einfluß einer 1899 erfolgten Italienreise eine neue Haltung entwickelt. Über den Aufenthalt in Verona und Vicenza notierte er in seinen Lebenserinnerungen: »Je ein Tag genügte, um den Bauten Sanmicheli's und Palladio's

117 Gemeindeschule, Koppenplatz;
Ludwig Hoffmann, 1902.

Die Bekundungen Ludwig Hoffmanns zur Einfachheit in der Architektur wurden bereits kurze Zeit nach seinem Amtsantritt in Berlin sichtbar. Das ornamentale »Beiwerk« wurde oberhalb der Traufe und mit der Gebäudeecke gewissermaßen schon an den Rand der Fassade gedrängt. Der Schritt zur Gemeindeschule am Koppenplatz war dann nur noch gradueller Art. Beim Bauvorhaben am Koppenplatz wurde auf Kleinteiligkeit verzichtet: An die Stelle der graphisch wirkenden eisernen Maueranker traten die Kartuschen aus Naturstein. Die Klassenfenster verloren ihre Fensterkreuze, wobei die gemauerten Zwischenpfosten nun an Stärke und damit an mauerhaltiger Wirksamkeit zunahmen; aus dem über die ganze Fassade ausbegreiteten Fensterraster wurde eine geschoßweise lagerhafte Reihung stehender schmaler Fensterformate.

einen Besuch abzustatten. Da stand man wieder vor den vortrefflichen Werken dieser ausgezeichneten Künstler und sah wieder, mit wie einfachen Mitteln und wie schön in der Baukunst die verschiedenen Empfindungen ausgedrückt und dann bei den Beschauern auch wieder erweckt werden können.«[19] Die seit 1902 entstandene Gemeindeschule am Koppenplatz (Abb. 117) bot – nach der Gemeindeschule an der Rigaer Straße als Vorläufer – ohne jede malerische Reminiszenz nicht nur in der Gestaltung ihrer geputzten Fassaden ein Bild konsequenter Schlichtheit, d. h. den Beleg für die Anwendbarkeit einfacher Mittel, auch die Formen für das Hauptportal waren im Vergleich mit dem der Handwerkerschule in ihrer schwelgerischen Opulenz merklich zurückgenommen; die vorher noch gern verwendeten mächtigen Giebel fanden nach der Jahrhundertwende keine Verwendung mehr. Das Amtsgebäude in der Lychener Straße von etwa 1904 erreichte als öffentliches Gebäude einen mit der Schule am Koppenplatz vergleichbaren Stand nobler Klassizität.

Es entsprach der Hoffmannschen Entwurfshaltung, daß Schlichtheit auch bei einfachen Putzfassaden niemals zur Nacktheit wurde. Die Putzfassade der Schule am Koppenplatz wurde mit vier Werksteinkartuschen als kleinen Blickpunkten besetzt und die Traufe, ausgelöst durch die größere Höhe der Aula, so durchbrochen, daß der insgesamt lagerhafte Baukörper zusammen mit Haupteingang und Türmchen auf dem angehobenen Mansarddach eine ruhige Mitte erhielt.

Waren der einfache Putzbau oder die flächige Fassade mit durchgehender Traufe schon ein Ausdrucksmittel neuer Architektur, so blieb auch die Pfeilerarchitektur im Werk Hoffmanns ebenfalls ständig Thema, wobei das Verwaltungsgebäude des Krankenhauses Moabit, entworfen 1898–1900, noch eine relative Nähe zu Barockformen bewies, während die Feuerwache in der Schönlanker Straße von 1906–1908 bereits eine deutliche Weiterentwicklung belegte. Aber erst die Gemeinde-Doppelschule an der Litauerstraße mit ihrer jetzt konsequenten Pfeilerarchitektur zeigte die Arbeiten des Stadtbaurates auf einer Stufe mit Messels Gebäude der Landesversicherungsanstalt Am Köllnischen Park aus dem Jahr 1903.

Ohne die Beschäftigung mit diesem System der Pfeilerarchitektur wäre der Entwurf für das Neue Stadthaus, konzipiert bereits im Jahr 1900, in der Ausführung 1902 begonnen, nicht denkbar geworden (Abb. 118). Das Stadthaus wurde als zweites Rathaus zum wichtigsten Berliner Bauauftrag an Hoffmann. Auch diese Aufgabe fiel ihm so selbstverständlich zu, daß ein öffentlicher Wettbewerb durch den Magistrat überhaupt nicht erwogen wurde. Empfindungen, wie sie bei Hoffmann durch den Anblick der Bauten Sanmichelis und Palladios ausgelöst worden waren, hatten offensichtlich eine gewichtige Rolle bei der künstlerischen Konzeption des Stadthauses gespielt: »Dank angestrengter, lebhafter Arbeitsamkeit und energischen Strebens hatte die Stadt Berlin sich zu einem überaus kräftigen Gemeinwesen entwickelt. Das wollte ich beim Stadthaus architektonisch zum Ausdruck bringen. Energie und Kraft zeigen die starken Mauern mit ihren tiefen Fensterleibungen, sowie das kräftige Relief des Architektursystems und die derbe Behandlung der Quadern an den unteren Geschossen. Am besten kommt dies zur Erscheinung, wenn man in der Jüdenstraße dicht an dem Portal stehend am Bau hinaufblickt. Die Lebhaftigkeit erkennt man an den vielen kleinen aufgelegten Quadern bei den Fenstern der oberen Geschosse, Ruhe bringt die Wiederholung des gleichen Architektursystems an allen Fronten.«[20] Anders als beim Märkischen Museum brach Hoffmann beim Neuen Stadthaus nicht mit den tradierten Vorstellungen über ein städtisches Verwaltungsgebäude, sondern wiederholte einschließlich eines die Stadtsilhouette beherrschenden Turmes den Typus des Roten Rathauses. Das Fassadensystem – gebändertes oder gequadertes Sockelgeschoß und durch Pilaster- oder Säulenabfolgen zusammengefaßte zwei oder drei Obergeschosse – war für Hoffmann in diesen Jahren Entwurfsgrundlage auch bei anderen öffentlichen Bauten: beim städtischen Untersuchungsamt für Genußmittel wie beim Verwaltungsgebäude der städtischen Gasanstalt. Aber beim Stadthaus sollte der grob behauene Naturstein eben jene Empfindung von Arbeitsamkeit und energischem Streben symbolhaft ausdrücken.

118 Das Neue Stadthaus, Jüdenstraße; Ludwig Hoffmann, 1900–1902.

Das Stadthaus, einfühlsam in den kurvigen Verlauf der Jüdenstraße hineinkomponiert, läßt einen Rückfall in einen alten Bautypus und unter Berücksichtigung der Reisen Hoffmanns nach Oberitalien in eine unmittelbar vorbildhafte Formenwelt vermuten, wenn nicht nach Hoffmanns eigenem Bekunden mit dem Stadthaus ein symbolistischer Ausdruck gewollt worden wäre, der die archäologisch getreue Wiedergabe überlagerte: Der grob behauene oder kubisch gearbeitete Stein als Ausdruck für Strebsamkeit und Arbeitsamkeit. Wie sehr das Erscheinungsbild an sich im Vordergrund des baukünstlerischen Interesses gestanden hatte, verdeutlichte der Turm, dem Hoffmann andere Eigenschaften abverlangte als dem viergeschossigen Baukörper.

Der Geschäftshaus- und Industriebau

Der Geschäftshausbau blieb mit verschiedenen Entwicklungslinien bis zum Ausbruch des Ersten Weltkriegs weiterhin vorherrschende Bauaufgabe. Messels Warenhausfassade des Wertheim von 1896 sowie die Rasterfassaden stellten sich als ein Grundgerüst heraus, das mit Untergliederungen und dekorativen Bereicherungen noch ausgedeutet werden konnte, als Messel selbst in den ersten Jahren des neuen Jahrhunderts längst andere Lösungsansätze gefunden hatte. Der Fassadentypus, den Kayser & v. Groszheim und Otto March zur gleichen Zeit in der Rosenstraße in die Berliner Architektur eingeführt hatten, erfuhr dagegen eine geringere Beachtung – dazu war der Ruhm Messels wohl zu übermächtig.

Die Geschäftshäuser Kronenstraße 44–45 Ecke Markgrafenstraße für Weißmann & Diehn sowie Wallstraße 27 Ecke Neue Roßstraße für S. L. Cahen, beide von den Architekten Höniger und Sedelmeier entworfen,[21] lassen in der unterschiedlichen Ausbildung der Fassaden zudem vermutlich den Geschmack der Auftraggeber erkennen.

Die eigentliche Weiterentwicklung des Gebäudetypus geschah aber nicht mit dekorativen Ausgestaltungen und zusätzlichen Fassadenuntergliederungen, sondern durch die Versachlichung des Fassadengrundgerüstes. Hier wirkten jetzt überwiegend neue, von außen nach Berlin gekommene Architekten auf die Berliner Entwicklung ein: Bruno Schmitz, Bruno Paul, Eugen Schmohl, Alfred Grenander, Franz Ahrens und als überragende Architekten-Persönlichkeit Peter Behrens. Die Entwicklung wurde mit den Arbeiten von Bruno Schmitz[22] deutlich: Folgte sein Geschäftshaus »Automat« Friedrichstraße 167 aus den Jahren 1904–1905 noch dem zeitüblichen Gliederungs- und Dekorationsschema, so spiegelte das zwei Jahre später entstandene Weinhaus Rheingold nicht nur ganz offen stockwerksweise die innere Raumfolge des Hauses in der Fassade, sondern die gliedernden vertikalen und horizontalen Blenden waren jetzt ebenso wie die von ihnen umschriebenen Füllungen einfach flächig angelegt. Das Papierhaus Dessauer Straße von 1906 legte eine gleiche Haltung an den Tag. Unmittelbar vor dem Ersten Weltkrieg dokumentierte sich die Entwicklung weiterhin in Bauten wie dem Kaufhaus Wertheim am Moritzplatz von Eugen Schmohl aus den Jahren 1912–1913 (Abb. 119), ohne Messels Landesversicherungsanstalt undenkbar, in dem Verwaltungs- und Fabrikationsgebäude der Knorr-Bremse AG von 1913 nach dem Entwurf von Alfred Grenander[23] und bereits 1910–1911 an vornehmster Stelle mitten in der Stadt Unter den Linden 36/38 durch das Bürohaus Zollernhof von Bruno Paul (Abb. 120), wobei es die Ironie wollte, daß das Haus in dieser modernen Form entstand, weil Wilhelm II. den ersten Entwurf Pauls abgelehnt hatte.[24] Alfred Grenander hatte bereits vorher zu dieser Entwicklung mit dem Neuen Verwaltungsgebäude von Ludwig Loewe an der Huttenstraße aus den Jahren 1907–1908 beigetragen.

119 Kaufhaus Wertheim, Prinzenstraße Ecke Moritzplatz Ecke Oranienstraße; Eugen Schmohl, 1912–1913.
120 Bürohaus Zollernhof, Unter den Linden 36–38; Bruno Paul, 1910–1911.

Unter dem Nachfolger Messels, Eugen Schmohl, gewann der Wertheimsche Kaufhausbau fast wie in einer Rückerinnerung an den 1. Bauabschnitt in der Leipziger Straße an Klarheit und Eleganz. Der Pfeilerbau der Landesversicherungsanstalt wurde hier in einem System weiter Arkaden und zugunsten vergrößerter Fensterflächen zwischen nicht mehr eng gestellten Pfeilern fortgesetzt, wobei die Messelschen Grundformen schlanker und schmaler wurden.
Das nur wenig früher entstandene Bürohaus von Bruno Paul erreichte in der stilistischen Handschrift einen vergleichbaren Duktus an klarer Übersichtlichkeit des Fassadenaufbaus, der wohl kaum noch als vor dem inneren Auge geschautes Kunstwerk entschlüsselt sein wollte, sondern aufgrund seiner rationalen Klarheit zu überzeugen versuchte. Die serielle Wiederholung gleicher Elemente war zum Prinzip erhoben.

Als Markierungen für die Architektur nach 1905 standen zwei Bauten Alfred Messels: das Haus Schulte Unter den Linden Ecke Neue Wilhelmstraße (Abb. 121) für den Kunsthändler, vollendet 1908[25], und das Geschäftshaus der Nationalbank für Deutschland Behrenstraße 68 von 1906–1907[26], das sich deutlich gegenüber seinem Gebäude für die AEG-Hauptverwaltung von 1905 abhob. Nicht mehr die kräftigen Bossierungen und plastisch wahrnehmbaren Pilaster, sondern flächenhafte, auf Material- und Oberflächendifferenzierungen beruhende Gestaltung war die Grundlage des Entwurfes (Abb. 122).

In diese Entwicklung während der zweiten Hälfte des ersten Jahrzehnts trat Peter Behrens ein, nachdem er 1907 einen Ruf als künstlerischer Berater der AEG angenommen hatte. Innerhalb der nächsten Jahre vollzog Behrens in den Bauten für die AEG den Wechsel von der Moderne des späten 19. Jahrhunderts zur Sachlichkeit des Neuen Bauens. Die Turbinenhalle in der Huttenstraße (Abb. 123) von Ende 1908[27] war modern wegen der Schlichtheit, auch wenn sie eine nicht unpathetische Attitüde in ihrem Erscheinungsbild entfaltete. Die Binderkonstruktion der Halle kam im äußeren Erscheinungsbild zur Geltung, was nur möglich war, weil die Fenster- und Brüstungsebene auf den innenliegenden Flansch der Vollwandstützen zurückgezogen wurde und so die nach innen gekippte Fensterebene zustande kam. Die AEG-Montagehalle für Großmaschinen von 1912[28] im Wedding (Abb. 124), deren Giebel gegenüber dem zur Genehmigung eingereichten Entwurf im Nachhinein verändert wurde, hatte mit der inzwischen drei Jahre alten Moabiter Turbinenhalle nur noch das auf den Traufenwänden lastende schildkrötenartige Dach gemeinsam. In Moabit hatte die Traufe einen knappen Dachüberstand, während das Dach der Großmaschinenhalle durch Vergrößerung der Stirnfläche in seiner Mächtigkeit

121 Kunstauktionshaus Schulte, Unter den Linden Ecke Neue Wilhelmstraße; Alfred Messel, voll. 1908.
122 Nationalbank für Deutschland, Behrenstraße; Alfred Messel, 1906–1907.

Die gereihte Wiederholung der Fensterachsen und Baumotive in einem außerordentlich flachen Fassadenrelief kennzeichnete den späten Messel. Wurden beim Haus Schulte die beiden Endrisalite durch eine einschwingende Fensterachse aus ihrer akademischen Starrheit erlöst, so wurde die Fassade des Bankhauses umgekehrt von den hinten liegenden Endachsen zum Haupteingang in der Gebäudemitte vorgestaffelt. Der Zollernhof Bruno Pauls wirkte gegenüber der Messelschen Eleganz fast technisch derb und strukturell vordergründig.

123 Turbinenhalle der AEG, Huttenstraße; Peter Behrens, 1908.
124 Montagehalle für Großmaschinen der AEG, Hussitenstraße; Peter Behrens, 1910.

Das Pathos der Turbinenhalle wurde wohl für so bedeutsam erachtet, daß der Stockwerksnebenflügel, aus dem heraus die Zuarbeit für den in der Halle erfolgenden Turbinenbau geschah und der deshalb eine Funktionseinheit mit ihr bildete, im Erscheinungsbild deutlich nachgeordnet wurde. Die Halle sollte augenscheinlich in ihrer Wirkung als eine Art durchgeformter Plastik mit ihren schräg gestellten Quader- und Fensterflächen nicht beeinträchtigt werden.

Mit der Montagehalle auf dem Wedding war in der Flächigkeit der Fassade sowie der Klarheit der Abfolgen von Fenster- und Mauerwerksflächen ein neuer Entwicklungsstand erreicht. Das flache Relief gemahnte bei aller Unterschiedlichkeit der Formenwelt in der stilistischen Haltung unwillkürlich an die Messelsche Fassade der Nationalbank für Deutschland.

126 Neue Fabrik für Bahnmaterial, Voltastraße; Peter Behrens, 1911–1912.
125 Kleinmotorenfabrik, Voltastraße; Peter Behrens, 1910.

erheblich gesteigert wurde; die Vermehrung der geschlossenen Wandflächen im Anteil der Ziegelflächen war auch insgesamt unverkennbar. Die Giebelfront, ursprünglich unterhalb des Giebels als durchfensterte Wandscheibe mit zwei schmalen Türen geplant, wurde in drei vertikal verglaste, mächtige, steil proportionierte und einfach in die Wandscheibe eingeschnittene Öffnungen umgewandelt. Ein vergleichbarer Wechsel in der Entwurfshaltung von Behrens hatte sich bereits zuvor zwischen der Kleinmotorenfabrik, entworfen 1910[29], mit der Abfolge ihrer mächtigen, plastisch in Erscheinung tretenden Dreiviertelsäulen (Abb. 125) und der Neuen Fabrik für Bahnmaterial von 1911–1912[30] abgespielt (Abb. 126). Die Neue Fabrik für Bahnmaterial wurde als reine Pfeilerfassade entwickelt, in der Brüstungen nur noch da in Erscheinung traten, wo sie von der kompositorischen Sinnfälligkeit notwendig erschienen – möglicherweise hatte hier Messels 3. Bauabschnitt des Wertheim mit seinen Kompositionsprinzipien eingewirkt. Zudem löste sich für Behrens der Unterschied zwischen einer Hoffassade und einer Straßenfassade, wie er bei der Kleinmotorenfabrik noch bestanden hatte, auf: Beide Fassaden wurden gleichwertig.
Bei Siemens war der 1. Bauabschnitt des Dynamowerkes entlang der Motardstraße 1906 durch Karl Janisch zeitgemäß als regelmäßige Pfeilerfassade ausgeführt worden,[31] der 2. Bauabschnitt, mit dem der Nonnendamm erreicht wurde, wies 1909 mit den Stirnfronten der beiden nacheinander entstandenen Großmaschinenhallen und dem Verbindungsbauwerk zwischen ihnen eine Verwendung klassizisierender Formen auf, wie sie eigentlich nur durch Anregungen von Messels Nationalbank für Deutschland zu erklären waren (Abb. 127). Daß sich hier eine eben nicht wie bei der AEG progressiv moderne Haltung ausdrücken sollte, belegte auch der 2. Bauabschnitt des dem Werk am Nonnendamm gegenüberliegenden Verwaltungsgebäudes von 1912, das ebenfalls nach dem Entwurf von Karl

Mit den beiden Stockwerksgewerbebauten vollzog sich eine ähnliche Entwicklung wie zwischen der Turbinenhalle und der Montagehalle: Die Kleinmotorenfabrik wurde noch mit plastisch wirkenden Baugliedern – den Dreiviertelsäulen – und einer abschnittsweisen Untergliederung der sehr langen Front entlang der Voltastraße geformt. Die Fassade erhielt zwischen den Säulen und der Fensterebene plastische Tiefe, während die Neue Fabrik sehr viel flächiger im Fassadenbild ausfiel und andere Kompositionsmerkmale aufwies, so gut es eine annähernde Gleichwertigkeit zwischen den Pfeilern und den Brustungen, die zusammen aber augenscheinlich bewußt keinen Raster ergeben sollten.

127 Dynamowerk, Nonnendamm;
Karl Janisch, 1912.

Bei aller Hinwendung zu einer in den Details bestimmbaren Formenwelt des Neu-Klassizismus, der offensichtlich dem Drang nach Selbstdarstellung des Hauses Siemens entsprach, war die Front zum Nonnendamm, hinter der sich eine weitläufige Welt von Schwermaschinenhallen mit mächtigen Stahlkonstruktionen und weit mit Sheddächern überdeckten Arbeitsflächen verbargen, von einer sachlichen Kühle, die sich möglicherweise sogar der Haltung einer Behrensschen Montagehalle annäherte, ihr aber keineswegs in der Progressivität entsprechen sollte.

Janisch entstand.[32] Solche mehr oder weniger wörtlichen Zitate klassizistischen Formengutes waren keine Ausnahme: Der Erweiterungsbau für das Geschäftshaus von v. Manheimer Oberwallstraße Ecke Jägerstraße durch Alfred Salinger von 1907, die Erweiterung des Warenhauses Tietz Leipziger Straße Ecke Dönhoffplatz 1912 durch Cremer & Wolffenstein, die Niederlassung der Daimler Motoren-Gesellschaft Unter den Linden von Klingenberg & Beyer 1912–1913, die Arbeiten von Bielenberg & Moser für die Versicherungsgesellschaft Zürich in der Taubenstraße oder die Preußische Central-Bodenkredit A.G. Unter den Linden, beide 1913–1914, belegten die Verbreitung dieser Haltung hinlänglich.

Das Jahr 1908

Im Jahr 1908 entstand nicht nur der Entwurf für die Turbinenhalle der AEG, es erschienen auch zwei die Zeitstimmung überaus kennzeichnende Publikationen. August Endell schrieb über »Die Schönheit der großen Stadt«, während Paul Mebes sein noch nach dem Ersten Weltkrieg in zwei weiteren Auflagen erschienenes »Um 1800. Architektur und Handwerk im letzten Jahrhundert ihrer traditionellen Entwicklung« herausbrachte. 1914 folgte das Walther Rathenau gewidmete Werk von Hermann Schmitz über Berliner Baumeister vom Ausgang des achtzehnten Jahrhunderts, mit dem der von Mebes allgemein betrachtete Zeithorizont für den Berliner Kulturraum dargestellt wurde. Im gleichen Jahr 1908 artikulierte sich so auf der einen Seite durch Endell die Forderung nach einer neuen Ästhetik der Großstadt, auf der anderen Seite durch Mebes die Verteidigung von Heimat. Beide Schriftsteller-Architekten waren Vertreter einer neuen Generation: Endell wurde 1871 geboren, Mebes 1872. Die Architekten der Moderne der neunziger Jahre entstammten noch dem Jahrzehnt 1850–1860.
Endell: »Die große Stadt erscheint als Symbol, als stärkster Ausdruck der vom Natürlichen, Einfachen und Naiven abgewandten Kultur, in ihr häuft

sich zum Abscheu aller Gutgesinnten wüste Genußsucht, nervöse Hast und widerliche Degeneration zu einem greulichen Chaos. Sie verdirbt die Menschen, die sie mit trügerischen Lockungen an sich zieht, entnervt sie, macht sie schwächlich, egoistisch und böse. Man höhnt den Städter, daß er keine Heimat habe. Man schilt die unsägliche Häßlichkeit der Städte mit ihrem wüsten Lärm, ihrem Schmutz, ihren dunklen Höfen und ihrer dicken, trüben Luft. ... Man kann es ja für ein erstrebenswertes Ziel halten, daß die Städte vom Erdboden verschwinden. Vorläufig existieren sie und müssen sein, sollte nicht unsere ganze Wirtschaft in nichts zerfallen. Hunderttausende müssen in Städten leben, und statt ihnen eine ungesunde, hoffnungslose Sehnsucht einzupflanzen, wäre es gescheiter, sie zu lehren, ihre Stadt erst einmal wirklich zu sehen und aus ihrer Umgebung so viel Freude, so viel Kraft, als eben möglich ist, zu schöpfen, ... Man muß auch eingestehen, daß unsere Gebäude zum größten Teil trostlos langweilig, unlebendig und dabei protzig und anmaßend aussehen, aber daraus ergibt sich einmal die Aufgabe, die Bauart unserer Städte entsprechend zu ändern, weiträumiger, anständiger, künstlerischer zu bauen, und die andere, rascher zu erfüllende, jene Mängel durch anderes Genießen wieder wettzumachen.«[33]
Mebes: »Man beginnt jetzt zu begreifen, wie gefährlich es war, die geheiligten traditionellen Bahnen unserer Väterkunst zu verlassen. Es ist deshalb wahrlich kein Rückschritt nach den langen, fruchtlosen Umherirren, sondern ein Fortschritt, wenn wir an die Bauweise des 18. Jahrhunderts wieder anknüpfen. Noch liegt diese Zeit, in der sich Baukunst und Handwerk einer einheitlichen Ausdrucksweise rühmen konnten, nicht allzu weit hinter uns. Noch besitzt jene Ausdrucksweise den großen Vorzug der Volkstümlichkeit und Allgemeinverständlichkeit! Erst von dem Tage an, wo die Architekten, vom ersten bis zum letzten, unterstützt von einem tüchtigen, selbständigen Handwerkerstand, eine einzige dem Volke leicht verständliche Kunstsprache wieder voll beherrschen, werden auch unsere Leistungen wie in den früheren Jahrhunderten des lebhaften Interesses aller Volksschichten gewiß sein. Erst, wenn wieder das ganze Volk durchdrungen sein wird von dem Verständnis und dem Gefühl für bescheidene, echt häusliche Kunst, dann wird auch wieder – ganz abgesehen von dem gar nicht hoch genug einzuschätzenden Einfluß auf Sitte und Kultur – ein fruchtbarer Boden geschaffen sein, aus dem die höchsten und herrlichsten Meisterwerke ersprießen werden./Schon kräftig ist die junge Bewegung, die seit einigen Jahren deutsche Baukunst und deutsches Handwerk durch die Pflege überlieferter Heimatkunst wieder in gesunde Bahnen lenken will.«[34]
Auf der einen Seite die Forderung, »anständiger, künstlerischer zu bauen, und ... Mängel durch anderes Genießen ... wettzumachen«, auf der anderen Seite wurde, wenn auch nicht erstmalig unter Bezug auf die Zeit um 1800[35], das »Gefühl für bescheidene, echt häusliche Kunst ... durch die Pflege überlieferter Heimatkunst« beschworen. Endell hatte 1908 gerade die Festsäle der Hackeschen Höfe mit ihren fließenden Raum- und Dekorationsformen vollendet,[36] während sein Haus für die Pension Müller in der Kastanienallee 32 in Westend von 1908 mit schon deutlich kubischer

129 Landhaus Möhring, Parallelstraße Ecke Emilienstraße 19, 21; Bruno Möhring, 1904.
128 Villa Wilhelm Wertheim, Lassenstraße 4; Alfred Messel, 1899.

werdendem Ausdruck im Bau war – beide Anlagen wegen ihres neuen »Genießens« Demonstrationen einer radikalen Abwendung von tradierten, auch malerischen Formenwelten. Mebes[37] hatte mit der 1907 begonnenen Wohnanlage Steglitz II des Beamten-Wohnungs-Vereins und der Wohnanlage Niederschönhausen für den gleichen Auftraggeber im Jahr des Erscheinens seines erfolgreichen Buches die Abkehr von Hofumbauungen aller Art vollzogen, den handwerklichen Ziegelbau im Wohnungsbau wieder eingeführt und mit dem Dekor der Fassaden ein Beispiel für bescheidene und handwerklich angefertigte Kunst gegeben.

Die Villen und Landhäuser, die Heimatarchitektur

Bauten wie das Sommerhaus für Wilhelm Wertheim aus dem Jahr 1899 von Alfred Messel (Abb. 128) wurden in der zeitgenössischen Meinung als »die neuesten Errungenschaften einer raffinierten Lebenskunst« verstanden: Man empfinde »fast durchweg das Gefühl, als ob das sinnige Gemüt der Altvordern sich Geschlecht auf Geschlecht in diese Häuser tief eingewohnt und behaglich eingewurzelt habe, und das kommt daher, weil Messel hier eine Empfindungskunst ... offenbart, die mit anscheinend einfachen Mitteln operiert, aber jedes Fleckchen sonnig und liebevoll umfängt und durchdringt, die nicht streng lapidar, nicht am Quader oder Pfeiler sich zum System ereifert, sondern mit heiterem Feingefühl in die Natur einlebt. Diese Landhäuser sind ein lyrisches Intermezzo der Baukunst, sie wecken Vorstellungen und Empfindungen ähnlich wie ein altes Volkslied, wie Nachtigallenschlag, wie ein murmelnder Bach oder Mädchengesang im Walde. Diese Architektur gründet sich auf den malerischen Sinn und das hochgebildete Naturgefühl des neuzeitlichen Menschen.«[38] Nur zwei Jahre später bildete Bodo Ebhardt 1901 mit dem Landhaus für den Verleger Langenscheidt Am Großen Wannsee 44 den gleichen einfachen, in

130 Sommerhaus Schweitzer, Stolpe bei Wannsee; Hermann Muthesius, 1908.

Den größten Veränderungen unterlag das Dach, das in seiner wirkungsvollen Mächtigkeit über dem ausschließlich Wohnzwecken dienenden Erdgeschoß erhalten bleiben sollte. Diese zwischen Dach und Wohngeschoß festgelegte Beziehung zwang dazu, bei größerem Raumprogramm das Dach über zwei Ebenen zu nutzen und es deshalb steiler werden zu lassen, es damit aber auch für unterschiedliche Gestaltungsmöglichkeiten zu öffnen. Es gehörte offenbar schon zum Lebensstil, in diesen Sommerhäusern die alte Wohnraumunterteilung mit Salon, Zimmer des Herrn und Zimmer der Dame aufzugeben und ein gemeinsames Wohnzimmer zu benutzen. Im Haus Schweitzer entfiel sogar das Speisezimmer und dort entwarf Muthesius auch ohne Trennwände ein winkelförmiges Wohnzimmer mit einer in den Winkel eingestellten Veranda. Gegenüber der eher behäbig wirkenden Villa Wertheim entstand durch Muthesius im Sommerhaus Schweitzer eine elegant heitere Architektur.

einen Landschaftsgarten mit Blick auf den Wannsee gestellten Baukörper als durchkonstruierten Fachwerkbau mit sichtbaren, aus der Baugeschichte abgeleiteten Gefügeausbildungen, aus.[39] Das dem gleichen Gebäudetypus folgende Landhaus Bruno Möhring aus dem Jahr 1904, entworfen vom Bauherrn (Abb. 129), formte unter Beibehaltung des mächtigen Dachkörpers im wesentlichen nur die äußere Erscheinung um, der Landschaftsbezug blieb. »... ; vor der Stirnseite des Hauses liegt ein regelmäßiger Zier- und Blumengarten, seitlich von diesem ein Birkenwäldchen, Bach und Sumpf in natürlichem Zustande, dahinter eine weite Wiesenfläche mit Gehölzgruppen.«[40] Mit Häusern wie dem für Dr. Karg in Schlachtensee, Heimstättenstraße 10 von Meyer & Kreich[41], war ein Standard für eine weit verbreitete Entwicklung dieses Haustyps erreicht, der sich 1908 sogar ein Hermann Muthesius mit dem Haus Schweitzer am Stolper See in Wannsee – jedoch mit einer wesentlich höheren künstlerischen Gestaltungskraft – unterwarf. »Ein einziger großer Wohn- und Eßraum nimmt das Erdgeschoß ein ... . Der Erdgeschoßraum ist verzweigt, um einzelnen Gruppen Gelegenheit zu geben, sich abzusondern. Der Aussicht über den See wurde Rechnung getragen.«[42] (Abb. 130)
Ein einfaches Satteldach hatte das 1903 von Ernst Rossius-Rhyn in Wilhelmshagen für den Maler Otto Jahnke errichtete schlichte, traufenständig zur Straße stehende Landhaus erhalten, »das ganz und gar märkisch ist«[43] – ausgestattet mit einem ähnlich offenen Erdgeschoßgrundriß wie das Haus Schweitzer von Muthesius. »Alles atmet Behagen, Ruhe, Frieden – und besonders heimlich ist's in der grünüberrankten Pergola, die eine natürliche Verbindung zwischen Haus und Garten darstellt. Das alles ist ohne jede Künstelei gemacht ...« (Abb. 131) Für Künstlerhäuser waren solche einfachen Häuser mit Satteldach ohnehin mutmaßlich verbindlich.[44] Ein einfaches Haus baute 1906 auch Otto Stahn in Wannsee Bismarckstraße 5[45] für den Gartenkünstler und Lehrer an der Königlichen

131 Künstlerhaus Jahnke, Lasallestraße 67; Ernst Rossius-Rhyn, 1903.

Das Künstlerhaus, das nicht unbedingt wegen bescheidenerer finanzieller Möglichkeiten diese Form erhalten hatte, brach mit der Gepflogenheit des hohen Daches und des differenzierenden Formenapparates an Veranden, Erkern und Loggien; es wurde erkennbar einfacher und rustikaler.

Gärtnerlehranstalt in Dahlem Willy Lange, der sein Grundstück mit dem aufgewachsenen Kiefernbestand beließ und mit einfühlsamen Ergänzungen in die Form eines Naturgartens brachte. Langes Philosophie: »Sie [d. h. die Naturerkenntnis] stellt den Menschen nicht unter, nicht über, nein in die Natur und fordert, daß er das gleiche Recht aller Wesen auf Leben und Wirken anerkenne, wie sein eigenes.«[46] – die Nähe zu den Gedanken Wilhelm Bölsches ist unverkennbar. Nicht die Anschauung von, sondern das Leben in der Natur wurde nun zur Forderung erhoben. Das Lebensgefühl der Friedrichshagener Stadtflüchtlinge hatte sich in die Allgemeinheit verbreitet.

Das Bauen im märkischen Stil mußte sich von 1890 an notwendigerweise entwickeln. In der Begründung von Richard Schultze, dem Architekten des Wasserwerkes Friedrichshagen (Abb. 132), las sich das 1894 so: »Beim Entwerfen war zunächst die Frage zu entscheiden, in welchen Stilformen die mannigfachen Baulichkeiten zu errichten seien, da das für gewerbliche Anlagen übliche, dürftige Schema füglich nicht zur Anwendung kommen sollte. Der gotische Baustil erwies sich für die Lösung der vorliegenden Aufgabe als besonders günstig, da er einmal eine Ausgestaltung der einzelnen Raumangaben nur nach Nützlichkeitsrücksichten ohne Beachtung von Symmetrie und Achsensysteme zuließ, sodann aber auch eine dem Charakter des märkischen Landes entsprechende Gestaltung ermöglichte. Namentlich das Werk Müggelsee war es, welches durch seine Lage in hervorragend schöner Landschaft an den Ufern eines großen Sees, neben grünenden Gärten, umsäumt von dunklen Kiefernforsten, den Anlaß dazu gab, eine Bauweise zur Anwendung zu bringen, die in Form und Farbe mit ihrer Umgebung in Einklang stände. Auf märkischem Boden konnten nur Backsteinbauten in Frage kommen, die sich den heimatlichen mittelalterlichen Vorbildern anlehnten ...«[47] Die märkische Gotik wurde jedoch nicht nur bei landschaftsbezogenem Bauen bemüht, sie diente auch bei inner-

132 Wasserwerk Friedrichshagen, Müggelseedamm, Schöpfmaschinenhäuser; Richard Schultze, 1890.

Die beiden Schöpfmaschinenhäuser waren vom Typus her sachliche Grundkörper mit einem deutlich in Erscheinung tretenden Satteldach. Selbst der Schornstein zwischen ihnen war mittig angeordnet. Die Zierformen waren deshalb auch nicht appliziert, sondern sie waren – deutlich ablesbar etwa am Zinnenkranz und dem unter ihm sitzenden hohen Gesimsband – wie ein Reif um das Gebäude gelegt.

städtischen kommunalen Bauten als Vorbild. Für die Schulen der jungen Stadt Schöneberg wurde diese Traditionslinie in den neunziger Jahren ebenso bemüht wie für das nach dem Entwurf von Reinhardt & Süßenguth 1896 errichtete Steglitzer Rathaus. Für die spektakuläre Anlage der 1892 entworfenen und 1894 im Bau begonnenen Oberbaumbrücke (Abb. 133)[48] diente der Prenzlauer Mitteltorturm als unmittelbares Vorbild.[49] Ludwig Hoffmanns Märkisches Museum wurde mit solchen Bauten bereits vorbereitet.

133 Oberbaumbrücke; Otto Stahn, 1892–1894.

Mit der Oberbaumbrücke wurde deutlich, daß sogar die bewegten Silhouettierungen der Hochbauarchitektur Einzug in den Brückenbau hielten, wenn in diesem Falle auch unter dem Vorzeichen der besonderen Lage der Brücke an einem ehemaligen Wassertor der Stadt Berlin. In einem solchen vom Gedanken der Heimatarchitektur geprägten Bauwerk war eine sichtbare Ingenieurskonstruktion undenkbar, weshalb der Viadukt, über den die Hochbahn fuhr, als gotische gemauerte Arkadenkonstruktion ausgeführt wurde.

134 Landhaus Wolff Wertheim, Temmeweg 10; Alfred Messel, 1905–1906.
135 Landhaus Walther Rathenau, Königsallee 65; Walther Rathenau mit Johannes Kraaz, 1910.

Das mit einfachen gestalterischen Mitteln errichtete Haus für Wolff Wertheim nahm schon die Beispiele vorweg, die Paul Mebes 1908 stellvertretend für Architektur und Handwerk im letzten Jahrhundert ihrer traditionellen Entwicklung als Ausdruck einer Heimatarchitektur veröffentlichen sollte. In der verputzten Fassade des Hauses standen die weißen Fenster mit ihren grünen Fensterläden, während das sonstige Holzwerk im äußeren Erscheinungsbild auf alt lasiert war.
Der von Mebes propagierten Haltung und über das von Messel gegebene Beispiel hinaus folgte Walther Rathenau mit dem Dekor seiner Fassade der Vorbildhaftigkeit der Zeit um 1800, denn die Ornamentik bezog sich eindeutig auf die Berlinische Bürgerhausarchitektur der Jahre um und kurz nach 1800. Kennzeichnenderweise erwarb Rathenau mit dem Landhaus in Bad Freienwalde einen originalen Bau dieser Zeit.

»In Fortführung des letzten guten Landhaustypus erreicht dieser Bau in Grundriß und Aufbau eine erstaunliche Selbstverständlichkeit bei großer Ruhe und Klarheit in der Komposition. Inmitten eines großen bewegten Geländes steht es direkt an der Havel, ein Bild ruhigen, freundlichen Landlebens.«[50] Gemeint war das von Alfred Messel für Wolff Wertheim in Kladow 1905–1906 gebaute Landhaus (Abb. 134), ein ruhiger zweigeschossiger, längsgestreckter Baukörper mit Mansarddach und Zwerchhaus auf der Gartenseite, in der Haltung vergleichbar dem von Paul Schulze-Naumburg 1909 vorgenommenen Umbau des aus den Jahren um 1800 stammenden Kladower Gutshauses, dessen Instandsetzung im Inneren Alfred Grenander besorgte.[51] Eine enge Wiederholung fand der von Messel in Kladow vorgegebene Typus in dem Haus, das sich 1910 Walther Rathenau mit Hilfe von Johannes Kraaz Königsallee 65 in Grunewald errichtete, das kennzeichnenderweise nun mit den Formen der berlinisch-märkischen Architektur aus den Jahren um 1800 dekoriert wurde (Abb. 135). Als fast schon innerstädtisches Haus mußte es großes Aufsehen erregt haben. Max Osborn 1912: »Im Stilwirrwar und in der Ratlosigkeit der Berliner Grunewaldarchitektur, die mit allen Ländern und Jahrhunderten unstet liebäugelt, steht dies Haus wie ein Trost, ein Wahrzeichen, eine Warnung und eine Hoffnung.«[52] Alfred Kerr mit einem vergleichbaren Bild: »...: so trog die märkisch-unscheinbare Front dieses betont einfachen Landhäusleins über den üppigen Inhalt. ... , das in brandenburgischem Spartanertum von den prunkreichen Villen des Grunewaldes ruckartig abstach.«[53]
Diese Fortführung des letzten guten Landhaustypus – gut, weil sich am 18. Jahrhundert orientierend und nachfolgend bei Mebes 1908 mit Beispielen belegt – wirkte offensichtlich unter dem Einfluß Alfred Messels und als Folge der Zeitstimmung auch bei Neubauten als eingeschossige Baukörper fort: Alfred Breslauer errichtete so 1909–1910 sein eigenes Wohnhaus Rheinbabenallee 29/31[54], Paul Mebes bereits vorher 1907–1908 nahezu selbstverständlich Riemeisterstraße 25/27.[55] In persönlicher Entwurfs-

136 Landhaus Mendelssohn, Bismarckallee 23 Ecke Herthastraße 3/5; Ernst v. Ihne, 1896–1898.
137 Haus Fromberg, Kurfürstenstraße 132; Cremer & Wolffenstein, 1895–1896.

Die winkelförmige Anlage des Landhauses unterschied im Aufbau der Fassaden immer noch zwischen ihren verschiedenen Zweckbestimmungen. Der herrschaftliche Flügel erhielt eine noble Natursteinfassade und eine vielgliederige Baukörpergestaltung nach den zeitüblichen Gliederungsprinzipien, während der mit einem Fachwerkobergeschoß ausgestattete Nebenflügel wesentlich einfacher in Erscheinung trat – für den Besucher des Hauses oder den Lieferanten wurde damit eine selbstverständliche Orientierung zum Betreten des Hauses gegeben.
Das Haus des Bankiers Fromberg, kurz vor dem Landhaus Mendelssohn entstanden, machte die Zeitstimmung deutlich, in der man sich als Bankier einrichtete, denn – obgleich an Aufwand hinter Mendelssohn zurückstehend – stimmte die Haltung überein, in der vielgliedrige Baukörper, Dachformen und Fachwerke als Mittel der Repräsentation eingesetzt wurden.

handschrift, aber auch in Abhängigkeit von der stilistischen Entwicklung wurde der Typus von Heinrich Straumer[56], dem aus dem Büro Breslauer kommenden Hans Müller[57], Paul Renner[58], Albert Geßner[59] und Bruno Paul[60] aufgegriffen.
Architekt für das Großkapital war natürlich der Hofarchitekt des Kaisers. Ernst v. Ihne baute in der Kolonie Grunewald für die Bankiers Mendels-

138 Landhaus Freudenberg, Potsdamer Chaussee 48; Hermann Muthesius, 1907–1908.

Die Vielzahl der Nutzungen kam im Erdgeschoß mit verschieden ausgebildeten Fenstern zum Ausdruck. Sonst bemühte sich der Architekt um strenge Spiegelbildlichkeit und Gleichwertigkeit der beiden Gebäudeflügel. Malerische Assoziationen gab es nicht mehr, mit dem Haus sollten augenscheinlich andere Eindrücke vermittelt werden: Nicht einen »äußeren Kunstapparat« (Muthesius 1907) galt es vorzuführen, sondern Kunst zu vermitteln. Der ebenfalls eingeforderte praktische Lebenssinn bewirkte die Ausrichtung des Hauses auf den Erlebnisraum der Landschaft und die Haupthimmelsrichtungen, weshalb in Abhängigkeit vom Verlauf der Rehwiese und nicht unbeeinflußt vom englischen Vorbild die Wahl auf einen winkelförmigen Baukörper fiel.

sohn 1896–1898 ein Landhaus (Abb. 136) und für Karl Fürstenberg 1898 ein Sommerhaus.[61] Beide Anlagen folgten mit ihrem vielgiebeligen Erscheinungsbild noch der malerischen Grundhaltung während der neunziger Jahre, mit der umfänglichen Verwendung von Fachwerk dürften sie aber auf die vaterländische Bautradition eingegangen sein. In der ganzen Entwurfshaltung wichen Ihne und seine Bauherrn gänzlich von der nur wenig älteren Architekturauffassung des gleichen gesellschaftlichen Kreises ab, wie sie etwa im Anwesen Arnold von Siemens in Wannsee noch zum Ausdruck kam.[62] Das Siemenssche Anwesen schloß sich erst nach einer längeren Bauzeit mit seinem straßenseitig gelegenen Wirtschaftsgebäude und dessen durchgiebeltem Fachwerkobergeschoß der Zeitstimmung der neunziger Jahre an. Das Mendelssohnsche Landhaus in Grunewald fand selbstverständlich – wie Ludwig Hoffmann überlieferte – das allerhöchste Wohlwollen. Das im Kielgan-Viertel gelegene Haus des Bankiers Fromberg, gebaut von Cremer & Wolffenstein, machte in seinem ganzen Duktus deutlich, daß es – gemessen an Mendelssohn – tatsächlich auf der Höhe der gesellschaftlich akzeptierten Baukunst stand (Abb. 137).[63]

Der im Landhaus Mendelssohn trotz seiner beiden unterschiedlich charakterisierten Flügel deutlich in Erscheinung gebrachte winkelförmige Baukörper lebte im großbürgerlichen Landhaus der Folgezeit weiter, jeweils nach finanziellem Vermögen des Bauherrn und der gewünschten Grundrißdisposition in mehr oder weniger deutlicher Ausbildung und immer der stilistischen sowie geschmacklichen Bildung von Architekt und Bauherrn folgend. Das Landhaus für Hermann Freudenberg, Inhaber des Kaufhauses Gerson, von Hermann Muthesius 1907–1908 errichtet (Abb. 138), bildete die nächste Entwicklungsstufe dieses von englischen Vorbildern nicht freien Gebäudetyps; mit seinen beiden spiegelbildlich gleichwertigen Flügeln war es aus der Besonderheit des Bauplatzes am Hang der

139 Palazzo Paicos, Kronberger Straße 7, 9 – Gartenfassade; Breslauer & Salinger, 1912–1913.

Der kubische Baukörper mit innen liegendem Atrium ordnete selbst noch die Unterbringung der Nebenräume der Systematik achsenbezogener Fenster in den Fassaden unter. Der verputzte, leicht lagerhaft wirkende Baukörper suchte die Assoziation an eine italienische Lebenswelt, deren Kennwerte nur noch als bauliche Zitate wie der Haupteingang, die Veranda auf der Gartenseite oder die Loggia im Atrium Verwendung fanden.

Rehwiese heraus entworfen. Mit dem Haus für den Staatssekretär Ernst von Simson, Messelstraße Ecke Max-Eyth-Straße, 1911–1912 nach dem Entwurf des jungen Otto Bartning gebaut[64], sowie dem Haus für den Erzmagnaten, Industriellen und Justitiar Wilhelms II., Dr. Walther von Pannwitz, Brahmsstraße 6–10 in Grunewald nach dem Entwurf von German Bestelmeyer 1912–1914[65], wurde eine architektonische Haltung erreicht, die sich bei einem anderen Landhaus-Typus einer klassizisierenden bis italienisierenden Richtung annähert: den um ein Atrium angelegten Anlagen, so bei der Villa für den Chemiefabrikanten Harteneck Douglasstraße 7–9 von Adolf Wollenberg 1910–1912[66], dem Palazzo Paicos für Fritz Andreae 1912–1913 von Breslauer & Salinger[67] (Abb. 139) oder beim Mittelhof für Wilhelm Mertens[68], entworfen von Hermann Muthesius und gebaut 1914–1915.
Aus dieser neuen Aufgeschlossenheit des Großbürgertums gegenüber klassischen Formen entstand 1911–1912 das von Peter Behrens für Dr. Theodor Wiegand entworfene Haus (Abb. 140).[69] Und vom Haus Wiegand bedeutete es im Duktus der Entwurfshandschrift nur noch einen kurzen Weg zum zeitgleichen Haus Hugo Perls, Hermannstraße 14, von Ludwig Mies van der Rohe, das noch konsequenter als beim Haus Wiegand die kubische Geschlossenheit des Baukörpers darstellte.[70]

140 Haus Theodor Wiegand, Peter-Lenné-Straße 28/38; Peter Behrens, 1911–1912.

Fast wie ein Erkennungszeichen wurde der Straßenfront ein Peristyl vorgelegt, um Vornehmheit und Bildungsstand anzuzeigen. Daß die Front des Hauses leicht versprang, war sicherlich als Mittel der Gebäudegliederung beabsichtigt und gleichzeitig willkommene Möglichkeit, im Obergeschoß die Fenster der Wohnräume für die Familie von denen von Treppenhaus, Bad und Fremdenzimmer abzusetzen. Gleichzeitig war der Versatz funktionsbedingt, um vom Peristyl aus gleich neben dem repräsentativen Hauptzugang einen Tageseingang in das Haus zu ermöglichen. Nicht der bodenständige Putz und ein mächtiges Dach mit Giebel, sondern die mittelmeerische Steinfassade mit exaktem Quaderschnitt und ein flach geneigtes Dach zeigten an, daß Bauherr und Architekt sich in anderen Vorstellungswelten bewegten als etwa ein Walther Rathenau.

Das innerstädtische Mietshaus

Das innerstädtische Mietshaus stand in den neunziger Jahren mit der überwiegenden Mehrzahl seiner Bauten kaum unter dem Einfluß der Modernen oder unter Messels Entwürfen für den Reformwohnungsbau. Zu den wenigen Vertretern der Moderne zählte der Messel-Schüler Gustav Hart mit seinem Wohnhaus in der Luitpoldstraße 15 in Schöneberg von 1897–1898. Man entsprach viel eher der Stimmung der neunziger Jahre

141 Grünes Haus, Niebuhrstraße 2; Albert Gessner, 1905–1907.

mit ihrem Bedürfnis nach malerischem Ambiente und folgte damit wohl auch der Großstadtkritik. Das Wirken der Berlinischen Boden-Gesellschaft[71], die ab 1898 das von ihr erschlossene Bayerische Viertel in Schöneberg betreute, teilweise auch im Bereich Haberlandstraße und Barbarossastraße nach eigenem Entwurf baute[72] und Winkel mit Anspruch an malerische Wirkung entstehen ließ, fand 1905 in dem von Otto Harnisch entworfenen Haus Bleibtreustraße Ecke Mommsenstraße mit schlankem Eckturm, den hohen Giebeln, den Brechungen in der Fassadenabwicklung, den Erkern und unterschiedlichen Fensterformaten ihren entwicklungsgeschichtlichen Endpunkt. Um die Mitte des ersten Jahrzehnts begann mit dem Wirken von Albert Gessner, Paul Mebes, Heinrich Straumer, Otto March, August Endell und wenig später Bruno Taut eine neue Bewertung des Mietshauses, sicherlich um auch im Sinne von Endell das Erscheinungsbild der Großstadt zu reformieren.
Der Verkünder der neuen Ziele war Albert Gessner, der sich Endell vergleichbar mit der Großstadtkritik auseinandersetzte. »Es herrscht unter den Architekten eine Geringschätzung für das Miethaus, die nicht scharf genug getadelt werden kann, denn sie beweist ja nichts Geringeres, als daß der Architekt die Gestaltung der Großstadt einfach den geringeren und geringsten Kräften ausliefern will.«[73] »In der Stadt haben sich unsere Augen abgestumpft, und erst die Verwüstungen, die eine solche Pseudokultur auf dem Lande angerichtet hat, hat uns wieder sehen gelehrt. Es bleibt uns nun kein anderes Mittel zur Hebung der Schönheit unseres Landes übrig, als da zu beginnen, wo die kulturellen Strömungen sich zusammenfinden, nämlich in der Großstadt!«[74] Pseudokultur mußte für Gessner der gesamte akademische Historismus des 19. Jahrhunderts gewesen sein. Kennzeichnenderweise erschien Gessners »Das Deutsche Miethaus« ein Jahr nach Endells und Mebes' Veröffentlichungen, und selbstverständlich hatte Gessner die Werke dieser Reformer in seine Publikation mit aufgenommen.
Gessner selbst war mit seinen Stadthäusern bei einem Vergleich seines Hauses Mommsenstraße 5 von 1906–1907 im Grunde genommen noch der malerischen Architektur von Hans Grisebach und dessen Haus in der Fasanenstraße verpflichtet – das Grüne Haus in der Niebuhrstraße zeigte dagegen eher seine entwurfliche Grundhaltung (Abb. 141), während Otto March mit seinem Haus Bismarckstraße 79 Ecke Wilmersdorfer Straße (Abb. 142) bereits 1905 mit dem schwingenden Verlauf der Traufe, den kubischen Erkern und der additiven Reihung und Gruppierung der Fenster einen Stand erreicht hatte, der deutlich eine Sachlichkeit anstrebte, in der ihm 1910 Bruno Taut mit dem Wohnhaus Kottbusser Damm 90 Ecke Bürknerstraße folgte.

Der Städtebau

Stadtplanung und Städtebau wurden im letzten Jahrzehnt des 19. Jahrhunderts zum Beratungsgegenstand der Akademie für Bauwesen, die am 18. Februar 1898 »Leitsätze für die bauliche Entwicklung der Stadt Berlin und ihrer Umgebung nach künstlerischen und technischen Gesichtspunk-

142 Miethaus Beringer, Bismarckstraße 79–80 Ecke Wilmersdorfer Straße; Otto March, 1907.

Beide Häuser verkörperten unterschiedliche gestalterische Auffassungen. Auf der einen Seite Albert Gessner, der mit seinen Häusern einen Beitrag zur Reform der Ästhetik der Großstadt leisten wollte und diese neue Schönheit der großen Stadt in malerischen Mitteln und der Farbe sah und so die Front des Grünen Hauses gestaltete, auf der anderen Seite Otto March, der den Baukörper des Wohnhauses nicht minder künstlerisch ambitioniert eher in regelhafter Addition und als Großform zu gestalten suchte. Die schwingend verlaufende Traufe des Hauses und die zwischen die Erker und Loggien im dritten Obergeschoß regelmäßig eingespannten Balkone dienten eher der blockhaften Einbindung des Hauses als seiner malerischen Differenzierung.

ten«[75] verabschiedete. Von der Akademie gefordert wurde ein Gesamtbebauungsplan für ein Groß-Berlin über die Weichbildgrenzen der Reichshauptstadt hinaus, verbunden mit folgenden Zielen: »Rücksichtnahme auf künstlerische Gestaltung bei der Anlage und dem Ausbau von Straßen und Plätzen und auf die Forderung eines zunehmenden Verkehrs – mit Unterordnung der Nützlichkeits- und Sparsamkeitserwägungen – rechtzeitige Vorsorge bei der Wahl von Bauplätzen für öffentliche Gebäude, Denkmäler und Parkanlagen mit Wasserflächen, im besonderen die Gewinnung eines geeigneten Geländes für große Ausstellungen und einer stattlich angelegten Promenadenstraße nach dem Vorbilde anderer Großstadte.«[76]
Großflächigere Entwicklungsmöglichkeiten ergaben sich andererseits ohnehin längst nur noch in der direkten Umgebung der Reichshauptstadt – in den seit 1896 zu Städten erhobenen ehemaligen Dörfern Schöneberg und Wilmersdorf sowie in der Stadt Charlottenburg. Natürlich kam es in den weiter entfernten Außengebieten zur Bildung von Kolonien. Der Grundriß der Kolonie Wilhelmshagen war um 1891–1892 mit seiner Abkehr vom rechtwinklig rasterförmigen Stadtgrundriß bereits zu einem Dokument der neuen Entwicklung geworden, die sich im Verlauf der neunziger Jahre aber erst noch durchzusetzen hatte.
Der neue Bebauungsplan für das sogenannte Westgelände von Schöneberg, durch die »Allerhöchsten Kabinettsordres« vom 26. Februar 1896 und 7. März 1898 festgesetzt[77], sollte eine Abkehr von dem älteren Hobrechtschen Bebauungsplan »mit seinen gleichmäßig breiten, sich fast durchweg

143 Bayerisches Viertel – Nördlinger Straße; 1908.

Einen weit verbreiteten Geschmack werden städtebauliche Lösungen getroffen haben, die mit verwinkelten Straßenbildern und mit einer Architektur arbeiteten, die bei malerischem Grundduktus immer noch historisierende Architekturformen verwendeten.

rechtwinklig schneidenden und die öffentlichen Verkehrsverhältnisse und neuerdings allgemein anerkannten Schönheitsgrundsätze zu wenig berücksichtigenden Straßen«[78] bringen, zumal die inzwischen etwa dreißig Jahre alte Bebauungsplanung »die übermäßig tiefen Baublöcke« zuließ, »welche die Errichtung von Quergebäuden und die Häufung von engen, eingebauten Höfen in hohem Grade« begünstigte und somit gegen die Grundsätze einer modernen Hygiene verstieß, so wie man »es in diesem Gebiete an geeigneten Plätzen sowohl für Erholungszwecke, als auch für Erbauung einer Kirche« hatte fehlen lassen. Vor allem die Abteilung V des Schöneberger Bebauungsplanes folgte den neuen ästhetischen Zielen, indem vom Innsbrucker Platz ausgehend zwischen der Hauptstraße mit der alten Dorflage und der Erfurter Straße ein Straßenfächer angelegt wurde, in den die Bauflächen unterteilende kurze und dabei in halber Länge platzartig aufgeweitete Nebenstraßen und ein Grünzug eingefügt waren. Die in diesem Jahrzehnt mögliche Vielfältigkeit städtebaulicher Gestaltung belegte im gleichen Schöneberger Gelände der nordöstlich des Barbarossa-Platzes gelegene Baublock mit seinen außerordentlich kleinteiligen und überwiegend stumpfwinklig gebrochenen Straßenunterteilungen, die mit der gleichzeitig erfolgenden Bebauung ein malerisches Stadtbild ergaben (Abb. 143). Die Überwindung des großen Hobrechtschen Baublocks mit seinen berüchtigten engen Hinterhöfen sollte auch mit diesem Beispiel eines kleinteiligen Straßennetzes demonstriert werden.

Der neue künstlerische Städtebau ging überwiegend von den Villenkolonien aus, zunächst von der 1901 gegründeten Villenkolonie Nikolassee[79], bei der man mit dem Grünzug der Rehwiese nicht nur die Einbettung der Bebauung in eine Naturlandschaft verfolgte und mit dem Bau der Kirche dieser Kolonie, der das für Berlin-Potsdam traditionelle Thema der Landschaftskirche aufnahm, sondern mit der man jetzt auch den kurvigen und geschwungen geführten Verlauf der Straßen zum Generalthema machte. Cornelius Gurlitt hatte 1900 bereits drastisch formuliert: »Man kann für den Städtebau mit ... Recht den Satz aufstellen: ›Der gerade Weg ist der dümmste!‹«[80] Diese Entwurfsmaxime beherrschte eine Reihe weiterer Gründungen: die Gartenstadt Frohnau im Norden Berlins nach dem Entwurf von Brix und Genzmer aus dem Jahr 1908, die Erweiterung der Villenkolonie Neu-Westend nach dem Entwurf von Josef Stübben von 1905 oder den von Reinhold Kiehl 1910 entworfenen Bebauungsplan für das Gebiet des Krankenhauses von Neukölln.

Zu einem nachgerade demonstrativen Durchbruch für den neuen Städtebau kam es, als der für die Feldmark von Dahlem im Jahre 1900 durch Walter Kyllmann aufgestellte Bebauungsplan, der noch ganz von schnurgerade geführten Straßen und eingestreuten Sternenplätzen ausgegangen war[81], 1907 regelrecht gekippt und unter dem Einfluß von Hermann Jansen durch Hermann Schweitzer überarbeitet wurde (Abb. 144). Jetzt wurde nicht mehr die natürliche Topographie durch Einplanieren aufgegeben und jetzt folgten die kurvig geführten Straßen den Höhenlinien des Geländes, wobei durchgehende Grünzüge die vormals städtischen Schmuckplätze ablösten. In Charlottenburg wurde das weitere Zerschneiden des Lietzensees durch Straßentrassen mit Ausnahme der Überquerung durch die

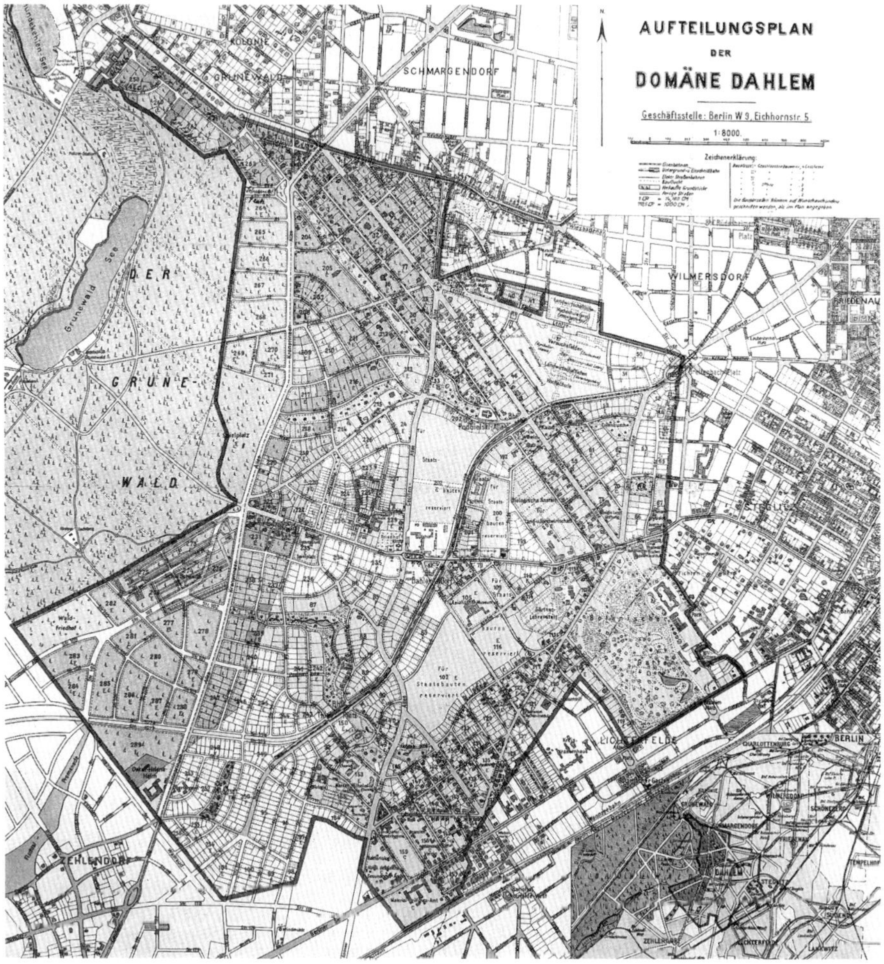

144 Aufteilungsplan der Domäne Dahlem; Hermann Jansen und Heinrich Schweitzer, 1907.

Der Bebauungsplan von Walther Kyllmann ließ sich nur in den Bereichen noch ändern, in denen keine Bebauung stattgefunden hatte, somit im wesentlichen in den dem Grunewald nahen Flächen. Als wesentliches städtebauliches Merkmal verloren das deutsche Oxford und die außereuropäischen Museen oder das Staatsarchiv gewissermaßen ihren Status als öffentliche Einrichtungen, die auf jeden Fall städtebaulich herausgehoben oder sogar monumentalisierend mit Straßenzuführungen oder als Platzrandbebauungen darzustellen seien, und wurden in die Villen- und Landhausbebauung einbezogen, zum Teil wie die Institutsgebäude der Kaiser-Wilhelm-Gesellschaft als eine Art Großvillen. Ihre Ausrichtung auf Grünzüge wurde immer beachtet.

verlängerte Kantstraße abgewehrt und der kurvig ausgebaute See mit einem der Uferlinie folgenden Grünstreifen und einer innerstädtischen geschlossenen Wohnbebauung umgeben – im Mai 1899 war das Gelände von der Terrain-Gesellschaft Park Witzleben erworben worden[82], doch schloß sich die Parzellierung des Ostufers erst 1910 an.[83]

In diese Entwicklung eines malerischen Städtebaus hinein fiel die Anregung der Vereinigung Berliner Architekten vom Dezember 1905 zur »Beschaffung eines Grundplanes für die bauliche Entwicklung von Groß-Berlin« – 1907 verabschiedeten beide Berliner Architekten-Vereinigungen die Leitsätze für einen solchen Grundplan: »Die wohldurchdachte, von künstlerischem Geist getragene Regelung dieser Grundlinien der Stadtentwicklung soll in enger Anlehnung an die wasserreiche Schönheit der märkischen Landschaft die technische und ästhetische Einheit einer mächtigen Großstadt des XX. Jahrhunderts vorbereiten.«[84] Die Planung für ein Groß-Berlin stellte sich den Architekten-Verbänden somit nicht nur als eine Bewältigung technisch funktionaler Probleme dar, sondern der Wettbewerb sollte auch zur ästhetischen Einheit einer mächtigen Großstadt des 20. Jahrhunderts führen. Der Wettbewerb Groß Berlin wurde 1910 durchgeführt. Das Preisgericht vergab zwei erste Preise – an Hermann Jansen sowie an Joseph Brix, Felix Genzmer und die Hochbahngesellschaft zu

145 Siedlung bei Rudow, Wettbewerb Groß-Berlin; Hermann Jansen, 1910.

Nicht mehr die unterschiedslose Ausdehnung des Häusermeers der Großstadt wurde vorgeschlagen, sondern das Bilden eigenständiger kleinerer Siedlungen, die wegen der Verkehrsanbindung an Berlin als notwendigen Mittelpunkt einen Bahnhof aufwiesen, auf den hin somit das Straßengefüge ausgerichtet wurde. Die Siedlung sollte durch einen Grüngürtel in sich abgeschlossen werden. Selbst zum Dorf Rudow wurde eine solche Abstandsfläche gelegt, nicht ohne dabei erheblich in die historische Bausubstanz des Dorfes einzugreifen. Die öffentlichen Gebäude der Siedlung wurden außerhalb der Mitte an einem geschwungen geführten Straßenabschnitt als malerische Gebäudegruppe zusammengeführt. Im Grüngürtel, der der Erholung dienen sollte, waren auch die Sportflächen angeordnet.

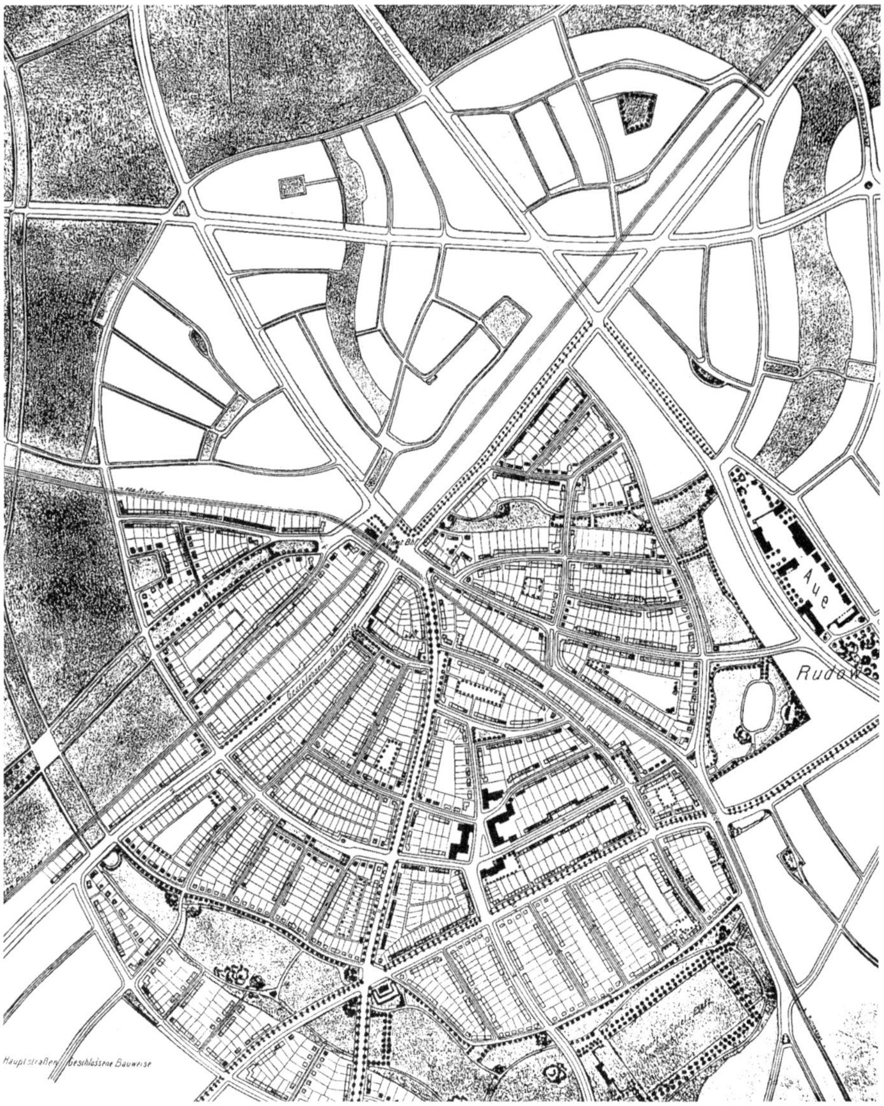

146 Architektonische Aufteilung des Königsplatzes, Wettbewerb Groß-Berlin; Brix und Genzmer, 1910.

Der städtebauliche Verbesserungsvorschlag für den als zu weitläufig empfundenen Königsplatz ordnete sich in vollem Umfang in das vorgegebene Achsensystem ein. Bei aller gewollten räumlichen Fassung des Platzes dienten die eingesetzten architektonischen Mittel immer auch der Monumentalisierung.

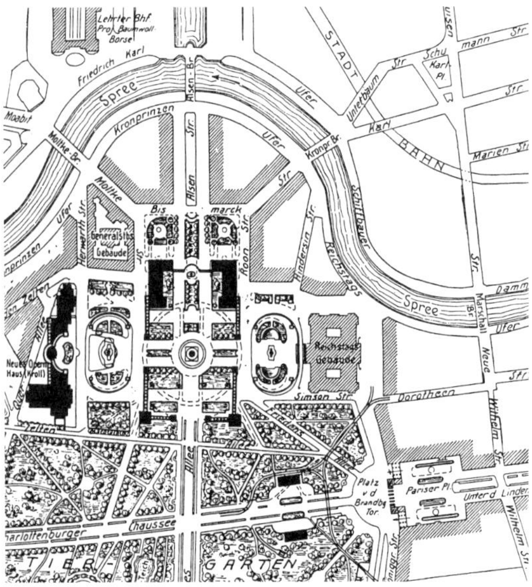

Berlin[85], was sicherlich nicht zufällig geschah, denn mit ihnen wurden jeweils zwei unterschiedliche städtebauliche Auffassungen ausgezeichnet. Hermann Jansen – »Fort mit allem Größenwahn!«[86] – forderte für die Gebiete mit neuen Ansiedlungen: »Außerdem ist das Prinzip völlig überlebt, einem weit ausgedehnten Gebiete einheitlich die gleiche Bauweise aufzuzwingen – hier das Steinmeer bei hohen Häusern, dort der Friedhofcharakter bei Landhäusern wird das Ergebnis werden. / Nur der Wechsel in der Anordnung der Bauweise bezüglich einzelner Straßenzüge und ganzer Gelände kann künstlerisch befriedigen. Dazu kommt endlich auch die hier bei uns erkämpfte Einsicht, daß mitten durch diese offen, wie geschlossen gebauten Gebiete der Natur ihr Recht bleiben muß, und zwar in weitgehendem Maße.«[87] Und sein zweites ästhetisches Bekenntnis: »Diese leichte Kurve einer Straße ist zudem die natürliche Linie, die gerade ist die gewaltsam gewollte. Nötig ist die gerade Linie als Künstlerischer Gegensatz zur geschwungenen Linie; wirksam ist sie manchmal bei monumentalen, nicht übermäßig langen Straßen in steigendem Gelände.« Und weiter galt für ihn bei der städtebaulichen Gestaltung von Straßen die Maxime, »eine bewußte Auswahl von wenigen Motiven mit wirkungsvoller Abstufung zu treffen«. Monumentalisierungen waren Jansen völlig fremd. Wo er im Stadtinneren zur Verbesserung der Verkehrsverhältnisse mit Straßendurchbrüchen operierte wie Am Köllnischen Park, ging er unter dem Leitbild der »Erhaltung alter und Schaffung neuer künstlerischer Städtebilder« vor – die neuen Straßenverläufe wurden geschwungen angelegt und öffentliche Bauwerke wie das Märkische Museum als malerische Blickpunkte in das Straßenbild geschoben. In Jansens Vorschlag für eine Siedlung bei Rudow vereinigten sich alle Prinzipien seines künstlerischen Städtebaus (Abb. 145).

Brix und Genzmer entwickelten im Prinzip ihre Vorstellungen aus einem gänzlich anderen, monumentalisierenden Städtebau: Bei ihren künstlerischen Einzelvorschlägen gingen sie von einer städtebaulichen Verdichtung des Königsplatzes vor dem Reichstag aus, denn »selbst ein Gebäude von den Abmessungen eines Reichstagsgebäudes und die imposante Siegessäule vermögen die große Fläche des Platzes architektonisch nicht zu beherrschen«.[88] – Die öffentlichen Bauten sollten den Raum also beherrschen. Die Verkleinerung des Königsplatzes durch Monumentalbauwerke vor allem in der Achse der Siegesallee unter Verwendung von Arkadengängen und seiner damit deutlich betonten axialen Erschließung beschwor bei den Planverfassern dann auch eine kennzeichnende Assoziation: »Ähnlich einer Monumentalstraße aus klassischen Zeiten führt die Siegesallee zum Reichsforum!«[89] (Abb. 146) Folglich brachten sie mit ihrem Vorschlag einer Verbreiterung der Friedrichstraße auch eine platzartige Aufweitung der Kreuzung mit der Straße Unter den Linden vor. Bei Pichelswerder schlugen sie in der Achse der Heerstraße auf dem hohen Ufer der Havel mit seinem Kiefernwald ein mächtiges Gymnasion als »Anlage in der Natur« vor, die »der allgemeinen Bildung, der Erholung und der Körperkultur, kurz der harmonischen Gesamtbildung zu dienen« habe[90] – auch hier ist der Rückgriff auf klassische Vorbilder erkennbar.

Solche Monumentalstadtvorstellungen hatten ganz offensichtlich bereits vorher die bürgerliche Phantasie beflügelt. Nach der Jahrhundertwende schrieb Walther Rathenau über Berlin als »Die schönste Stadt der Welt«[91] und skizzierte das Panorama einer Monumentalstadt zwischen Gendarmenmarkt und Gedächtniskirche in Charlottenburg mit einer Folge von neuen Staatsbauten und Staatsdenkmälern sowie großen Boulevards, die überwiegend nur unter flächenhaften Abbrüchen hätten erreicht werden können. Der Dürer-Bund folgte im Umfeld des Wettbewerbs von 1910 und veröffentlichte seine Gesichtspunkte für die Beurteilung des Wettbewerbs Groß-Berlin[92] – immerhin durch den Breslauer Stadtbaurat Berg verfaßt, der sich die Monumentalstadt vom Stadtschloß aus entlang Unter den Linden, den Tiergarten allseitig einfassend, ebenfalls bis nach Charlottenburg sich erstreckend, vorstellte. Der Vorschlag Martin Mächlers von 1917, im Zuge der Siegesallee eine Nord-Süd-Achse anzulegen, bildete nur noch den Schlußpunkt dieser auf Monumentalisierung zielenden städtebaulichen Vorstellungswelt. Ein solcher Städtebau wurde durch Walter Curt Behrendt mit Rückgriff in die Geschichte des Städtebaus ästhetisch be-

gründet: »Wenn der Städtebau überhaupt als ein Ausdruck künstlerischen Wollens zu gelten hat, so kann das Kunstwerk ›Stadt‹ mit der Erfindung des Grundplans, mit der Anlage guter Straßenzüge und der Schaffung räumlich wirksamer Situationen keineswegs schon als vollendet angesehen werden. Der ordnende Formenwille muß, wenn anders die Stadt als Ganzes eine großzügige, vom Wirken des Zufalls abgelöste Schöpfung darstellen soll, auch in der planvoll rhythmischen Ausbildung der Straßenwand zum Ausdruck kommen; er muß diese aus mehreren architektonischen Einzelstücken zusammengesetzte Vielheit als das einheitliche Werk einer der Willkür entrückten Gesetzmäßigkeit zur Anschauung bringen.«[93] Damit wurde im Kern der malerischen, im Laufe der Geschichte gleichsam gewachsenen Bürgerstadt der Kampf angesagt und die durch einen einheitlichen Willen geformte Stadt gefordert; nicht mehr der Zufall, sondern der ordnende Formenwille habe zu herrschen.
Die zeitgleich mit dem Wettbewerb Gross-Berlin durchgeführten Bebauungsplanungen führten jedoch eher die Linie des malerischen Städtebaus fort. Der Neue Bebauungsplan des Südwestgeländes der Berlinischen Bodengesellschaft für die Bebauung auf beiden Seiten des Süd-West-Corsos mit der Kernanlage der Gartenterrassenstadt Rüdesheimer Platz von 1910, entworfen von Paul Jatzow[94], oder die Planung für eine Bebauung des Tempelhofer Feldes, mit der 1911 Hermann Jansen beauftragt wurde[95], gerieten zu deutlichen Zeichen seiner verbreiteten künstlerischen Wertschätzung.

Der Ingenieurbau

Selbst bei den Viaduktkonstruktionen für die Stammstrecke – die Hochbahnstrecke zwischen Warschauer Brücke und Nollendorfplatz – konnte sich der Ingenieurbau 1902 mit einer eigenen Entwurfsphilosophie die neue künstlerische Freiheit schwingender Linien zu eigen machen, nicht ohne dabei auf Entwürfe aus der Anfangszeit der Streckenplanung aus dem Jahr 1891 mit bereits vergleichbaren Konstruktionsansätzen zurückzugreifen.[96] »Der wichtigste Teil der Aufgaben, die unter Mitwirkung des Architekten zu lösen waren, lag in der Ausbildung der Eisenkonstruktionen. Schon nach Aufstellung der ersten Eisenviadukte herrschte darüber Klarheit, dass es die Härten in der Erscheinung sind, die bei Eisenbauten so leicht einen unbefriedigenden Eindruck hervorrufen. / Die störenden Wirkungen treten namentlich dann auf, wenn Eisenbauten nach Art von Holzkonstruktionen behandelt werden, ohne der Eigenart des Materials Rechnung zu tragen. Beim Holz nötigt das Fasergefüge zur Verwendung gradliniger Konstruktionsteile, während beim Eisen diese Beschränkung nicht besteht, dem Architekten vielmehr in mehrfacher Beziehung die Mittel zu einer ausdrucksvolleren Ausbildung an die Hand gegeben sind. Bei genieteten Konstruktionen können die Elemente der Bauglieder ... ohne weiteres geschwungene Umriss- und Grenzlinien erhalten ...«[97] (Abb. 147) Diese strenge Symbiose von moderner ästhetischer Betrachtung und Darstellung der Ingenieurskonstruktion war keineswegs die einheitliche Haltung beim Bau dieses Massenverkehrsmittels: »Andere Auffassungen aber

147 Normalviadukt der Elektrischen Hochbahn, Oststrecke; Ingenieur Schwieger (Siemens & Halske), 1902.

Während die Reichsbahn bei ihren ingenieurstechnischen Konstruktionen – zum Beispiel bei ihren Bahnsteigüberdachungen mit Normalstütze und flach geneigtem Dach – konventionell arbeitete, hatte die öffentliche Kritik an dem neuen Verkehrsmittel der innerstädtischen Hochbahn den Betreibern eine moderne künstlerische Bewältigung abverlangt. Die zeitgenössische Erörterung über den ästhetischen Reiz kurviger Linien erfaßte auch die Ingenieurskonstruktionen, die sich von handwerklichen Typenlösungen befreien und in die Sphäre von Kunst vordringen wollten.

kamen bei der Ausführung der Wilmersdorfer Bahn zur Geltung; von dem Streben nach einfachster und strenger Behandlung ist hier abgewichen und mehr dem Wunsche Rechnung getragen, die Bahnhöfe auf eine volkstümliche Wirkung hin auszugestalten. Gleiches kann von einzelnen Bauwerken der Dahlemer Einschnittbahn gesagt werden.«[98] Die Auffassung, Architektur müsse eine volkstümliche Wirkung haben, traf sich unmittelbar mit der Heimatarchitektur. Die den östlichen Endpunkt der Stammstrecke prägende Oberbaumbrücke war nachgerade zum Paradebeispiel einer solchen Heimatarchitektur geworden, bei der keine Stahlkonstruktion in das Erscheinungsbild eingriff. Im Gegensatz zu ihr wurde die von Solf & Wichards entworfene Stahlkonstruktion der Bahnsteighalle der Station Hallesches Tor zu einem der frühen Beispiele der Moderne, die selbst Alfred Grenander mit seinem zeitlich nachfolgenden Bahnhof Danziger Straße noch nicht erreichte.

Die Städte um Berlin

Berlin mußte immer noch mit den 1861 festgelegten Weichbildgrenzen leben, selbst wenn die tatsächliche Entwicklung seit den 1860er Jahren längst weiter in die Umgebung ausgegriffen hatte. Unmittelbar nach der

Entlassung Bismarcks hatte der preußische Innenminister Herrfurth unter dem Eindruck der Bildung der Gemeinde Groß-Wien von 1890 Vorstellungen zur Eingemeindung von Umlandgemeinden nach Berlin entwickelt, die beim Oberbürgermeister und beim Stadtverordnetenvorsteher der Reichshauptstadt indessen auf völlige Ablehnung stießen, so daß die preußische Staatsregierung seit 1896 eine andere Politik verfolgte: Umgebende Landgemeinden, die auf der Grundlage der Gemeindeverfassung schon längst nicht mehr ihre Aufgaben bewältigen konnten, wurden zusätzlich zu Charlottenburg, Spandau und Köpenick, die bereits seit dem 18. Jahrhundert bzw. seit dem Mittelalter das Stadtrecht besaßen, zu Städten erhoben – 1898 Schöneberg, 1899 Rixdorf, das sich in Neukölln umbenannte, 1906 Wilmersdorf und 1907 Lichtenberg.[99] Nach Ernst von Stubenrauch, Landrat des Kreises Teltow, wurde die Politik einer »erstrebenswerte[n] Umgürtung Berlins mit leistungsfähigen Vororten« verfolgt.[100] Konsequenz der Rangerhöhung war, daß sich die Städte eigene Bauverwaltungen zuzulegen hatten, die in der Regel die Entwicklung einer anspruchsvollen Infrastruktur bis hin zu einem eigenen Theater betrieben. Aber selbst Landgemeinden, denen wie Steglitz, Wittenau oder Weißensee die Verleihung der Stadtrechte schließlich verwehrt wurde, beschäftigten Stadtbauräte und legten sich aufwendige Bauten zu, zumindest ein Rathaus. Die Reihe solcher Kommunalbauten begann mit dem Rathaus Steglitz von 1896. Und es mag mit einem kommunalen Selbstbewußtsein zusammenhängen, daß zumindest zeitweise in diesen Städten ein märkischer Heimatstil gepflegt wurde, dem in Berlin selbst Ludwig Hoffmann nur mit dem Märkischen Museum und der Turnhalle des Gymnasiums zum Grauen Kloster für ganz kurze Zeit gefolgt war.

1899 wurde dem Stadtbaumeister Paul Egeling, bereits vorher in Schöneberg als Gemeinde-Baumeister tätig, die Amtsbezeichnung »Stadt-Bauinspektor« beigelegt. Am 23. Februar 1905 berief die Stadt Neukölln Reinhold Kiehl, seit dem 1. Mai 1904 hier bereits als Stadtbauinspektor angestellt, zum 1. Stadtbaurat für das neu eingerichtete Hochbauamt.[101] Carl James Bühring trat am 1. April 1906 sein Amt als Gemeindebaurat in Weißensee an.[102] Am 20. März 1907 wählte die Stadtverordnetenversammlung der Stadt Charlottenburg Heinrich Seeling[103] als Nachfolger des verstorbenen Professors Otto Schmalz zum Stadtbaurat: Schmalz war seinerseits erst 1906 Leiter der Hochbauverwaltung geworden und war Stadtbaurat Paul Bratring nachgefolgt. Am 1. Juli 1909 wurde Hans Heinrich Müller als Gemeindebaumeister in Steglitz eingestellt.[104] Deutlich trat mit dem Jahr 1905 eine neue Entwicklung in den Städten und Gemeinden um Berlin ein. Der Wechsel markierte sich nicht nur im Wechsel der Amtsinhaber, sondern durch das besonders im Schulbau ablesbare Ende des Heimatstils.

Das Schöneberger Städtische Gymnasium (Abb. 148) in der Belziger Straße von 1897–1899, von Paul Egeling entworfen,[105] aber auch seine übrigen zeitgleichen öffentlichen Bauten für die Stadt waren Ziegelrohbauten, die sich in ihrer Formensprache mehr oder weniger auf die märkische Gotik beriefen und mit der Fassadenausbildung die Entwicklung zur Rasterfassade erkennen ließen. Egelings Bauten unterschieden sich nur graduell von denen seines Charlottenburger Amtskollegen Paul Bratring, wie bei-

148 Städtisches Gymnasium, Belziger Straße; Paul Egeling, 1897–1899.
149 Woelckpromenade am Kreuzpfuhl, Realgymnasium; Carl James Bühring, 1908–1912.

»Die Ausbildung der Fronten ist bei dem allseitig freistehenden Gebäude gleichmässig in den Formen des märkischen Backsteinbaues erfolgt« (Erster Verwaltungs-Bericht des Magistrats der Stadt Schöneberg 1899). Ein malerischer Duktus, wie ihn Ludwig Hoffmann in seinem Märkischen Museum zeitgleich entwickelte, war dem Schöneberger Gymnasium fremd. Die »Formen des märkischen Backsteinbaus« waren eher nur dekorativ verwendet, Empfindungen wie ein Museum sollten sie mutmaßlich weniger auslösen, denn dazu war die nüchterne Aneinanderreihung der Klassenzimmerfenster mit den breiten Teilungspfeiler, gegen die von innen die Trennwände der Räume liefen, zu offensichtlich. Immerhin war aber der Querflügel, in dem die Aula untergebracht war, auf machtvolle Wirkung ausgelegt.

Bühring verwendete am Weißenseer Gemeindeforum mit einhüftiger Anlage sowie Aula in einem eigenständigen Baukörper am Ende des Klassentraktes den gleichen Schultypus wie mehr als ein Jahrzehnt vorher schon Paul Egeling in Schöneberg. Die Unterschiede nicht nur in der formalen Gestaltung der Fassaden, sondern auch in der Auffassung gegenüber dem Baukörper fielen erheblich aus: Der jetzt gewinkelte Baukörper folgte dem Verlauf des Kreuzpfuhls und seiner Uferstraße, die Aula hatte ihre vorherrschende Stellung im Gebäudekomplex eingebüßt und der Baukörper war insgesamt weicher durchmodelliert worden.

spielsweise von dessen Realschule in der Guerickestraße aus den Jahren 1902–1903 [106]. Mit der jungen Generation der Stadtbauräte fanden ab 1905 der Ziegelrohbau und die Adaption märkischer Backsteingotik ein absolutes Ende, man folgte jetzt der Berliner Architektur. Seelings Gemeinde-Doppelschule in der Sybelstraße aus den Jahren 1908–1909 [107] kennzeichnete beispielsweise diesen Übergang.

Müller schloß sich 1910 mit seinem Steglitzer Gemeindeelektrizitätswerk der klassizisierenden Moderne an, das Werk von Reinhold Kiehl folgte ebenfalls in weiten Teilen dieser stilistischen Welt, aber alle erreichten nicht die künstlerische Bedeutung eines Ludwig Hoffmann, selbst wenn – wie etwa in Neukölln – der Umfang der Aufgabe mit der in Berlin durchaus

150 Wohnhaus, Kottbusser Damm 2–3; Bruno Taut, 1910–1911.

Mit diesem Gebäude verließ der Wohnhausbau seine tradierten Typenmerkmale, der Großbaukörper mit seiner sicherlich aus dem Geschäftshausbau abgeleiteten Fassadengliederung löste den althergebrachten Formenvorrat an Giebeln und Erkern, Risaliten und Achsenbetonungen ab. Vorher hatte vielleicht Otto March mit seinem Miethaus Beringer an der Charlottenburger Bismarckstraße eine vergleichbare Auffassung an den Tag gelegt. Taut ging in der Öffnung der Fenster nicht so weit wie wenig später Eugen Schmohl mit seinem Kaufhaus Wertheim am Moritzplatz. Es ist zugleich kennzeichnend, daß Taut nicht die kantigen Formen eines Bruno Paul in dessen Zollernhof Unter den Linden wählte. Ein Gefühl für fließende Formen verrieten auch die sich aus der Fassade vorwölbenden flachen Erker.

vergleichbar war. Nur Bühring entfaltete in Weißensee ein künstlerisches Temperament, das die Entwürfe eines Heinrich Seeling weit übertraf. Bührings um den Kreuz-Pfuhl herum angelegtes Kommunales Forum Weißensee (Abb. 149) wies in räumlicher Weite, Einbindung der Natur- und Freiflächen, städtebaulicher Gruppierung der einzelnen baulichen Anlagen und deren architektonischer Durchbildung einen ungemein befähigten Architekten nach, den es folglich nicht zuletzt wohl auch wegen Auseinandersetzungen mit der Gemeindevertretung nicht in Weißensee hielt: 1914 folgte Bühring einem Ruf nach Leipzig.
Für Anspruch und Realität in den Berlin umgebenden Städten war vermutlich kennzeichnend, daß man mit Ausnahme von Neukölln für den Bau seiner Rathäuser eben nicht die eigenen Stadtbauräte heranzog, sondern Wettbewerbe ausschrieb.[108]

Die jungen Architekten

Im Jahre 1908 kehrte der achtundzwanzigjährige Bruno Taut nach Berlin zurück und eröffnet zusammen mit Franz Hoffmann am 1. August 1909 ein eigenes Architekturbüro.[109] Im Frühjahr 1908 trat Walter Gropius in das Büro von Peter Behrens ein und machte sich zwei Jahre später selbständig.[110]
Dieser Schritt wurde von radikalen Ansätzen begleitet: In der Fassade des Hauses Kottbusser Damm 2–3 von 1910–1911 (Abb. 150) übertrug Taut das dem Geschäftshaus- und Industriebau vorbehaltene System der Pfeilerfassade, so wie es durch Cremer & Wolffenstein für das Mosse-Druckhaus zur Anwendung gekommen war, auf ein Wohngebäude und sprengte damit die bis dahin vorherrschende Bindung an übliche Gebäudetypen. Die strenge Abfolge der Blendbögen beschäftigte Taut als Motiv bereits bei sei-

nem Wettbewerbsentwurf für das Kaufhaus Wertheim von 1910 (Abb. 151). Es hat den Anschein, als wäre von dem jungen Taut um 1910 das Messelsche Kaufhaus von 1896 reflektiert und in einer modernen Interpretation umgesetzt worden. Mit der nur zu einem geringen Teil 1913–1914 gebauten Gartenstadt Falkenberg folgte Taut den städtebaulichen Gestaltungsprinzipien eines Hermann Jansen und im architektonischen Entwurf der kleinen Hausfassaden einer Haltung, wie sie beispielsweise durch Ludwig Hoffmann mit seiner Schule am Koppenplatz kurz nach der Jahrhundertwende bereits zum Thema gemacht worden war.
Aus dieser Haltung einer vereinheitlichenden Großgliederung wie beim Wohnhaus Kottbusser Damm und aus der Fähigkeit zur Gestaltung mit einfachen Formen wie bei den Häusern der Gartenstadt war der Weg zum Ausstellungspavillon des Stahlwerksverbandes in Leipzig aus dem Jahre 1913 freigemacht[111], der dem Monument des Eisens keine künstlerischen Gestaltungsmöglichkeiten wie die Viadukte der Stammstrecke abverlangte, sondern die Gestalt gewissermaßen aus der Rationalität des Materials ableitete.

151 Warenhaus Wertheim, Leipziger Straße – Erweiterung, Wettbewerbsentwurf; Bruno Taut, 1910.

Der Wettbewerbsentwurf entstand wahrscheinlich in Auseinandersetzung mit dem auch für Taut wohl großen Vorbild Alfred Messel, das durch den jungen Architekten zeitgerecht übersetzt wurde: Mit wenigen Formen sollte eine große Wirkung erreicht werden.

1 Max Creutz: Ein neues Warenhaus, in: Dekorative Kunst. Illustrierte Zeitschrift für angewandte Kunst, München 1905, S. 165.

2 Zit. nach BusB T. VIII: Bauten für Handel und Gewerbe Bd. A Handel, Berlin 1978, S. 33.

3 Zit. nach BusB T. VIII: Bauten für Handel und Gewerbe Bd. A Handel, Berlin 1978, S. 34.

4 Zit. nach Karl-Heinz Hüter: Architektur in Berlin a.a.O., S. 33.

5 Fritz Stahl: Ludwig Hoffmann, Berlin 1907, S. 15 (7. Sonderheft der Berliner Architekturwelt).

6 Berliner Architekturwelt, 3. Jg., Berlin 1901, S. 292.

7 Die Architektur auf der Großen Berliner Kunstausstellung a.a.O., S. 490.

8 Zu Carl Vohl liegen keine Nachrichten vor. Da er 1902 am Bau des kaiserlichen Kriminal-Gerichtes in Moabit als Regierungs- und Baurat nachweisbar ist, darf auf seine Zugehörigkeit zur Bauverwaltung geschlossen werden. Andererseits wird er im Handbuch des preußischen Staates geführt.

9 vgl. BusB 1896, T. 3, S. 223.

10 Das neue Dienstgebäude für das preußische Staatsministerium in Berlin, in: Zentralblatt der Bauverwaltung, 23. Jg., Berlin 1903, S. 107.

11 Werner Martin: Manufakturbauten im Berliner Raum seit dem ausgehenden 17. Jahrhundert, Berlin 1989, S. 169 (Die Bauwerke und Kunstdenkmäler von Berlin, hrsg. v. Senator für Stadtentwicklung und Umweltschutz – Landeskonservator, Beih. 18); vgl. aber auch das Immediathaus des Kammerherrn v. Ammon Charlottenstraße Ecke Gendarmenmarkt mutmaßlich nach dem Entwurf von Unger um 1781, s. Harald Brost und Laurenz Demps: Berlin wird Weltstadt, Leipzig 1981, S. 251.

12 Die Kaiser-Wilhelm-Akademie zu Berlin, in: Berliner Architektur-Welt, Jg. 13, Berlin 1911, S. 424 ff.

13 Irmgard Wirth (Bearb.): Die Bauwerke und Kunstdenkmäler von Berlin, Stadt und Bezirk Charlottenburg, Berlin 1961, S. 179 ff. (Die Bauwerke und Kunstdenkmäler von Berlin, i. A. des Senators für Bau- und Wohnungswesen hrsg. v. Amt für Denkmalpflege).

14 Eckart Henning und Marion Kazemi: Dahlem – Domäne der Wissenschaft. Ein Spaziergang zu den Berliner Instituten der Kaiser-Wilhelm-/Max-Planck-Gesellschaft im »deutschen Oxford«, Rosenheim o. J. (1993). (Max-Planck-Gesellschaft. Berichte und Mitteilungen H. 3/93, hrsg. v. d. Max-Planck-Gesellschaft, München).

15 Walter Ruske: 100 Jahre Materialprüfung in Berlin. Ein Beitrag zur Technikgeschichte, Berlin 1971, S. 111 ff.

16 Irmgard Wirth (Bearb.): Die Bauwerke und Kunstdenkmäler von Berlin. Bezirk Tiergarten, Berlin 1955, S. 104 f. (Die Bauwerke und Kunstdenkmäler von Berlin. i. A. d. Senats von Berlin hrsg. v. Landeskonservator Hinnerk Scheper)

17 Bezirksamt Spandau von Berlin (Hrsg.): 75 Jahre Rathaus Spandau, Berlin 1988, S. 45 ff.

18 BusB T. III: Bauwerke für Regierung und Verwaltung, Berlin-München 1966, S. 75 ff.

19 Ludwig Hoffmann: Stadtbaurat von Berlin a.a.O., S. 140.

20 Ludwig Hoffmann: Stadtbaurat von Berlin a.a.O., S. 151.

21 Held & Francke. 1872 in Berlin, 1985 nach Berlin, o. O. 1987.

22 Karl-Heinz Hüter: Architektur in Berlin a.a.O., S. 46 ff.

23 Heinrich Trost (Red.): Hauptstadt Berlin I, Berlin 1983, S. 463 (Die Bau- und Kunstdenkmale in der DDR, hrsg. v. Institut für Denkmalpflege der DDR).

24 Alfred Ziffer (Hrsg.): Bruno Paul. Deutsche Raumkunst und Architektur zwischen Jugendstil und Moderne, München 1992, S. 292.

25 Haus Schulte in Berlin, in: Zentralblatt der Bauverwaltung, 28. Jg., Berlin 1908, S. 513 f.

26 Die Nationalbank von Alfred Messel, in: Berliner Architekturwelt, 11. Jg., Berlin 1909, S. 22 ff.

27 Tilmann Buddensieg u.a.: Industriekultur. Peter Behrens und die AEG 1907–1914, Berlin 1979, S. D 12.

28 Tilmann Buddensieg u.a.: Industriekultur a.a.O., S. D 76.

29 Tilmann Buddensieg u.a.: Industriekultur a.a.O., S. D 50.

30 Tilmann Buddensieg u.a.: Industriekultur a.a.O., S. D 70.

31 Wolfgang Ribbe und Wolfgang Schäche: Die Siemensstadt a.a.O., S. 537 ff.

32 Wolfgang Ribbe und Wolfgang Schäche: Die Siemensstadt a.a.O., S. 607 ff.

33 August Endell. Der Architekt des Photoateliers Elvira 1871–1925 – Museum Villa Stuck, Ausstellung vom 9. 2. bis 24. 4. 1977, München o. J. (1977), S. 94.

34 Paul Mebes (Hrsg.): Um 1800. Architektur und Handwerk im letzten Jahrhundert ihrer traditionellen Entwicklung, München 1908, S. 9 ff.

35 Edina Meyer: Paul Mebes. Miethausbau in Berlin 1906–1938, Berlin 1972, S. 150.

36 Matthias Schirren: Bewegter Raum – August Endells Lehre und die Gestaltung der Hackeschen Höfe, in: Die Hackeschen Höfe. Geschichte und Geschichten einer Lebenswelt in der Mitte Berlins, hrsg. v. d. Gesellschaft Hackesche Höfe, Berlin 1993, S. 23 ff.

37 Edina Meyer: Paul Mebes a.a.O., S. 36 ff.

38 M. Rapsilber: Das Werk Alfred Messels a.a.O., S. 4.

39 Andreas Bekiers: Bodo Ebhardt a.a.O., S. 276 f.

40 Erich Haenel und Heinrich Tscharmann (Hrsg.): Das einzelne Wohnhaus der Neuzeit, Leipzig 1909, S. 49 f.

41 Richard Klapheck: Moderne Villen und Landhäuser, Berlin o. J. (1913), S. 130 f.

42 Hermann Muthesius: Landhäuser, München 1922, S. 133.

43 Felix Lorenz: Ernst Rossius-Rhyn a.a.O., S. 15.

44 Erich Haenel und Heinrich Tscharmann (Hrsg.): Das einzelne Wohnhaus a.a.O., S. 122 f.

45 Willy Lange: Gartenbilder. Mit Vorbildern aus der Natur, Leipzig 1922, S. 361 (Webers Illustrierte Gartenbibliothek von Willy Lange, Bd. VI).

46 Zit. nach BusB T. IV C, Berlin-München-Düsseldorf 1975, S. 314 f.

47 Zit. nach Helmut Engel: Am See, wo Kiefernheide war – Das Wasserwerk Friedrichshagen, in: Berliner Wasser-Betriebe (Hrsg.): Wasserwerk Friedrichshagen 1893–1993. Industriedenkmal und Versorgungsbetrieb, Berlin-München 1993, S. 7.

48 Stadtbaumeister Hedde: Berliner Brücken, in: Ingenieurwerke in und bei Berlin. Festschrift zum 50jährigen Bestehen des Vereines Deutscher Ingenieure, Berlin 1906, S. 150 ff.

49 Senatsverwaltung für Bau- und Wohnungswesen (Hrsg.): Die Oberbaumbrücke – Restaurierung eines Baudenkmals, Berlin 1995, S. 12 (Berlin baut 18).

50 Erich Haenel und Heinrich Tscharmann (Hrsg.): Das einzelne Wohnhaus a.a.O., S. 114 f.

51 Das ehemalige Gut Neu-Cladow. Ein Beispiel Märkischer Baukunst – Bauaufnahme und Dokumentation: Manfred Semmer, H. D. Grüneberg, Angela Stähr, Kunstgeschichtliche Darstellung: Michael Bollé, Bettina Güldner, Berlin 1987, S. 25.
52 Zit. nach: Die Extreme berühren sich – Walther Rathenau 1867–1922. Eine Ausstellung des Deutschen Historischen Museums in Zusammenarbeit mit dem Leo Baeck Institute, New York, hrsg. v. Hans Wilderotter, Berlin o. J., S. 308.
53 Zit. nach Gabriele Jäger: Wilmersdorfer Portraits. Spurensuche in einem Berliner Bezirk, Berlin 1991, S. 118 f. (Aspekte der Wilmersdorfer Lokalgeschichte. Die blaue Reihe. Bd. 5).
54 Richard Klapheck: Moderne Villen a.a.O., S. 108 f.
55 BusB T. IV C a.a.O., S. 107.
56 BusB T. IV C a.a.O., S. 91.
57 Paul Kahlfeldt: Hans Heinrich Müller 1879–1951. Berliner Industriebauten, Basel 1992, S. 16 ff.
58 BusB T. IV C a.a.O., S. 115.
59 BusB T. IV C a.a.O., S. 118.
60 BusB T. IV C a.a.O., S. 139.
61 Senatsverwaltung für Stadtentwicklung und Umweltschutz (Hrsg.): Baudenkmale in Berlin – Bezirk Wilmersdorf, Ortsteil Grunewald a.a.O., S. 34 f.
62 Wolfgang Schäche: Das ehemalige Anwesen Arnold von Siemens'. Zur Geschichte des künftigen Standortes des Deutschen Rheuma-Forschungszentrums Berlin, in: Deutsches Rheuma-Forschungszentrum Berlin, hrsg. v. Deutschen Rheuma-Forschungszentrum Berlin, Berlin 1991, S. 26 ff.
63 Helmut Engel (Hrsg.): Café Einstein gegenüber – Das Haus Fromberg, Berlin 1996.
64 BusB T. IV C a.a.O., S. 94 f.
65 Senatsverwaltung für Stadtentwicklung und Umweltschutz (Hrsg.): Wilmersdorf, Ortsteil Grunewald a.a.O., S. 128 f.
66 Senatsverwaltung für Stadtentwicklung und Umweltschutz (Hrsg.): Wilmersdorf, Ortsteil Grunewald a.a.O., S. 142 f.
67 BusB T. IV C a.a.O., S. 82f.
68 Helmut Engel, Stefi Jersch-Wenzel und Wilhelm Treue (Hrsg.): Zehlendorf, Berlin 1992, S. 380 f. (Geschichtslandschaft Berlin. Orte und Ereignisse, Bd. 4).
69 Wolfram Hoepfner und Fritz Neumeyer: Das Haus Wiegand von Peter Behrens in Berlin Dahlem. Baugeschichte und Kunstgegenstände eines herrschaftlichen Wohnhauses, Mainz 1979 (Das Deutsche Archäologische Institut. Geschichte und Dokumente, Bd. 6).
70 BusB T. IV C a.a.O., S. 117 f.
71 Helmut Winz: Es war in Schöneberg. Aus 700 Jahren Schöneberger Geschichte, Berlin 1964, S. 110 ff.
72 BusB T. IV B a.a.O., S. 14 f.
73 Albert Gessner: Das Deutsche Miethaus. Ein Beitrag zur Städtekultur der Gegenwart, München 1909, S. 36.
74 Albert Gessner: Das Deutsche Miethaus a.a.O., S. 40.
75 Erster Verwaltungsbericht des Magistrats der Stadt Schöneberg, Schöneberg 1899, S. 313.
76 Zit. nach Ludwig Hercher: Die Entwicklung Gross-Berlins a.a.O., S. 3.
77 Erster Verwaltungsbericht a.a.O., S. 313.
78 Erster Verwaltungsbericht a.a.O., S. 313.
79 Eckart Henning: Dort wo sich Wannseebahn und Stadtbahn kreuzen ... – zur Ortsgeschichte von Nikolassee (1900–1920), in: Festschrift der Landesgeschichtlichen Vereinigung für die Mark Brandenburg zu ihrem hundertjährigen Bestehen 1884–1984, hrsg. v. Eckart Henning und Werner Vogel, Berlin 1984, S. 308 ff.
80 Cornelius Gurlitt: Die Befreiung der Baukunst, zit. nach Joachim Bennewitz: Die Stadt als Wohnung. Carl James Bühring – Architekt in Berlin und Leipzig, Berlin 1993, S. 22 (Stadtgeschichtliches Museum Weissensee).
81 Dahlem-St. Annen. Zeilen eines Dorfes und seiner Kirche, Berlin 1989, S. 104 (Dahlemer Materialien 2, Schriftenreihe der Domäne Dahlem, Landgut und Museum, hrsg. v. Karl-Robert Schütze).
82 Wilhelm Gundlach: Geschichte der Stadt Charlottenburg, Berlin 1905, Bd. 1, S. 549.
83 Irmgard Wirth (Bearb.): Die Bauwerke und Kunstdenkmäler von Berlin. Stadt und Bezirk Charlottenburg, Berlin 1961, S. 466 (Die Bauwerke und Kunstdenkmäler von Berlin, i. A. d. Senators für Bau- und Wohnungswesen hrsg. v. Amt für Denkmalpflege).
84 Anregungen zur Erlangung eines Grundplanes für die städtebauliche Entwicklung von Gross-Berlin, gegeben von der Vereinigung Berliner Architekten und dem Architektenverein zu Berlin, Berlin o. J. (1907).
85 Wettbewerb Gross-Berlin 1910. Die preisgekrönten Entwürfe mit Erläuterungensberichten, Berlin 1911.
86 Wettbewerb a.a.O., S. 19.
87 Wettbewerb a.a.O., S. 19.
88 Wettbewerb a.a.O., S. 26.
89 Wettbewerb a.a.O., S. 26.
90 Wettbewerb a.a.O., S. 34.
91 Jürgen Schutte und Peter Sprengel: Die Berliner Moderne a.a.O., S. 100.
92 Dürer-Bund. 63. Flugschrift zur ästhetischen Kultur, abgedruckt bei Martin Mächler – Weltstadt Berlin. Schriften und Materialien darg. u. hrsg. v. Ilse Balg, Berlin 1986, S. 28 ff.
93 Walter Curt Behrendt: Die einheitliche Blockfront als Raumelement im Stadtbau. Ein Beitrag zur Stadtbaukunst der Gegenwart, Berlin 1922, S. 12.
94 BusB T. IV A a.a.O., S. 134.
95 BusB T. IV A a.a.O., S. 159.
96 Sabine Bohle-Heintzenberg: Architektur der Berliner Hoch- und Untergrundbahn. Planungen – Entwürfe – Bauten bis 1930, Berlin 1980, S. 21 f.
97 Paul Wittig: Die Architektur der Hoch- und Untergrundbahn in Berlin, Berlin 1922, S. 4.
98 Paul Wittig: Die Architektur a.a.O., S. 5.
99 Kurt Pomplun: 50 Jahre »Groß-Berlin«. Ein Rückblick auf die Eingemeindungen seit 1861 mit dem Wortlaut des Berlin-Gesetzes von 1920, Berlin 1970, S. 17 ff. (Berliner Forum 4/70).
100 Zit. nach Felix Escher: Brandenburg und Berlin im Wandel der Zeiten. Zusammenwirken oder Konfrontation, in: Fünf Jahre Bundesland Brandenburg. Ein neues altes Land – Kolloquium der Landesgeschichtlichen Vereinigung für die Mark Brandenburg e.V. und des Landtages Brandenburg am 28. 10. 1995, Potsdam 1996, S. 81.

101 Bezirksamt Neukölln von Berlin, Abteilung Bau- und Wohnungswesen (Hrsg.): Architekt Reinhold Kiehl – Stadtbaurat in Rixdorf bei Berlin. Biographie – Werkverzeichnis – Beiträge, Berlin 1987.
102 Joachim Bennewitz: Die Stadt als Wohnung. Carl James Bühring a.a.O.
103 Irmhild Heckmann–von Wehren: Heinrich Seeling – Ein Theaterarchitekt des Historismus, Münster-Hamburg 1994 (Oktogon. Studien zu Architektur und Städtebau, Bd. 9).
104 Paul Kahlfeldt: Hans Heinrich Müller a.a.O.
105 Erster Verwaltungsbericht des Magistrats der Stadt Schöneberg a.a.O., S. 263 ff.
106 Irmgard Wirth (Bearb.): Die Bauwerke und Kunstdenkmäler von Berlin-Charlottenburg a.a.O., S. 290.
107 Irmgard Wirth (Bearb.): Die Bauwerke und Kunstdenkmäler von Berlin-Charlottenburg a.a.O., S. 294.
108 Helmut Engel: Neue Rathausbauten im Berliner Raum um 1900. Eine kunst- und architekturgeschichtliche Betrachtung, in: Berlin-Forschungen IV, hrsg. v. Wolfgang Ribbe, Berlin 1989, S. 155 ff. (Einzelveröffentlichungen der Historischen Kommission zu Berlin, Bd. 70 – Publikation der Sektion für die Geschichte Berlins, Bd. 6).
109 Kurt Junghanns: Bruno Taut 1880–1938, Berlin 1970, S. 8 (Deutsche Bauakademie. Schriften des Instituts für Städtebau und Architektur).
110 Reginald R. Isaacs: Walter Gropius. Der Mensch und sein Werk, Berlin 1983, S. 90.
111 Kurt Junghanns: Bruno Taut a.a.O.

Abbildungsnachweis

1 Harald Bodenschatz: Platz frei für das neue Berlin! Geschichte der Stadterneuerung in der »größten Mietskasernenstadt der Welt« seit 1871. Berlin 1987 (Studien zur Neueren Planungsgeschichte 1, hrsg. von Harald Bodenschatz et al.), S. 24
2 Harald Bodenschatz: Platz frei für das neue Berlin! Geschichte der Stadterneuerung in der »größten Mietskasernenstadt der Welt« seit 1871. Berlin 1987 (Studien zur Neueren Planungsgeschichte 1, hrsg. von Harald Bodenschatz et al.), S. 23
3 Tempelhof. Bauten, Straßen, Plätze als Zeugen der Geschichte. Berlin o. J. (hrsg. vom Bezirksamt Tempelhof, Stadtplanungsamt und Vermessungsamt), S. 6
4 Hans-Werner Klünner (Hrsg.): Berliner Plätze. Berlin 1992, S. 63
5 Wolfgang Bittner
6 Wolfgang Bittner; Manfred Klinkott: Die Backsteinbaukunst der Berliner Schule. Berlin 1988 (Die Bauwerke und Kunstdenkmäler von Berlin, Beiheft 15, hrsg. vom Senator für Stadtentwicklung und Umweltschutz – Landeskonservator), S. 278, Abb. 121
7 Wolfgang Bittner
8 Robert Springer: Berlin. Die deutsche Kaiserstadt nebst Potsdam und Charlottenburg mit ihren schönsten Bauwerken und hervorragendsten Monumenten. Darmstadt 1878 (Nachdruck Berlin 77), Abb. nach S. 130
9 Laurenz Demps: Berlin-Wilhelmstraße. Eine Topographie preußisch deutscher Macht. Berlin 1994, S. 111
10 Hugo Licht: Die Architektur Berlins. Berlin 1877, Blatt 64, 65
11 Hugo Licht: Die Architektur Berlins. Berlin 1877, Blatt 84
12 Hugo Licht: Die Architektur Berlins. Berlin 1877, Blatt 85
13 Archiv Landesdenkmalamt Berlin
14 Archiv Landesdenkmalamt Berlin
15 Janos Frecot (Hrsg.): Berlin und Potsdam. Architekturphotographien 1872–1875. München 1980, Abb. 67
16 Hugo Licht: Die Architektur Berlins. Berlin 1877, Blatt 67
17 Hugo Licht: Die Architektur Berlins. Berlin 1877, Blatt 89
18 Hugo Licht: Die Architektur Berlins. Berlin 1877, Blatt 90
19 Janos Frecot (Hrsg.): Berlin und Potsdam. Architekturphotographien 1872–1875. München 1980, Abb. 45
20 Janos Frecot (Hrsg.): Berlin und Potsdam. Architekturphotographien 1872–1875. München 1980, Abb. 30
21 Manfred Klinkott: Die Backsteinbaukunst der Berliner Schule. Berlin 1988 (Die Bauwerke und Kunstdenkmäler von Berlin, Beiheft 15, hrsg. vom Senator für Stadtentwicklung und Umweltschutz – Landeskonservator), S. 257, Abb. 113
22 Manfred Klinkott: Die Backsteinbaukunst der Berliner Schule. Berlin 1988 (Die Bauwerke und Kunstdenkmäler von Berlin, Beiheft 15, hrsg. vom Senator für Stadtentwicklung und Umweltschutz – Landeskonservator), S. 263, Abb. 166
23 Hugo Licht: Die Architektur Berlins. Berlin 1877, Blatt 1
24 Hugo Licht: Die Architektur Berlins. Berlin 1877, Blatt 2
25 Hugo Licht: Die Architektur Berlins. Berlin 1877, Blatt 93
26 Hugo Licht: Die Architektur Berlins. Berlin 1877, Blatt 94
27 Johann Friedrich Geist und Klaus Kürvers: Das Berliner Mietshaus 1862–1945. München 1984, S. 132 oben
28 Janos Frecot (Hrsg.): Berlin und Potsdam. Architekturphotographien 1872–1875. München 1980, Abb. 12
29 Hugo Licht: Die Architektur Berlins. Berlin 1877, Blatt 15
30 Hugo Licht: Die Architektur Berlins. Berlin 1877, Blatt 16
31 Hugo Licht: Die Architektur Berlins. Berlin 1877, Blatt 95
32 Hugo Licht: Die Architektur Berlins. Berlin 1877, Blatt 96
33 Hugo Licht: Die Architektur Berlins. Berlin 1877, Blatt 87
34 Hugo Licht: Die Architektur Berlins. Berlin 1877, Blatt 88
35 Wolfgang Bittner
36 Wolfgang Reuss
37 Hugo Licht: Die Architektur Berlins. Berlin 1877, Blatt 44
38 BusB 1877, T. 1, S. 474, Fig. 396
39 BusB 1877, T. 1, S. 475, Fig. 397, 398
40 Dieter Dolgner: Architektur im 19. Jahrhundert. Ludwig Bohnstedt Leben und Werk. Weimar 1979, Abb. 127
41 Wohin mit der Mitte?, in: Magazin Deutsches Historisches Museum (1), Heft 2, 1991, S. 10
42 Wohin mit der Mitte?, in: Magazin Deutsches Historisches Museum (1), Heft 2, 1991, S. 1
43 Wohin mit der Mitte?, in: Magazin Deutsches Historisches Museum (1), Heft 2, 1991, S. 21
44 Hugo Licht: Die Architektur Berlins. Berlin 1877, Blatt 7
45 Hugo Licht: Die Architektur Berlins. Berlin 1877, Blatt 8
46 Archiv Landesdenkmalamt Berlin
47 Archiv Landesdenkmalamt Berlin

48 Goerd Peschken: Zur Baugeschichte der Technischen Universität, in: Wissenschaft und Gesellschaft. Beiträge zur Geschichte der Technischen Universität Berlin 1879–1979. Berlin-Heidelberg-New York 1979 (hrsg. von Reinhard Rürup im Auftrag des Präsidenten der Technischen Untersität Berlin), S. 173, Abb. 2
49 Archiv Landesdenkmalamt Berlin
50 Archiv Landesdenkmalamt Berlin
51 Wolfgang Bittner
52 Manfred Klinkott: Die Backsteinbaukunst der Berliner Schule. Berlin 1988 (Die Bauwerke und Kunstdenkmäler von Berlin, Beiheft 15, hrsg. vom Senator für Stadtentwicklung und Umweltschutz – Landeskonservator), S. 260, Abb. 115
53 Hugo Licht: Die Architektur Berlins. Berlin 1877, Blatt 17
54 Hugo Licht: Die Architektur Berlins. Berlin 1877, Blatt 18
55 Wolfgang Bittner
56 Wolfgang Bittner
57 Manfred Klinkott: Die Backsteinbaukunst der Berliner Schule. Berlin 1988 (Die Bauwerke und Kunstdenkmäler von Berlin, Beiheft 15, hrsg. vom Senator für Stadtentwicklung und Umweltschutz – Landeskonservator), S. 378, Abb. 177
58 Die Strassen-Brücken der Stadt Berlin I. Berlin 1902 (Nachdruck Düsseldorf 1986, hrsg. vom Magistrat von Berlin), Taf. nach S. 56
59 Die Strassen-Brücken der Stadt Berlin I. Berlin 1902 (Nachdruck Düsseldorf 1986, hrsg. vom Magistrat von Berlin), Taf. nach S. 58
60 Monika Arndt: Die Ruhmeshalle im Berliner Zeughaus. Eine Selbstdarstellung Preußens nach der Reichsgründung. Berlin 1985 (Die Bauwerke und Kunstdenkmäler von Berlin, Beiheft 12, hrsg. vom Senator für Stadtentwicklung und Umweltschutz – Landeskonservator), S. 49, Abb. 20
61 Monika Arndt: Die Ruhmeshalle im Berliner Zeughaus. Eine Selbstdarstellung Preußens nach der Reichsgründung. Berlin 1985 (Die Bauwerke und Kunstdenkmäler von Berlin, Beiheft 12, hrsg. vom Senator für Stadtentwicklung und Umweltschutz – Landeskonservator), S. 42, Abb. 13
62 Paul Wallot: Das Reichstagesgebäude in Berlin. Leipzig 1897 (Nachdruck Bonn 1987, hrsg. vom Deutschen Bundestag, Referat Öffentlichkeitsarbeit), S. 11, Abb. 5
63 Paul Wallot: Das Reichstagesgebäude in Berlin. Leipzig 1897 (Nachdruck Bonn 1987, hrsg. vom Deutschen Bundestag, Referat Öffentlichkeitsarbeit), S. 16, Abb. 8
64 Paul Wallot: Das Reichstagesgebäude in Berlin. Leipzig 1897 (Nachdruck Bonn 1987, hrsg. vom Deutschen Bundestag, Referat Öffentlichkeitsarbeit), Taf. am Ende des Bandes
65 BusB 1896, Bd. III, S. 53, Abb. 97
66 BusB 1896, Bd. III, S. 58, Abb. 111
67 Zeitschrift für Bauwesen 1888
68 BusB 1896, Bd. III, S. 67, Abb. 133
69 BusB 1896, Bd. III, S. 92, Abb. 192
70 Archiv Landesdenkmalamt Berlin
71 Wolfgang Bittner
72 Goerd Peschken und Hans-Werner Klünner: Das Berliner Schloß. Frankfurt/M.-Wien-Berlin 1982, Abb. 260 a
73 Goerd Peschken und Hans-Werner Klünner: Das Berliner Schloß. Frankfurt/M.-Wien-Berlin 1982, Abb. 262
74 Friedrich Terveen (Hrsg.): Berlin in Photographien des 19. Jahrhunderts. Berlin 1968, S. 50 oben
75 Goerd Peschken und Hans-Werner Klünner: Das Berliner Schloß. Frankfurt/M.-Wien-Berlin 1982, Abb. 141
76 Alfred Gotthold Meyer: Reinhold Begas. Bielefeld-Leipzig 1897 (Künstler-Monographien XX, hrsg. von H. Knackfuß), S. 121, Abb. 112
77 Archiv Landesdenkmalamt Berlin
78 Wolfgang Bittner
79 Archiv Landesdenkmalamt Berlin
80 BusB 1896, Bd. III, S. 75, Abb. 151
81 Leo Colze: Berliner Warenhäuser. Berlin 1908 (Nachdruck Berlin 1989. Berliner Texte 4)
82 BusB 1896, Bd. III, S. 81, Abb. 165
83 Leo Colze: Berliner Warenhäuser. Berlin 1908 (Nachdruck Berlin 1989. Berliner Texte 4)
84 Peter Stürzebecher: Das Berliner Warenhaus. Bautypus, Element der Stadtorganisation, Raumsphäre der Warenwelt. Berlin 1979, S. 96
85 M. Rappsilber: Das Werk Alfred Messels. o. O., o. J. (Sonderheft Berliner Architekturwelt), S. 64
86 Hans-Werner Klünner (Hrsg.): Berliner Plätze. Berlin 1992, S. 118
87 Hans-Werner Klünner (Hrsg.): Berliner Plätze. Berlin 1992, S. 132
88 Wolfgang Bittner
89 BusB 1896, Bd. II, S. 508, Abb. 532
90 Stadtidee und Stadtgestalt: Beispiel Berlin. Berlin 1976 (hrsg. im Auftrag des Senators für Bau- und Wohnungswesen), S. 58
91 Stadtidee und Stadtgestalt: Beispiel Berlin. Berlin 1976 (hrsg. im Auftrag des Senators für Bau- und Wohnungswesen), S. 59
92 Dahlem – St. Annen. Zeiten eines Dorfes und seiner Kirche. Berlin 1989 (Dahlemer Materialien 2. Schriftenreihe der Domäne Dahlem. Landgut und Museum, hrsg. von Karl-Robert Schütze), S. 104

93 Archiv Untere Denkmalschutzbehörde Köpenick
94 Wolfgang Reuss
95 Berliner Architekturwelt (2) 1900, S. 321, Abb. 427
96 Wolfgang Bittner
97 BusB 1896, Bd. III, S. 156, Abb. 374
98 BusB 1896, Bd. III, S. 150, Abb. 354
99 Architektur von Ludwig Hoffmann (1852–1932) in Berlin. Berlin 1987 (Nachdruck hrsg. von der Bauakademie der DDR), S. 57
100 Wolfgang Schäche (Hrsg.): Ludwig Hoffmann. Stadtbaurat von Berlin 1896–1924. Lebenserinnerungen eines Architekten. Berlin 1983 (Die Bauwerke und Kunstdenkmäler von Berlin Beiheft 10, hrsg. vom Senator für Stadtentwicklung und Umweltschutz – Landeskonservator), S. 321, Abb. 65
101 Werner Hildebrandt, Peter Lemburg und Jörg Wewel: Historische Bauwerke der Berliner Industrie. Berlin 1988 (Beiträge zur Denkmalpflege in Berlin 1, hrsg. vom Senator für Stadtentwicklung und Umweltschutz), S. 146, Abb. 334
102 Werner Hildebrandt, Peter Lemburg und Jörg Wewel: Historische Bauwerke der Berliner Industrie. Berlin 1988 (Beiträge zur Denkmalpflege in Berlin 1, hrsg. vom Senator für Stadtentwicklung und Umweltschutz), S. 136, Abb. 310
103 Kraftwerk Moabit. Architektur und Kunst. 1900–1990. Berlin 1990 (hrsg. von der BEWAG), S. 34
104 Kraftwerk Moabit. Architektur und Kunst. 1900–1990. Berlin 1990 (hrsg. von der BEWAG), S. 38, 81
105 BusB 1896, Bd. III, S. 238, Abb. 623
106 M. Rappsilber: Das Werk Alfred Messels. o. O., o. J. (Sonderheft Berliner Architekturwelt), S. 25
107 H. Bruckmann (Hrsg.): Dekorative Kunst. Illustrierte Zeitschrift für angewandte Kunst VIII. München 1901, S. 161
108 Wertheim Berlin Leipziger Straße. o. O., o. J. (Werbeschrift)
109 Helmut Engel (Hrsg.): Café Einstein gegenüber – Das Haus Fromberg. Berlin 1996, S. 148, Abb. 12
110 Berliner Architekturwelt (3) 1901, S. 292
111 Laurenz Demps: Berlin-Wilhelmstraße. Eine Topographie preußisch-deutscher Macht, Berlin 1994, S. 156
112 M. Rappsilber: Das Werk Alfred Messels. o. O., o. J. (Sonderheft Berliner Architekturwelt), S. 37
113 Berliner Architekturwelt (13) 1911, S. 425, Abb. 549
114 Wolfgang Bittner
115 Wolfgang Bittner
116 Architektur von Ludwig Hoffmann (1852–1932) in Berlin. Berlin 1987 (Nachdruck hrsg. von der Bauakademie der DDR), S. 72–73
117 Architektur von Ludwig Hoffmann (1852–1932) in Berlin. Berlin 1987 (Nachdruck hrsg. von der Bauakademie der DDR), S. 92
118 Wolfgang Schäche (Hrsg.): Ludwig Hoffmann. Stadtbaurat von Berlin 1896–1924. Lebenserinnerungen eines Architekten. Berlin 1983 (Die Bauwerke und Kunstdenkmäler von Berlin, Beiheft 10, hrsg. vom Senator für Stadtentwicklung und Umweltschutz – Landeskonservator), S. 369, Abb. 131
119 Peter Stürzebecher: Das Berliner Warenhaus. Bautypus, Element der Stadtorganisation, Raumsphäre der Warenwelt. Berlin 1979, S. 151, Abb. 134
120 Alfred Ziffer (Hrsg.): Bruno Paul. Deutsche Raumkunst und Architektur zwischen Jugendstil und Moderne. München 1992, S. 292, Abb. 632
121 Wasmuths Monatshefte für Baukunst
122 Berliner Architekturwelt (11) 1909, S. 24, Abb. 23
123 Tilmann Buddensieg und Henning Rogge: Industriekultur. Peter Behrens und die AEG 1907–1914, Ausstellungskatalog. Mailand 1978, S. 23
124 Wolfgang Bittner
125 Tilmann Buddensieg und Henning Rogge: Industriekultur. Peter Behrens und die AEG 1907–1914. Berlin 1979, D 71, Abb. A 111
126 Tilmann Buddensieg und Henning Rogge: Industriekultur. Peter Behrens und die AEG 1907–1914. Berlin 1979, D 57, Abb. A 95
127 Helmut Engel: Die Architektur der Wilhelminischen Zeit in Berlin. In: Berlin-Forschungen IV (hrsg. von Wolfgang Ribbe). Berlin 1989, S. 85, Abb. 36
128 M. Rappsilber: Das Werk Alfred Messels. o. O. o. J. (Sonderheft Berliner Architekturwelt), S. 16
129 Erich Haenel und Heinrich Tscharmann: Das Einzelwohnhaus der Neuzeit. Leipzig 1909, S. 50
130 Richard Klapheck: Moderne Villen und Landhäuser. Berlin o. J., S. 43, Abb. 76
131 Wolfgang Bittner
132 Wasserwerk Friedrichshagen. Industriedenkmal und Versorgungsbetrieb 1893–1993. Berlin-München 1993 (hrsg. von den Berliner Wasser-Betrieben), S. 31

133 Die Strassen-Brücken der Stadt Berlin I. Berlin 1902 (Nachdruck Düsseldorf 1986, hrsg. vom Magistrat von Berlin), Taf. nach S. 114

134 Erich Haenel und Heinrich Tscharmann: Das Einzelwohnhaus der Neuzeit. Leipzig 1909, S. 114

135 Wolfgang Reuss

136 Denkmaltopographie Bundesrepublik Deutschland. Baudenkmale in Berlin Bezirk Wilmersdorf Ortsteil Grunewald. Berlin 1993 (hrsg. von der Senatsverwaltung für Stadtentwicklung und Umweltschutz), S. 36, Abb. 28

137 Helmut Engel (Hrsg.): Café Einstein gegenüber – Das Haus Fromberg. Berlin 1996, S. 69, Abb. 13

138 Richard Klapheck: Moderne Villen und Landhäuser. Berlin o. J., Abb. 49

139 Archiv Landesdenkmalamt

140 Wolfram Hoepfner und Fritz Neumeyer: Das Haus Wiegand von Peter Behrens in Berlin-Dahlem. Baugeschichte und Kunstgegenstände eines herrschaftlichen Wohnhauses. Mainz 1979 (Das Deutsche Archäologische Institut. Geschichte und Dokumente 6), Taf. 8

141 Albert Gessner: Das deutsche Miethaus. Ein Beitrag zur Städtekultur der Gegenwart. München 1909, S. 57

142 Wolfgang Bittner

143 Helmut Winz: Es war in Schöneberg. Aus 700 Jahren Schöneberger Geschichte. Berlin 1964, Abb. nach S. 144

144 Dahlem – St. Annen. Zeiten eines Dorfes und seiner Kirche. Berlin 1989 (Dahlemer Materialien 2. Schriftenreihe der Domäne Dahlem. Landgut und Museum, hrsg. von Karl-Robert Schütze), S. 105

145 Wettbewerb Gross-Berlin 1910. Die preisgekrönten Entwürfe mit Erläuterungsberichten. Berlin 1911, I Taf. 3

146 Wettbewerb Gross-Berlin 1910. Die preisgekrönten Entwürfe mit Erläuterungsberichten. Berlin 1911, II S. 26, Abb. 14

147 Wolfgang Bittner

148 Erster Verwaltungs-Bericht des Magistrats der Stadt Schöneberg, Schöneberg 1899, Taf. XIII

149 Wolfgang Bittner

150 Kurt Junghanns: Bruno Taut 1880–1938. Berlin 1970 (Deutsche Bauakademie. Schriften des Instituts für Städtebau und Architektur), Abb. 29

151 Kurt Junghanns: Bruno Taut 1880–1938. Berlin 1970 (Deutsche Bauakademie. Schriften des Instituts für Städtebau und Architektur), Abb. 22

Straßenverzeichnis der Abbildungen